大国的崛起与衰败九讲

陈春锋　编著

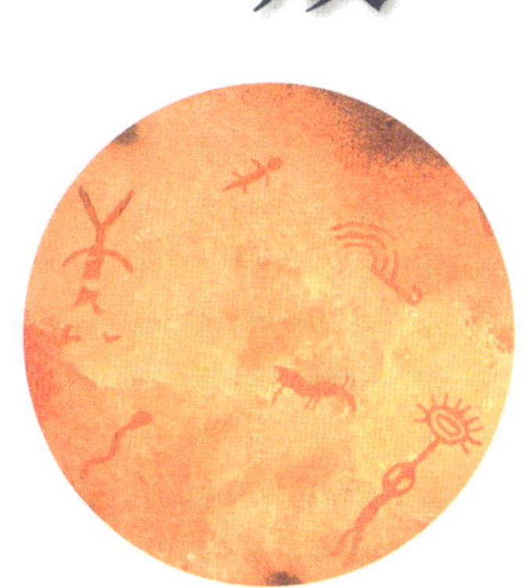

中国画报出版社·北京

图书在版编目（CIP）数据

大国的崛起与衰败九讲 / 陈春锋编著 .—北京：中国画报出版社，2009.4（2025.1 重印）
ISBN 978-7-80220-486-7

Ⅰ. 大… Ⅱ . 陈… Ⅲ . 世界史－普及读物 Ⅳ .K109

中国版本图书馆 CIP 数据核字（2009）第 056636 号

大国的崛起与衰败九讲 陈春锋 编著

出 版 人：田 辉
责任编辑：梅 逸
出　　版：中国画报出版社
地　　址：中国北京市海淀区车公庄西路 33 号，邮编：100048
电　　话：010–88417359（总编室兼传真） 010–88417359（版权部）
010–88417418（发行部） 010–68414683（发行部传真）
印　　刷：三河市兴国印务有限公司
监　　印：敖 晔
经　　销：新华书店
开　　本：700mm × 1000mm 1/16
印　　张：13
字　　数：240 千字
插　　图：400
版　　次：2009 年 5 月第 1 版 2025 年 1 月第 2 次印刷
书　　号：ISBN 978–7–80220–486–7
定　　价：78.00 元

NAPARTE

目录

第一讲
冒险进取的葡萄牙帝国

处于伊比利亚半岛西南部的葡萄牙真可以说是个蕞尔小国，15 世纪时，它的人口只有 100 万左右。它的物产也不丰富，主要出口产品是葡萄酒。在 15 世纪里，由于大西洋岛屿的开发，其蔗糖生产和出口迅速增长。但若按常规方式发展，它最多也只是一个处于中游的国家，决不可能成为一个帝国。历史常常出现非常规的发展现象，这个人口如此之少、资源相对贫乏的小国在 15 世纪末居然出现了大幅度的跳跃式的变化。该世纪的人谁也不曾想到，在下一个世纪里，小小的葡萄牙会演变成一个庞大的帝国，它把自己的版图扩大到美洲的巴西，并使其一直延伸到西方人所称的远东的香料群岛，即今天印度尼西亚的摩鹿加（今译为“马鲁古”）群岛，跨越的幅度达地球一周的 3 / 4。葡萄牙人是如何做到这种超常规发展的呢?

葡萄牙这个弹丸小国，在 16 世纪时居然建立了这么一个了不起的帝国，有许多方面值得我们思考。有一点是非常明显的：这个民族在那个时候具有令人惊讶的进取心和极其坚韧的性格。他们勇往直前、义无反顾的精神，他们对宗教的热情，他们对科学技术的尊重，他们拥有的开放精神及对其他民族长处的学习和利用，他们对人才的尊重，等等，所有这些都使这个小小的国家在 16 世纪里出现了令人难以想象的飞跃，一度成为世界大国之一。

海外冒险的胜利

形成统一的民族国家 葡萄牙历史上，与紧邻的欧洲大国西班牙，有着千丝万缕的联系。葡萄牙的历史，很大程度上就是西班牙的历史。

西班牙与葡萄牙同为最早的海上强国，但是，这个海上的强势民族在其强大以前的历史，则完全是一部被征服的历史。从公元前 11 世纪到公元 5 世纪之间，先后遭到伊贝洛族、塔尔提西奥族、腓尼基人、希腊人、凯尔特族的侵入。后来凯尔特族与伊贝洛族混合，成为半岛上独特的凯尔提贝洛族。接着迦太基人、罗马人陆续侵入，西班牙成为罗马帝国西边的势力范围，现在的伊比利亚半岛各处，还残留着罗马的遗迹。公元 6、7 世纪，西哥特族侵入并建立王国，以托雷多为首都。现在托雷多到处可见西哥特族文化遗迹。

葡萄牙本为西班牙的一部分。1093 年，西班牙尚处于卡斯提王国统治之下，是阿拉伯人的殖民地。卡斯提王国公主特里萨下嫁波尔多凯尔伯爵，葡萄牙作为陪嫁，第一次从西班牙分裂出来。

特里萨生子名为阿方索·亨利克斯。阿方索 3 岁登基，其母摄政。1128 年，16 岁的阿方索正式主政，放逐其母特里萨，并在罗马天主教势力的帮助下，击败了卡斯提的军队，开始了葡萄牙的独立。

1143 年，阿方索与卡斯提王国签订《萨莫拉条约》，宣布正式独立，并于公元 1147 年收复里斯本，从此建都于此。

▲葡萄牙古迹：科宁布里加，这里是公元前 2 世纪的古罗马城镇的遗址

1279 年，国王迪尼斯一世继位。迪尼斯一世在全国范围内排斥西班牙语，推广葡萄牙语，并在 1290 年创立了葡萄牙的第一所大学。

1297 年，葡萄牙与西班牙签订《奥卡尼塞许条约》，明确了国界。自此，葡萄牙成为 14 世纪欧洲第一个独立国家。

亨利的海外探险 葡萄牙的崛起，开始于 15 世纪的亨利王子时代。流行于 14 世纪的鼠疫夺去了欧洲 2400 万人的生命，葡萄牙人以其强壮的体魄和强大的免疫力避免了这次浩劫。“祸兮福所倚，福兮祸所伏”，免受鼠疫灾害的葡萄牙人口急剧膨胀，国内种种矛盾高度激化。同时，由于从东北部西班牙城市运入葡萄牙的商路被限制，输入葡萄牙人生活必需品如香料、糖、金银数量的急速减少，价格

▲贝纳宫，位于里斯本以西 30 公里处

暴涨，因此，人们生活水平下降。更为严峻的是，由于欧洲金矿的稀缺，葡萄牙铸造货币的黄金几乎完全依靠进口。而黄金供应的不足，使得市场上货币成色下降，信用降低，将葡萄牙的经济逼入绝境，葡萄牙进入了伊比利亚经济危机时期，面临着社会动荡的严重问题。

葡萄牙国土是一块狭长的沿海土地，几乎没有什么内陆地区，加上人口密集，内部资源稀缺，依靠内部机制解决社会矛盾毫无可能，只有寻求外向的扩张，转嫁经济危机。陆地上，强大的宿敌西班牙堵住了葡萄牙所有向外扩张的路径，因此，谋图海上的发展成为葡萄牙求取生存的唯一手段。

▲第一幅新大陆地图

当时《马可·波罗游记》盛行于欧洲，东方成为欧洲人概念中财富与黄金的同义词，欧洲各国纷纷谋求与东方的贸易。解决葡萄牙经济危机最需要的是黄金，因此，葡萄牙迫切地需要开通东方的航道，寻求与东方的贸易。由于地理因素和历史的关系，在探索新航路方面，意大利人拥有当时欧洲最发达的航海技术，然而，为求取民族的生存，葡萄牙人在欧洲捷足先登，最早开始了向东方的扩张。

葡萄牙此时正处于“航海家亨利”统治时代。亨利是葡萄牙历史上最为雄才大略、富有战略眼光的领袖。亨利王子生于1394年，其父是葡萄牙国王若奥一世，母亲是莎士比亚在《理查二世》中写道的冈特的约翰的女儿菲利芭。

1415年，葡萄牙国王若奥一世携王子亨利一起，出动战船200艘、海军1700人、陆军19000人，突如其来地占领直布罗陀海峡南岸的休达城，控制了地中海与大西洋的交通咽喉，全面由海路向未知的世界进军。休达城战役标志着葡萄牙向世界扩张的开始，也正是这一战，令亨利王子一战成名。

当时的欧洲贵族，仍然以陆上骑马冲锋为最高尚的职业，陆地上的猛将是所有贵族少女梦中的白马王子，休达战役亨利完全有可能成为陆战的名将，然而，少年的亨利，却放弃了陆战生涯，对海洋发生了浓厚的兴趣。

▶马可·波罗像

攻陷摩洛哥的休达港后，这次非凡的胜利，在亨利心里萌发了“大葡萄牙海上帝国”的想象。为了这个意愿，他跑到葡萄牙南部荒凉的萨格里什海角，在那里修建了一座城堡，作为海上冒险的基地，船长、水手、地理学家、制图师聚集在那里，几本《马可·波罗游记》与托勒密的《地理学》，成了他们共同的读物。从1415年到1460年间，亨利王子的舰队一次又一次从那个被人遗忘的海角出发，小心翼翼地沿着荒芜的非洲海岸航行，几十海里或几百海里地向南推进。

博哈多尔角在西撒哈拉北部，15世纪初欧洲人画的非洲地图上，只画到博哈多尔角以北为止，该角以南就是一片空白。在当时欧洲人

▲图为葡萄牙宽身帆船

的传说中，这是一个可怕的地方，没有人敢冒险越过这个海区。阿拉伯的地理学家称之为“黑暗的绿色海洋”，那儿总是浓雾笼罩，到处都是湍急的海流。据当时的航海记录称：“这个海角是一片黑暗恐怖的绿色海洋，过了海角，就没有人居住，也没有适合人居住的地方，那里的急流十分可怕，过了博哈多尔角的船没有一艘能返回。”从1422年以后的十多年里，亨利先后组织了十多次的绕过博哈多尔角的航行，结果都是无功而返。

1433年，吉尔·埃亚内斯船长又向亨利王子汇报：博哈多尔角无法通过。亨利王子不相信，令他再做努力。一年以后，他的舰队终于绕过这个恐怖的海角。当地的土著惊异地问他们：你们到底是一种鱼、鸟或者是海怪？

1434年，环航博哈多尔角是决定性的一步，揭开了葡萄牙王国海上远征的伟大序幕。从1416年第一次探索性的航行开始，他们从萨格里什出发，已经努力了18年。仅试图通过博哈多尔角的航行，就进行了14次。从此，葡萄牙人在西撒哈拉海岸开始了野蛮的奴隶贸易。

1444年是亨利王子“最有收获”的一年。他的船队除了贩运象牙、兽皮之外开始贩运人，仅仅因为肤色信仰不同，他们就可以用对待牲畜的方式对待人。这一年，特里斯唐船长在塞内加尔河口发现长满棕榈树的青翠海岸，迪尼斯·迪亚士从这个绿色海岸继续向南，绕过林木葱茏的佛得角，他发现海岸急促收缩折向东南。早在托勒密时代，欧洲人就模模糊糊知道非洲大陆指向南方大洋，关键是它是否与传说中的南大陆接合。如果只是一个大陆尖角，从大西洋就可以抵达印度洋，现在，他们是否已接近这个尖角，绕到非洲东岸，进入印度洋？实际上还差得很远。

1434年绕过博哈多尔角，1444年运回第一批“人货”（黑奴），发现佛得角，葡萄牙人的进展缓慢，收获也微乎其微。他们只找到少量的黄金、象牙，黑奴的贸易也没有多少利润。此时亨利王子似乎还没有想到要绕过非洲大陆，开辟一条通向印度的新航路。1460年，亨利王子在萨格里什逝世的时候，他奋斗一生的事业，还看不到任何光明的前景。他属于那种在黎明到来前死去的英雄，或许连他自已都预想不到，他为葡萄牙王国建立的航海传统，将会改变他的祖国与世界。

此后，强大的海权带来的是滚滚的财富，东方的象牙、香料和黄金如潮水般涌人葡萄牙。葡萄牙人在非洲用小工业品如玻璃镜等来换取奴隶、黄金，在西非沿海地区建立了黄金海岸、象牙海岸、花椒海岸、奴隶海岸等，掠夺了大量的财富，几十年间，传统的农业国葡萄牙一跃成为西欧最富有的国家。

海权带来的不仅仅是无穷的财富，还有民族的霸权。1494年6月7日，葡萄牙与西班牙签订《托德西利亚斯条约》，确定通过佛得角群岛以西2200海里处的“教皇子午线”为界，界东属葡萄牙，界西则属西班牙。这个昔日的欧洲弱国，在人类历史上第一次与老东家西班牙人一道，如切西瓜一样瓜分了地球。此时距葡萄牙建国不过350年。

▼以太阳定经纬的航海人

迪亚士绕过好望角

在早期欧洲人的概念中，印度就意味着东方，东方就意味着财富，因此，欧洲各国都极其重视对印度的贸易，葡萄牙人也不例外。在伊比利亚人最初的航海事业中，社会各阶层都能找到自己最切实的动机。然而，最主要的动机，还是海上贸易可以带来巨大的财富：黄金、香料、象牙与奴隶。

自亨利时代起就一直在寻找着一条从欧洲直接通往印度的航线。在达·伽马之前，葡萄牙人迪亚士已经开始了新航线的探索。

1487年7月，迪亚士受命于葡萄牙国王裘安二世，率3艘船沿着非洲西海岸南下探险。8月，当船队抵达南纬33度的沃尔维斯港附近海域时，突然遇上了连续不断的狂风暴雨和排山倒海似的浪涛，水手们惊恐万端，以为是大西洋凶狠的奥克阿诺斯海神降罪于他们。魂飞魄散的葡萄牙人日日夜夜祈祷不停，13个昼夜过后，总算盼来了风平浪静。死里逃生的众船员要求立即返航，回到里斯本那个安安全全的港口。但勇敢的迪亚士认为，自然现象必定事出有因，找到真相才是探险的目的。这促使他决定向东航行，以观能否达到非洲的西海岸。

然而，好几天的行驶，迪亚士仍然未见望眼欲穿的绿洲影子。随船地理学家深感迷惘，他重新分析了非洲西海岸的航海图，推断船队已在风暴中向南飘流，大大地越过了非洲的最南端。

经验丰富的迪亚士命令船队转舵90度朝正北航行。几天之后，东西走向的海岸线突然出现在眼前，船队投入温柔的莫塞尔海湾的怀抱。惊魂未定的众船员们纷纷要求停止向东的冒险航行，迪亚士只好率船队返航。

但沿着海岸向西航行不多时，奥克阿诺斯海神再次从天而降，顿时海面暴风席卷、巨浪滔天，一道道凶险的海流自西向东，推波助澜，排山倒海。风浪中，战战兢兢的船员经过两天冒死拼搏、奋力抗争，才使船队小心翼翼地绕过危险四伏的海角，驶进浪平如镜、微光闪烁的非洲西海岸。回首望着令人生畏的岬角，无可奈何的迪亚士咒诅它为“风暴角”。

1488年12月，回到里斯本的迪亚士，向国王描述了险象环生的探海经过。在迪亚士船队绘制的航海图面前，裘安二世不愧为一代明主，他经过分析认为，绕过“风暴角”，就有希望向东航行进入印度洋，于是金口一开，将“风暴角”改名为“好望角”，意思是“希望之角”，希望拐过海角向东就能到达朝思暮想的黄金国度——印度。

▲瓦斯科·达·伽马像

达·伽马发现新航线远航印度 1497年7月8日，葡萄牙国王任命瓦斯科·达·伽马为探险队队长，率队再次出航。达·伽马是个小贵族，1460年出生在葡萄牙锡尼什。

达·伽马率领海船从里斯本出发，沿迪亚士开辟的航路南行。比起迪亚士，达·伽马非常幸运，11月22日，当葡萄牙人再次来到“好望角”——曾经的“风暴角”时，“好望角”没有再起风暴。海流激起两米多高的海浪，推动达·伽马的船队顺利地绕过了“好望角”，进入了印度洋。而后，达·伽马满怀信心沿着非洲东海岸继续向东北航行。4个月航行了2000多公里，到达莫桑比克。1498年4月，达·伽马抵达肯尼亚的马林迪。

在马林迪，达·伽马做了一件当时不起眼，后来却影响整个欧洲历史进程的事：他骗来了一位阿拉伯航海家马杰德为向导。通过马杰德，达·伽马第一次知道，葡萄牙人自亨利时代开始积累的航海技术，在阿拉伯人面前根本不值一提。马杰德带领达·伽马开始了欧洲人第一次横穿印度洋的征程。1498年5月20日，达·伽马船队顺利到达印度南部的贸易中心卡利卡特，实现了欧洲人梦寐以求直接到达印度的愿望，也从此开始了葡萄牙人在印度洋的霸业。

当时的“红毛夷”在东方并不像今日的“外宾”一样受到崇拜。虽然，地处印度偏僻的西部，但卡里卡特的繁荣，已使这批见多识广的穷光蛋们眼花缭乱。与郑和的大明船队相比，葡萄牙人在卡利卡特的作为简直像一群骗子兼乡巴佬。他们急不可待地收购大量的花椒、丁香、豆蔻、干姜、水晶、红宝石等物品，哄抬物价，使毫无准备的当地人措手不及，陷入日用品短缺的困境，影响了当地居民的日常生活。

1498年8月29日，当装满香料、宝石的达·伽马船队离开卡利卡特时，遭到了当地海军的追击。一年后，达·伽马船队回到里斯本，船队已经溃不成军，只剩下两艘装载44人的破船，活着的人数仅仅是出发时的1/10。但是，这场耗时两年的航行是值得的，仅仅达·伽马带回的香料就获得极大的利润，是全部航行成本的60倍。更为重要的是，葡萄牙人从此开辟了欧洲经好望角横穿印度洋直达印度的航路。

◀军用碉堡贝伦塔，为纪念达·伽马航海而建的贝伦塔，外形像一艘正要驶出的战船，塔上雕刻着绳索等与航海有关的图案

海外的殖民扩张

印度洋在称霸 在达·伽马返航6个月后，以佩德罗·阿尔瓦雷斯·卡布拉尔为首的葡萄牙追踪探险队再次从里斯本出发。卡布拉尔舰队的性质模棱两可。从装备上看，它既像一支贸易船队，又像一支战斗性的舰队。它的使命也是双重的，既可以贸易也可以劫掠。舰队的经费来源除了王室贵族外，绝大多数都是商人的钱袋，舰队成员中大多数也是商人。

卡布拉尔发现了马达加斯加岛，从这里驶往卡利卡特的时候，他的舰队只剩下6艘船了。卡布拉尔与健忘和善的卡利卡特王订立了通商条约，但条约无法履行。阿拉伯商人与当地的百姓很不友好。卡布拉尔恼羞成怒，下令抢劫、杀人、烧船，炮击卡利卡特这个不设防的自由港。然而，他只有6艘船，力量太单薄了，他听说卡利卡特王将率80艘阿拉伯快帆船进攻，便仓皇起锚，乘着月色逃跑了。这次，印度人杀死了卡布拉尔的几个船员。卡布拉尔从卡利卡特逃跑时，载回了一大批香料。

卡布拉尔印度远航的商业利益与政治耻辱，都让葡萄牙人无法善罢甘休。10个月以后，又一支更大的葡萄牙舰队准备停当，国王曼努埃尔任命强悍的达·伽马勋爵为舰队司令。屠杀即将开始。

1502年，达·伽马再次奉命率领一支有20条航船的舰队远征印度。这是他再度率领船队进行印度探险，目的是建立葡萄牙在印度洋上的海上霸权地位。

为了显示葡萄牙人强大的海上优势，达·伽马一离开印度海岸，就捕获一条过路的阿拉伯航船，把船上的货卸下来就在海上连人带船一起烧掉，所有船上的人——几百人包括妇女和孩子——都被活活烧死。达·伽马到卡利卡特后，蛮横地要求卡利卡特国王扎莫林把所有的伊斯兰教徒都从这个港市驱逐出去。正当扎莫林犹豫不定之时，达·伽马又捕杀和致残了38名印度渔夫，随后

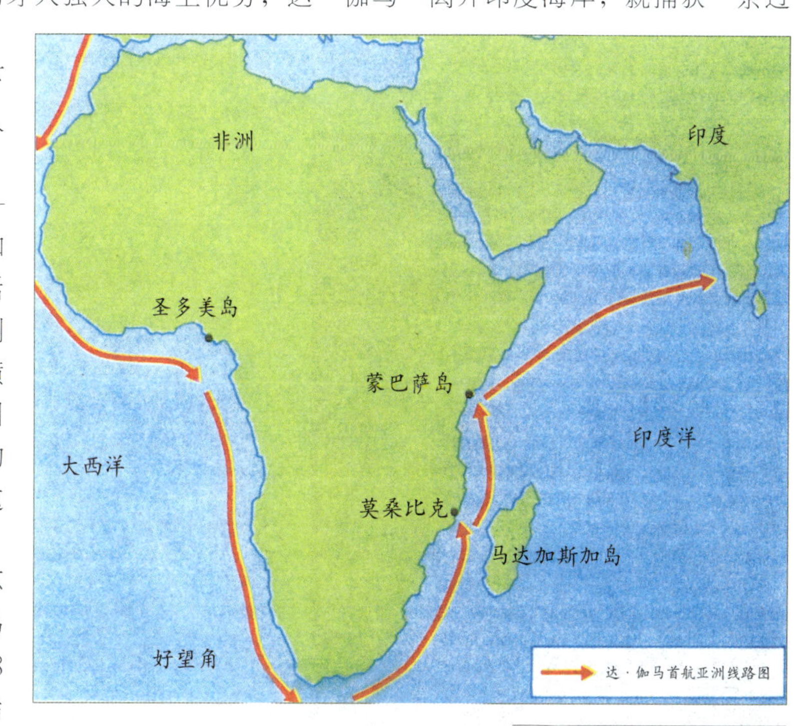

▲达·伽马首航亚洲线路图

炮轰卡利卡特。扎莫林虽然极其愤怒，然而，没有海上霸权的印度人却对葡萄牙人的暴行毫无还手的能力，只得答应了达·伽马的要求。达·伽马得胜回朝，在返航时，达·伽马在东非建立了一些葡萄牙殖民地。

▲达·伽马将以往的多桅小帆船加以改进，增加了一个大三角帆，这样便可以根据海面情况更加灵活调整，更易操纵

越来越多的香料、金块运回葡萄牙本土，越来越多的舰队载着越来越多的大炮与越来越狂热的士兵、商人驶向东方。1504 年，葡萄牙远征军终于攻陷卡利卡特，几千名阿拉伯人被杀。1507 年，葡萄牙第一任驻印度总督弗朗西斯科·德·阿尔梅达率领 19 艘船，1800 多人，在第乌海战中彻底摧毁了 2000 多艘船、20000 多人武装的穆斯林舰队。印度洋的伊斯兰时代结束了，葡萄牙舰队在印度洋横冲直撞。

继达·伽马之后，葡萄牙人依靠强大的海上力量，大规模向海外扩张与殖民。1500 年，葡萄牙人发现并占领了南美洲巴西。1509 年葡萄牙人在印度洋打败阿拉伯人，封锁了红海航路，终结了阿拉伯人对印度洋、红海、地中海的控制权，自此，葡萄牙人完全掌握了印度洋的海上霸权。

1510 年，第二任驻印度总督阿丰索·德·阿尔布克尔克占领果阿，将那里作为葡萄牙帝国东方殖民地的首都。1513 年他在信中告诉葡萄牙国王：“由于我们的船要来的传言，当地的船都消失得无影无踪，连鸟儿都不敢从海面上飞过。”

▼西方殖民者在马六甲建造的据点地图

现在轮到葡萄牙总督向印度教徒与穆斯林船主征收货值 6% 的税款了。1510 年葡萄牙人已在印度洋拥有“无可争议的霸权”。两支舰队一支封锁红海，一支游弋印度西海岸，总督府设在果阿，下属 7 个要塞三大贸易港：卡利卡特、霍尔木兹、马六甲。所有在印度洋上航行的商船，必须向果阿的葡萄牙政府交纳通行费并领取通行证。葡萄牙舰队一旦发现任何商船无通行证在印度洋航行，他们将毫不犹豫地没收所有的货物甚至纵火烧船。他们是大海洋的主宰。

征服马六甲 控制印度洋不意味着完全控制香料贸易，香料的主要产地在更远的东方。长期以来，东方向西方出口香料有两个重要港口，一个是印度的卡利卡特，另一个是远在印度以东的马六甲，印度尼西亚和马来西亚的香料都是通过这儿运往西方的。葡萄牙人虽然控制了卡利卡特，但马六甲的香料贸易，基本上仍掌握在阿拉伯人手中。如果在印度的葡萄牙人仍必须向从东方马六甲来的阿拉伯商人手中购买香料，这意味着被打败的阿拉伯人依然可以从葡萄牙人手中获得可观的利润。另外，葡萄牙人对印度洋的控制也还是相对的，阿拉伯商人还是有办法继续把马六甲的香料运往红海。他们的三角帆船从锡兰（今斯里兰卡）以南的海域远远驶过，再进入红海，对此葡萄牙人仍有点鞭长莫及。只有占领马六甲，才有可能改变这种情况。

可见，要控制香料贸易，仅称霸印度洋是不够的，香料的主要产地不在这里，而在更远的东方。要掌握香料生产的源头，必须进一步往东扩张。1508 年，葡萄牙国王批准了与马六甲建立商业联系的计划，派出洛佩斯·德·塞克伊拉率领的船队，其任务是从马六甲苏丹那里获得贸易许可证。

马六甲处于明代中国人所称的东洋和西洋之间。关于这时期马六甲的情况，16 世纪初有一个意大利的旅行家有过较详细的描述。这位从意大利波伦亚来的叫瓦尔塞玛的人前往香料群岛游览了一番，往返经过马六甲，回国后，他马上出版了关于这次旅行的游记。据他说，这座城市是中国人建造的，但城里的居民都是穆斯林。这里的人称印度人为西方人，而称其以东的中国人、爪哇人等为东方人。马六甲商业繁荣，来这里的船要比去世界上任何其他地方的都多，各种各样的香料都运到这里来，还有大量的檀香木等，苏丹专门设立一个官员处理外国人的诉讼。由于位置重要，马六甲是当时东南亚和南亚各种势力争夺的地方，外来人不太容易在短时间内搞清种种错综复杂的情况，所以这位旅行家竟然满怀偏见地说马六甲人是“世界上所曾有过的最坏的人种”。

塞克伊拉 1509 年来到马六甲，向这里的苏丹递上了葡萄牙国王的信。据说开始时苏丹同意了葡萄牙人的经商要求，但阿拉伯商人要保护他们尚余下来的这个重要“领地”，说服苏丹对葡萄牙采取敌视态度。塞克伊拉见形势危急，及时逃离，但他的部分属员被杀或被捕。

1511 年，印度副王阿尔布克尔克亲自率领一支 18 艘船只的舰队来到马六甲。这时马六甲的苏丹与暹罗（今泰国）和中国均处于不和状态，政治上比较孤立。葡萄牙人采取分化政策，把在这里的穆斯林商人和非穆斯林商人加以区别对待，从而取得了一些非穆斯林商人的暗中帮助。大概是葡萄牙的船长中有的认为没有必要与马六甲的苏丹为敌，所以在开始进攻前阿尔布克尔克对属下官员发表了一通慷慨激昂的讲话，说明葡萄牙占领这座城市的重要性。他认为，只要占领了马六甲，全世界的香料都将控制在葡萄牙人手中。

▼向外扩张的大帆船

葡萄牙人很快攻下了这座城市。阿尔布克尔克不愧是个有政治头脑的将领，时时不忘缩小打击面和分化瓦解异己力量的重要性。一方面他按当时的习惯怂恿士兵在马来人居住区大肆抢劫和屠杀；但另一方面，他下令不要骚扰印度人、缅甸人和爪哇人的居住区。

此后 130 年葡萄牙人一直统治着马六甲（1641 年被荷兰人占领），附近的爪哇、柔佛和亚齐无法忍受葡萄牙对这一海峡的控制，不断与葡萄牙人发生战争，大小战争不下50次，但葡萄牙均立于不败之地。

向香料群岛的扩张 巩固对马六甲的占领后，葡萄牙开始往“香料群岛”扩张，这是一场控制香料生产源头的斗争。

“香料群岛”，通常叫摩鹿加群岛（今马鲁古群岛），位于印度尼西亚东部，在苏拉威西岛和伊里安岛之间，赤道从中穿过，由大约1000个小岛组成。这里气候炎热，潮湿多雨，适于香料作物的生长，是东方的主要香料产地之一，很早就有“香料群岛”的美名。

1511年11月，阿尔布克尔克令安东尼奥·德·阿布雷乌率领3艘船前往摩鹿加群岛侦察，船队先后到达安汶和班达群岛，并在塞兰岛登陆。他们绘制了松巴哇、帝汶、安汶、塞兰等岛屿的地图。返航途中船队遇上风暴，有一艘船在班达海上触礁沉没，船长弗朗西斯科·塞尔旺获救，被带到摩鹿加群岛的特尔纳特岛，担任苏丹顾问，在该岛居住了9年。塞尔旺也是一个精明的外交家，他设法使特尔纳特的统治者与葡萄牙缔结了同盟。1521年葡萄牙人在该岛修建了炮台等军事设施。

1520年葡萄牙人占领小巽他群岛最东面盛产檀香的帝汶岛；1522年其舰队到达爪哇的巽他葛拉巴（雅加达）。万丹是当时向印度和中国输出胡椒的主要港口。葡萄牙人又同文莱苏丹缔约，取得通过苏禄群岛和苏拉威西（西里伯斯）海北部航线的航行权。1535年，在特尔纳特的葡萄牙人废黜了这里的国王塔巴里奇，并把他遣送到果阿。在果阿他皈依了基督教，然后把安汶岛送给自己的葡萄牙教父弗莱塔斯。1545年他在回国途中死在马六甲。

1562年和1564年，安汶和特尔纳特两个岛屿先后变成了葡萄牙的属地。这样，葡萄牙人终于控制了东方的香料产地。

▼葡萄牙的舰队和士兵

每当11月东北季风吹来，他们便把丁香、豆蔻、胡椒等等，一船一船地运回欧洲。这些香料，有的是低价买来的，有的是抢来的，有的是强迫地方纳贡来的。运回欧洲赢利非常可观。

高额商业利润使大量财富落到商人和贵族手里，其中葡萄牙国王得利最多。史料记载，1495—1521年在位的曼努埃尔国王，生活极其“奢侈和豪华，是罗马皇帝以来从未有过的。他的宫殿是最华丽的，他的宴会是最奢侈的，他的大使是欧洲最阔气的”。但葡萄牙人在香料群岛以“贪婪”而臭名远扬，1546年到过安汶的一位耶稣会传教士写道：在摩鹿加，人们对葡萄牙语的了解，只限于“掠夺”这个动词的变化。

葡萄牙人在香料群岛中长期占领并有持久影响的是帝汶岛，后来受荷兰人挤压，它的影响限于该岛东部，即后来的东帝汶。

侵占澳门 葡萄牙是逐步占领

▲19 世纪的澳门

澳门的。澳门是中国的领土，16 世纪中叶以后，逐步被葡萄牙人占领。葡萄牙占领澳门是一个复杂、渐进的历史过程，可分为入据、“租居”、侵占和扩张等四个阶段。1553—1571 年为葡人入据澳门阶段，1572—1848 年为葡人“租居”澳门阶段，1849—1887 年为葡人侵占澳门阶段，1887—1910 年为葡人进一步扩张阶段。

从 1514 年起，作为西方殖民主义“先驱”的葡萄牙人，派舰队在中国屯门（现属香港）登陆，竖立刻有葡国国徽的石碑，以示占领。早期来华的葡萄牙人采用暴力手段进行殖民掠夺，不可避免地与明朝政府发生了军事冲突。1518 年，葡萄牙人率 3 艘船只抵达屯门，并擅自在屯门建屋树栅，修筑炮台。又像对待非洲黑人一样对待中国人，驱赶商船，掳掠船员，夺其财货，纵容部下抢劫百姓，蹂躏妇女，还勾结内地奸民，掠买人口，激起中国人民愤恨。结果被明朝军队以武力逐出。之后，中葡发生激战，气焰嚣张的葡萄牙殖民者遭到重创，转而北上窜扰东南沿海，亦遭明军队的打击，最后不得不撤离闽浙海面。

屯门之役、新会西草湾之役和双屿港之役使葡萄牙人认识到中国国力强大，不能轻易用武力征服，他们因而改用行贿等手段，以求在中国沿海取得立足之地。

葡殖民者被迫改变策略。1553 年，一队葡萄牙商船借口在海上遇到风浪，请求到濠镜（今澳门）晾晒“水湿贡物”，广东官员接受贿银 500 两，答应了他们的请求。葡萄牙人得以上岸，自此入住、盘踞澳门。

葡人得以在澳门立足后，一方面在广东沿海加紧商业活动和走私贩卖人口等非法活动，另一方面在内部加强管理。1560 年，居澳葡人已选出地方首领、法官和 4 位商人代表，形成管理机构，管理葡人内部事务。1563 年，第一批到澳门定居的耶稣会传教士抵达澳门。1568 年，葡萄牙国王派出耶稣会士贾耐劳到澳掌管教务，成为天主教澳门教区的第一任主教，澳门亦成为天主教在远东的传播中心。

与此同时，葡萄牙以保护葡人安全和贸易为由，不断扩大在澳军事力量，驻扎大批军队。这种动向引起明政府的警觉，明政府加强了对澳门的管理，除向居澳葡人征税、收租、设

▼鸦片战争，英国靠坚船利炮打开了中国的大门

▲第一次鸦片战争后，葡萄牙殖民者诱逼清政府于1887年签订了不平等的条约，将澳门置于其统治下

关三项措施外，还陆续采取了其他许多行政、立法、司法方面的措施。

鸦片战争前，葡萄牙人居留地只占澳门半岛一小部分，面积不足两平方公里，处于中国政府的管辖之下。澳葡当局仅对居澳葡人享有一定的管理权，无权管理居澳华人。鸦片战争以后，在英国侵华取得进展的影响下，葡萄牙政府处心积虑破坏中国对澳门的主权，以实现其完全控制整个澳门地区的目的。鸦片战争结束后的几年内，葡国政府多次派遣代表与清政府谈判交涉，但在主权问题上未能取得任何实质性的进展。

第一次鸦片战争后，由于清政府腐败，中国开始沦为西方列强的半殖民地。葡萄牙当局一反在澳近300年基本“恭顺”的姿态，不断扩占、蚕食澳门附近领土。1845年11月，葡女王玛丽亚二世不顾中国在澳门的主权，颁布敕令，以挽救澳门经济为借口，擅自宣布澳门为自由港。她同时任命狂热的殖民分子亚马留为新任澳督，指示这位“独臂将军”夺取澳门主权，建立殖民统治。亚马留上任后，采取了一系列侵略中国主权的步骤，封闭中国在澳海关，向华人征税，侵犯中国在澳司法权，于1849年占领了澳门半岛。

随后葡人不断蚕食，实现了“近占七村（龙田、望厦等）、远占三岛（氹仔、路环、青洲）”的侵略意图。

葡萄牙殖民者为了使强占澳门合法化，诱逼清政府于1887年签订了不平等的中葡《和好通商条约》，将澳门置于葡萄牙的“永居、管理”之下。

1887年中葡条约签订以前，葡人已基本上占有了澳门半岛，但望厦村村民顽强抗租，不愿归葡人管辖。条约签订后，澳葡更急于将望厦纳入其管制范围，连年派人到望厦勒收地租，并趁列强瓜分中国之机，最终于1898年迫使抗交地租达数十年之久的望厦村村民交纳地租，从而完成了对整个澳门半岛的控制。1905年，澳葡当局平毁塔石等村居民的草房和坟墓。1907年，澳葡为增开马路，以低价强行收购龙田村30多户村民的房屋，毒打、驱逐不从者，随后将这些房屋付之一炬。这表明澳葡对澳门半岛北部的占领渐趋稳固。

葡萄牙实现其侵占并完全控制整个澳门地区，对居澳华人实行殖民统治，是在西方殖民主义者东来和列强侵略中国的背景下，在近代中国社会逐渐走向沉沦的大环境下形成的特殊历史现象。

巴西成为殖民地 1500 年 4 月 22 日，葡萄牙国王派印度的卡布拉尔的舰队因在非洲南部向西南绕了个大圈发现了巴西。这些葡萄牙人在巴西停留了一个星期，上岸进行了考察，与土著进行了初步的接触。此后若干年，对葡萄牙来说，巴西还不是一个有太大价值的地方。不过，葡萄牙绝不会随便放弃一块新发现的领土。

发现巴西的第二年，葡萄牙政府组织了一支考察队，这支考察队沿巴西海岸航行了 3600 公里。此后的一段时间里，葡萄牙政府主要从两个方面来利用巴西：一方面把它当作派往东方的船只的停靠站，另一方面采伐这里的一种木材——巴西木。巴西木十分坚硬，可以制作工具和船只，而且树心殷红，可以作染料。

葡萄牙人发现巴西后，一些法国冒险家也到这里来经商。由于当时法国政府正忙于欧洲大陆的争霸，尚无暇顾及海外扩张，所以葡萄牙派出的小股部队还能起到保护国家利益的作用。不过小小的葡萄牙占据了巴西这么大的一块地方，着实让欧洲其他国家眼红，葡萄牙政府不得不认真考虑在巴西扩大殖民规模的问题。

1530 年，葡萄牙国王派出一支船队在巴西建立圣维森特市，移民们在这里的沼泽地上种植了第一批甘蔗，安装了第一台轧糖机。在一个叫若奥·拉马里奥的人的倡导下，葡萄牙人在距海岸不远的地方建立了一个村庄，这个村庄后来发展成今天的圣保罗市。

▼葡萄牙武士图

为进一步推动移民，国王若奥二世于 1534 年把整个巴西划分成很多块世袭的封地，赐给一些小贵族，受赐者必须靠自己的努力推动移民和开垦荒地。在具体执行过程中，虽然也出现了缺乏资金或当地土著的反抗等诸多问题，但政策的变化无疑有助于个人积极性的发挥，殖民的速度加快了，圣维森特和其北部的伯南布哥很快繁荣起来。到 1548 年，葡萄牙人已在巴西沿海建立了 16 个定居的村镇。居民们大都靠经营种植园及与本国贸易为生，出口木材、糖、棉花和烟叶。就在这一年，葡萄牙开始在巴西建立总督制，首任总督托麦·德·索乌扎率近千名移民和第一批耶稣会教士来到了巴西。

索乌扎把总督府建立在北部的圣萨尔瓦多，这座城市因而发展得特别快。1583 年，在巴西的白人达到了 25000 人。这时的巴西主要生产甘蔗，巴西气候炎热，特别适合甘蔗的成长。在此后的几百年时间里，欧洲人吃的糖主要来自新大陆，来自加勒比海上的岛屿和巴西。

帝国的全盛时期 从葡萄牙的大陆领土往南延伸进入大西洋，3 个群岛——马德拉群岛、佛得角群岛和亚速尔群岛的上空都飘扬着葡萄牙的国旗，这里是葡萄牙建立帝国的桥头堡。从三大群岛往南航行就是巴西。

▲印度的石窟艺术

从非洲西海岸南下，绕过好望角，沿非洲东海岸航行一段时间后横穿阿拉伯海到达印度，再从印度的果阿航行到马六甲，这是葡萄牙帝国东方航线的生命线。从马六甲往东北可到澳门和日本，往东可径直进入香料群岛。16世纪的葡萄牙文献把莫桑比克和霍尔木兹到澳门和香料群岛的特尔纳特之间的所有据点统称为“印度国家”，即葡萄牙在东方的海外领土。

为了保护这条生命线，从西非到东非的海岸边，从印度西海岸到马六甲，从马六甲到澳门和香料群岛，葡萄牙人建立了一个个武装的商站或兵站。在西非，除了3个群岛上的一些重要岛屿外，毛里塔尼亚海边的阿尔金岛是最早建立的并一直起着重要作用的一个基地。在东非，1503年葡萄牙人占领了桑给巴尔，在这里扩建了码头、船坞、食品加工厂、机械修理厂等小工厂。葡萄牙从非洲掠夺的象牙、黄金、玳瑁和香料，从远东中国购买的丝绸、茶叶和瓷器，从东南亚购进的香料，都由这里转手。简言之，这里曾是葡萄牙人货物的集散地和过往船只的后勤供应基地之一。

葡萄牙为了牢牢控制东方商路，分别在果阿、霍尔木兹和马六甲建立了3个海军基地。在马六甲以东，葡萄牙人建有澳门和特尔纳特等据点。

在这整个航线中，印度洋是关键。葡萄牙人曾在这里发展起一种航行凭证制度。这一制度从达·伽马第二次来印度开始施行，不久后就正规化了。只有持有葡萄牙发放的凭证的船只才允许在印度洋上航行，而申请这种凭证需要一定的费用，对无证行驶的船只，予以捕捉和没收。1518年印度总督又正式发布命令，所有不同时期发放的凭证都要汇编成册，以便随时可以查对；凭证由商站或堡垒的书记员制作，但须经商站领导人签署。不仅商船需要申请这种凭证，印度的任何船只要在印度洋上航行都必须申请。所有这一切，主要是为了贸易，当时的葡萄牙还没有太多的能力对亚洲国家实行更广泛的掠夺，他们设立武装据点的目的主要还是为了做生意。与东方贸易的商品种类繁多，航程复杂。关于这一贸易的基本过程和内容，当时的葡萄牙人是这样讲的：“欧洲与东洋的贸易，全为我国独占。首先，我们每年用大帆船与圆形船结成舰队航行至里斯本，船上满载毛织物、大红的衣服、玻璃精制品、英国及佛兰德出产的钟表和葡萄牙的酒，到各地海港上换取其他物品。船从果阿航行到柯钦得到香料与宝石，从柯钦到马六甲得到香料与大吕宋岛的白檀。其次，在澳门把这些物品换成绢丝类货物加入船货。最后又把以上货物运到日本换成金银块，这样，可得到投资两三倍的利润。在澳门停留数日后，船只满载着金银、丝织品、麝香、珍珠、象牙精制品、精细木制品、漆器及陶瓷返回欧洲。”

▼图为贩奴船的构造

走向式微的帝国

走向式微 葡萄牙强盛，来自于与东方的贸易。葡萄牙人依托其强大的海军为后盾，通过与东方不平等的贸易，使得东方大量的资本流入葡萄牙。葡萄牙人是近代海权国家的先驱，然而，葡萄牙贵族们的战略思维，却很大程度上仍然停留在农耕时代，与利润丰厚的海上贸易相比，疆场上的纵马厮杀更加符合葡萄牙贵族们的审美情趣。

1578 年 6 月，葡萄牙国王塞巴斯蒂昂以讨伐异教徒为名，率军 2.5 万人（雇佣兵为主）在丹吉尔登陆，开始了对摩洛哥的战争，摩洛哥被废国王穆泰瓦基勒率部投降。摩洛哥国王阿卜德·马利克率步、骑兵 5 万人迎战。8 月 4 日，葡萄牙军在马哈赞河畔的凯比尔堡附近发起进攻，揭开了马哈赞河会战的序幕。由于此役有葡萄牙国王塞巴斯蒂昂、摩洛哥废王穆泰瓦基勒和摩洛哥国王马利克三位国王参战，历史上称这场战争为“三王之役”。

葡萄牙的强盛来自于其制海权，而其强大的制海权，来自于能征惯战的海军。由于技术落后，葡萄牙海军的生活条件非常艰苦，因此海军战士大多由贫苦人家的子弟担任。这些穷家子弟能够吃苦，打起仗来坚韧顽强，令敌人胆寒。同时，长期的海上扩张使得葡萄牙海军积累了丰富的经验，因此，葡萄牙人的海军勇冠欧洲，少有敌手。与海军相比，葡萄牙的陆军战斗力实在不敢恭维。葡萄牙陆军采取雇佣兵制，军官多是贵族子弟，娇生惯养，作战懦弱无能，加以葡萄牙陆军历史上也绝少有作战的机会，经验不足。而反观摩洛哥军队，东方国家对于陆权高度重视，阿拉伯人是陆上扩张的老行家，摩洛哥的战士大都是久经沙场的老兵，作战经验丰富。从双方力量来看，摩洛哥有大军 5 万，本土作战，士气高涨，葡萄牙不过有两万余的雇佣军，孤军深入，人人以自保为先，根本不是摩洛哥人的对手。天时、地利、人和都不在葡萄牙一方，这场战役的结果，是显而易见的。

葡萄牙人面对能征惯战的敌军，一触即溃。塞巴斯蒂昂率军向马哈赞河对岸撤退。然而，天不作美，葡军渡河时，正逢河水涨潮，国王塞巴斯蒂昂和许多官兵被淹死，其余走投无路，纷纷投降。这场战争以葡萄牙人的惨败而告终。

葡萄牙人的霸权如昙花一现，迅速地出现在欧洲的历史舞台上，又迅速地消失于欧洲的历史舞台之中，留给后人的，只有无尽的唏嘘与感慨。

退出历史舞台 西班牙与葡萄牙本是宿敌，西班牙的强大，本身就敲响了葡萄牙人的丧钟。强大起来的西班牙，自然绝不肯放过这个千古良机。乘着葡萄牙人在摩洛哥惨败之机，西班牙国王菲利普二世声称自己有一半葡萄牙血统，于 1580 年兼并了葡萄牙，菲利普二世兼任葡萄牙国王，开始了哈布斯堡统治伊比利亚半岛的时代。哈布斯堡王朝剥夺了葡萄

▼里斯本街景

牙在海内外的几乎所有财产，代替了葡萄牙在海上统治者的地位。

▲葡萄牙贵妇

此后的60年里，葡萄牙丧失了民族独立。在对摩洛哥的战争中，数百名葡萄牙的贵族和上千名的士兵被俘虏，为了赎回他们，葡萄牙人支付了巨额的赎金。国王没有了，国土没有了，钱也花光了。葡萄牙的海外殖民地遭到了荷兰人和英国人的抢夺，西班牙的统治者在葡萄牙课以重税，使葡萄牙人的日子非常之难过。

1640年，葡萄牙人终于从西班牙的统治下解放出来，若昂四世继位为王。但好景不长，1755年葡萄牙首都里斯本发生大地震，整个城市毁于一旦，唯有王室的全体成员因在热罗尼姆斯大教堂作弥撒而幸免于难，这座大教堂用白色花岗岩筑成，在大地震中屹立不倒。

17世纪中叶，西南非洲的安哥拉，在女王安娜·津嘉的领导下，曾一度摆脱了葡萄牙王国的统治。1665年，刚果宣布推翻葡萄牙人的统治而成为一个民族独立国家。

19世纪初，法国拿破仑的军队和西班牙的军队进占葡萄牙，王室全体成员和国王去巴西避难。14年后，葡萄牙人在英国军队的帮助下赶走了法国人，葡萄牙国王若昂六世将佩德罗王子留在巴西继续执政，他自己回了国。第二年也就是1822年，若昂六世写信给佩德罗王子要他回葡萄牙，但佩德罗王子此时翅膀已经长硬，他撕毁了父亲的信，向周围人的宣布说：巴西从此脱离葡萄牙。他说这话时，是在里约热内卢附近的伊皮兰加河。从此，佩德罗成为巴西帝国的首任皇帝。葡萄牙在东方帝国崩溃之后，在美洲的这一大块殖民地也失去了，从此它走向了衰落。1824年，美国承认巴西独立，1825年，葡萄牙也不得不承认这一残酷的现实。

葡萄牙以不到100万人口的小国，从15世纪到16世纪这一段时间里征服了大半个地球，这是一段历史奇观。

▼1755年，葡萄牙首都里斯本发生大地震

第二讲

走向崩塌的西班牙帝国

在西班牙的发迹过程中，一位勇敢的航海家兼冒险家起了举足轻重的作用。这位不但在西班牙历史上，在世界历史上也可大书一笔的人物便是哥伦布。随着哥伦布发现了美洲，新大陆无穷无尽的金银使西班牙暴富起来。拥有了玻利维亚波托西银矿等巨额财富，西班牙也几乎拥有了整个世界。

遗憾的是，飞来的横财却没有使西班牙的经济飞跃。王公贵族们不断地将财富挥霍掉，而且用它重整军备。因此，西班牙虽然拥有了一支令对手敬畏的无敌舰队，但它的经济实力却远远滞后于其军事实力，更不能与其强劲对手大英帝国相提并论。而且，无敌舰队并非无敌，就如同常胜将军并非没有过失败一样。西班牙王公贵族生活上的骄奢淫逸与政治上的短视无能，为日后西班牙帝国的覆灭埋下了祸根。

16 世纪中后期，也是帝国处于最强盛的时期，然而在这强盛的外表下，帝国内从上到下都出现了导致其崩溃的致命问题，皇帝们狂热地追求天主教帝国的虚荣，造成了国力的极大削弱，即使是平民百姓同样是狂热地追逐黄金，疯狂地进行殖民掠夺，大把地捞钱，大肆奢靡浪费，轻视平凡的劳动，忽视民族制造业的发展，这种误国误民的谋利方式最终导致了帝国的崩塌。

血腥的海外掠夺

统一确定了帝国的基础 公元4世纪70年代，西哥特人开始攻入罗马帝国。公元419年，西哥特人进入高卢南部，建立以土鲁斯为中心的西哥特王国。507年，西哥特人受到法兰克人的压力，被迫将王国中心迁到西班牙，定都托利多。西哥特人受罗马文明的影响较深，他们原先信奉被罗马主教斥为异端的阿里乌斯派基督教，6世纪末改信罗马公教。

公元711年，阿拉伯帝国的北非总督对西班牙发动进攻，不到半年时间就控制了西班牙大部分地区。到713年，残余的西哥特人已被赶到北方的阿都斯里亚山地，阿拉伯人几乎征服了整个伊比利亚半岛，把西班牙变成阿拉伯帝国的一个行省。

当统治阿拉伯帝国的倭马亚王朝被阿拔斯王朝取代后，死里逃生的倭马亚王子阿布杜拉赫曼逃到西班牙，依靠当地阿拉伯叙利亚和柏柏尔贵族的支持，于756年建立后倭马亚王朝（756—1031），称艾米尔（总督），宣布脱离阿拉伯帝国独立。从此，西班牙成为一个独立的阿拉伯国家。

▼十字军战士与他的妻子

在后倭马亚王朝统治时期，统治者采取种种措施，巩固其新建立的国家。在宗教上，他们实行比较宽容的政策，允许那些非伊斯兰教徒负担少量的人头税和其他封建义务，对犹太人也比较宽容。在军事上，建立一支以柏柏尔人为核心的军队。在政治上，建立政教合一的中央集权统治，并于929年改后倭马亚王朝为“科多瓦哈里发。”首都科多瓦是全国政治、经济和文化的中心，居民达50万人，有700座清真寺，其繁荣堪与东方城市媲美。西班牙的农业、手工业和商业贸易，以及整个地区的经济生活达到前所未有的繁荣，其货币还在一些非洲国家中流通。科多瓦大学集中了来自欧、亚、非洲各地的学者和研究者，科多瓦图书馆藏书量达到40万册，其中许多是古典作家著作的手抄本，对中世纪西欧文化的发展起了积极的作用。

▲公元8世纪，征服整个伊比利亚半岛的阿拉伯人士兵

在阿拉伯人占领西班牙以后，在西班牙北部沿海和山区逐渐形成了一些信仰基督教的小王国。阿斯都里亚王国位于半岛西北部，是最早出现的基督教王国。9世纪，阿斯都里亚王国合并加利西亚，形成雷翁王国。11世纪初，在雷翁东部形

▲1492 年，西班牙人收复被阿拉伯人占领的土地格林纳达

成卡斯提王国。“卡斯提”意为“城堡之国。”1230 年卡斯提与雷翁合并，仍称卡斯提王国。9 ~ 11 世纪，在半岛东北部，出现那瓦尔王国、阿拉冈王国和巴塞罗那王国。葡萄牙王国形成于半岛西部杜罗河下游地区，1143 年获得独立，定都于里斯本。

阿拉伯人征服西班牙以后，西班牙人的“收复失地运动”（8 ~ 15 世纪）就开始了。收复失地运动是在基督教徒反对伊斯兰教徒的旗帜下进行的，参加斗争的阶级和阶层十分广泛，不仅有农民、牧民、手工业者等下层人民群众，而且大小封建主也被卷入到这场运动中来。

1212 年，卡斯提王国在欧洲十字军的支援下在科多瓦东 70 公里大败北非和西班牙阿拉伯人的军队。13 世纪前半期，卡斯提收复科多瓦和南方重镇塞维利亚，阿拉冈则占领瓦伦西亚和木尔西亚，取得了收复失地运动的决定性胜利。到 13 世纪末，收复失地运动大体完成，阿拉伯人只剩下偏居半岛南端的格林纳达。1492 年，阿拉伯人被赶出格林纳达，收复失地运动最终完成。

▼两个西班牙的缔造者，卡斯提王位女继承人伊萨白拉和阿拉冈王子斐迪南

收复失地运动的胜利，大大促进了西班牙各地区间的经济文化联系。卡斯提和阿拉冈是半岛上两个重要的基督教国家。早在 1188 年，卡斯提就形成了等级制代表机构国会。从 13 世纪起，国会有城市的代表参加。国王的征税法案只有经过国会批准才能生效。阿拉冈国会成立于 1250 年，尽管也包括僧侣、贵族和市民等不同等级，但它为大封建主所操纵，对王权具有明显的限制作用，甚至可以废立国王。

1469年，卡斯提王位女继承人伊萨白拉嫁给阿拉冈王子斐迪南。1474年和1479年，伊萨白拉和斐迪南分别继承王位，两国于1479年合并，正式形成为中央集权的西班牙国家。1512年，西班牙合并那瓦尔王国南部，整个伊比利亚半岛除葡萄牙外，完全统一于西班牙。

▲哥伦布出发前，西班牙国王、王后、大臣们前往送行

哥伦布的地理大发现 葡萄牙人在非洲西海岸的航行和扩张，促使西班牙人积极寻找另一条通往东方的新航路。他们资助哥伦布一行从欧洲向西航行，结果到了美洲，开辟了通往美洲的新航路。

克里斯托弗·哥伦布，意大利人，世世代代从事毛纺织业生产，生活不富裕。1469年，18岁的哥伦布成为水手，经常在地中海和北海航行，随船队到过西班牙、葡萄牙、法国、英国和冰岛一带，熟悉地中海和东大西洋沿岸的航路。他读过《马可·波罗游记》，相信意大利地理学家的地圆说，认为从欧洲向西航行同样可以到达盛产黄金、香料的中国和印度，萌发了西航思想。

▲航海定位仪

1476年8月，哥伦布为一支热那亚船队护航，但在葡萄牙的圣维森提角附近海域遭葡萄牙和法国联合舰队的袭击，哥伦布负伤落水，辗转去里斯本。在葡萄牙期间，他与森特岛（马德拉群岛）总督、著名航海家佩列斯特列劳的女儿结婚，得到岳父的手稿和海图，又随船访问过黄金海岸的葡萄牙要塞米那。

1484年，哥伦布向葡萄牙当局提出西航印度的建议，很快遭到拒绝，因为他们正忙于寻找绕道非洲南端通往印度的新航路。哥伦布举家迁往西班牙，希望西班牙国王支持他的西航计划。经过许多周折，终于与西班牙国王签订著名的“圣大非协定”。协定规定：西班牙国王是一切新发现土地的宗主和统治者，任命哥伦布为新发现土地的总督、钦差大臣和海军司令，有权获得当地总收入的1/10。“圣大非协定”的签订使哥伦布的西航计划有了实现的可能。

▼哥伦布航海途中

1492年8月，哥伦布带领3艘船，从巴罗斯港出发。为避开逆流和风暴，船队先向西南方向航行，9月初抵达加那利群岛的戈梅腊岛。然后又从戈梅腊岛出发，向西南航行，进入茫茫的大西洋。经过34昼夜的艰苦航行，终于在10月12日凌晨到达巴哈马群岛东南方的萨马纳岛。哥伦布当即以西班牙国王的名义将其占领，命名为“圣萨尔瓦多”（意为“救

世主”）。他认为他所到的地方就是印度，称当地居民为“印第安人”，即印度人，并向他们查询黄金产地。

哥伦布一行继续南下，于10月28日到达古巴。他们误认为古巴是中国的一个贫瘠地方，那它的东方就是日本。哥伦布的船队掉头转向东方，12月7日到达海地，见其山川秀丽，有如西班牙，遂命名为“小西班牙”。圣诞节那天，旗舰圣玛丽亚号在海地北岸触礁搁浅，哥伦布利用船体修建第一个殖民据点取名“圣诞城”，留下39人驻守。

1493年1月，哥伦布率两只船出发返航，3月15日回到巴罗斯港，受到隆重欢迎。5月底，西班牙国王颁布命令，任命哥伦布为新发现地方的海军司令、钦差大臣和总督，正式颁发授衔证书。

远航归来半年以后，哥伦布组织第二次更大规模的西航。1493年9月，哥伦布率领1500多人，其中有传教士、官员和想去海外发洋财的贵族，带着枪支弹药、家畜、种子和生产工具，分乘17艘船，离开加的斯港。他们到加那利群岛后立即西南行，经20个昼夜到达小安的列斯群岛的多米尼加岛、瓜德罗普岛和维尔京群岛的波多黎各岛，进行大规模的殖民掠夺。11月27日，船队驶抵海地，发现他们建立的殖民据点已被印第安人夷为平地，留下的39人全被消灭。

▲哥伦布在航行途中机智地制止了船员暴乱

哥伦布率领西班牙殖民者开始向海地的印第安人征收人头税，甚至加以屠杀或掳为奴隶。他们途经多米尼加、瓜德罗普、维尔京和波多黎各等岛的时候，一路砍杀掳掠，其灭绝人性的强盗行径令人发指。

在牙买加，哥伦布对不热情的印第安人，先命令施放弩箭以穿透他们的身躯，继而又放出恶狗去狂咬一番。结果证明，“对付印第安人，一条狗足足抵得上10个（西班牙）人”。在海地的瓜蒂瓜那，哥伦布一支远征队发动对泰诺人的攻击，大肆砍杀破坏，并捕捉了1500人。哥伦布挑选了“精壮男女”500人送回西班牙出卖为奴。然后他宣告，任何西班牙人愿意收留多少就收留多少，结果又挑出600人，分别为西班牙人私有。由此，哥伦布就开创了捕捉印第安人为奴的先例。

1496年3月，哥伦布从海地回到西班牙，由其弟巴塞罗缪代理总督职务。巴塞罗缪在海地南岸修建圣多明各城，作为西班牙殖民者统治西印度群岛的首府。

1498年5月，哥伦布组织第三次西航，到达特立尼达岛和委内瑞拉的奥里诺科河口，望见南美大陆。不久，他与西班牙政府发生龃龉，特权被取消，本人被逮捕押解回国。

哥伦布获释后，又于1502年开始第四次西航，到达洪都拉斯、哥斯达黎加和巴拿马，1504年回到西班牙。

就在哥伦布西航期间，佛罗伦萨人阿美利哥几次去哥伦布到达的地方考察，回欧洲后出版了一部游记，断定那根本不是印度，而是“新大陆”。哥伦布的错误纠正过来了，但加勒比海诸岛至今仍称西印度群岛，美洲的原有居民一直被称为印第安人。哥伦布的远航开辟了从西欧通向美洲的新航路，结束了美洲的与世隔绝状态，并为西班牙的海外掠夺和殖民统治奠定了基础。

▲船舱里的哥伦布，他发现了美洲

麦哲伦的环球航行 哥伦布虽然开辟通往美洲的新航路，却没有到达富庶的东方，也没有给西班牙立刻带来可观的财富。而达·伽马开辟直通印度的新航路后，却给葡萄牙带来惊人的利润。西班牙当局对此嫉羡不已，希望也能找到一条直通东方的新航路，便继续支持远洋探险活动。

阿美利哥曾经设想，绕过新大陆的南端可以到达盛产香料的摩鹿加群岛（今马鲁古群岛）。1513年，西班牙的美洲殖民地总督巴尔波亚，率领探险队越过巴拿马地峡，在山顶上望见美洲西边一片汪洋，称之为“大南海”。他也相信，如能找到与“大南海”沟通的海峡，就可以到达盛产香料的东方了。人们为寻找那个海峡先后南航到阿根廷的拉普拉塔河口和圣马提阿斯湾。麦哲伦密切注意这些动态，随时准备完成这个任务。

费尔南多·麦哲伦，葡萄牙破落骑士家庭出身。1496年起，在葡萄牙的航海事务厅供职，熟悉航海事业。1505—1512年，麦哲伦作为葡萄牙远征队的一名水手，前往印度、马六甲、苏门答腊、爪哇等地从事殖民活动，在海战中多次负伤，受到葡王的青睐。他到过摩鹿加群岛的布鲁、安汶和班达岛，深信再往东就是一片汪洋大海。他相信地圆说，而且他的经历使他很容易联想到，经过摩鹿加群岛以东的汪洋就能到达哥伦布所发现的美洲；换句话说，摩鹿加就在美洲的西方，只要能找到通往“大南海”的海峡，从欧洲西航同样能够到达摩鹿加群岛。他向葡王提出自己的计划，遭到拒绝。

1517年10月，麦哲伦愤而迁往西班牙。1518年3月，西班牙国王查理一世接见麦哲伦，并同他签订远洋探险协定。协定规定：任命麦哲伦为新发现地的总督和钦差大臣，有权得到新发现地全部收入的1/20和新发现的6个岛屿中的2个；西班牙必须为探险队装备5艘船，提供必需的物资、武器和保障供应人员。

▲麦哲伦发现了前往东方的通道，他靠划艇引导船只穿越这片险恶的水域

1519年9月20日，麦哲伦率领265人，分乘5艘船，从塞维利亚的外港圣卢卡启航。麦哲伦一行首先到达拉普拉塔河口，经实地勘察证明它不是一个海峡。船队继

续航行，驶抵圣马提阿斯湾。再往南行都是航海家从未到过的地方，而且冬季临近，风雪交加，航行极其困难。不久，船队驶进接近南纬 50 度的圣胡利安港，只好在这里过冬。

1520 年 8 月，麦哲伦的船队继续南航，船队驶进南纬 52 度处的一个海峡，这个海峡很长，而且忽宽忽窄，弯弯曲曲，港汊交错，潮汐汹涌。有一条船在困难面前丧失信心，掉头逃回西班牙。麦哲伦率领 3 艘船（另一艘早已沉没），经过 38 天的艰苦航行，终于走出海峡，进入浩瀚无边的“大南海”。沟通大西洋和“大南海”的通道终于找到，下一步就是要在“大南海”里前进了。

从 1520 年 11 月底到 1521 年 3 月初，船队在“大南海”里航行 3 个多月，竟没有遇到一次暴风雨，于是麦哲伦便称它“太平洋”，这个名称一直沿用至今。

1521 年 3 月，麦哲伦的船队驶抵菲律宾群岛的马萨瓦岛（马索华岛）。8 年前麦哲伦从东方回到西方，现在他又从西方绕到东方，实际上他的西航理想已基本实现。4 月 27 日，麦哲伦率领数十名殖民者进攻宿务岛以东的马克坦岛，强令该岛人民称臣纳贡，被当地首领拉普拉普领导的战士击毙。

不久，西班牙殖民者用血腥手段征服这个地区，并以王子菲利普的名字命名，这就是今天的菲律宾。5 月 1 日，船队离开宿务岛，于 11 月 8 日辗转到达摩鹿加群岛的提多尔岛。12 月 21 日，剩下的一艘船维多利亚号，在船长埃里·卡诺的率领下单独返航。该船满载香料，为避免葡萄牙人拦截，直接横渡印度洋，绕道好望角，再沿非洲西海岸北上，于 1522 年 9 月 6 日回到出发地圣卢卡港。

▼麦哲伦航行所乘坐的帆船

麦哲伦的船队用整整 3 年时间，完成人类史上第一次的环球航行，无可辩驳地证明地圆学说是正确的，为人们地理知识的扩大和科学的发展做出重大贡献。

▲祭祀牺牲者图

麦哲伦船队运回满船香料，兴奋了殖民主义者的神经。西班牙国王查理一世听到报告后，立刻兴致勃勃地在西班牙国土的西北角拉科鲁尼阿港口创设一个“香料贸易局”，同时布告全国，授予前往“西方岛屿”即菲律宾群岛的最初 5 支远征队 33 种特权，以资鼓励，从此揭开了西班牙大肆侵占菲律宾群岛的序幕，又一场血与火的斗

▲埃尔南多·科尔蒂斯率领约600名步兵和200名印第安人，携带大炮、战马，分乘11艘船，在墨西哥东海岸登陆，向墨西哥发动进攻

争强加到菲律宾及中国南部人民的头上。

殖民扩张和掠夺 与哥伦布开辟通往美洲新航路的同时，西班牙人就开始了对西印度群岛的征服和掠夺。1492年底，哥伦布在海地北部建立第一个殖民据点。1496年，哥伦布之弟在海地南岸修建圣多明各城，作为统治西印度群岛的首府。西班牙殖民者以海地为基地，进而征服牙买加、波多黎各、古巴和整个西印度群岛，在塞维利亚设印度事务部治理。他们“像穷凶极恶的豺狼闯进驯服的羔羊中”那样，对印第安人“滥施暴行、肆意屠杀”。到16世纪40年代，海地岛上6万多印第安人仅剩下500人，而牙买加、波多黎各和古巴等地的几十万印第安人已被斩尽杀绝。

▲安第斯文明莫奇王国首领图

▼手持节杖图

1519年4月，西班牙贵族埃尔南多·科尔蒂斯，率领约600名步兵和200名印第安人，携带大炮、战马，分乘11艘船，在墨西哥东海岸登陆，向墨西哥发动进攻。国王派人给科尔蒂斯送去大量金银珠宝，请求退兵。科尔蒂斯则极尽挑拨离间之能事，竟与许多对国王不满的部族结成同盟，于11月进入墨西哥城。国王不仅不抵抗，反而亲自主持盛大的欢迎式，把科尔蒂斯迎进王宫里。科尔蒂斯设计逮捕国王，并以他的名义实行统治，勒索金银珠宝。1520年6月，印第安人奋起反抗，科尔蒂斯一伙乘夜雨仓惶出逃，被杀和落入湖里淹死者不计其数，抢来的财宝落入湖底，这就是著名的“忧伤之夜。”

1521年8月，科尔蒂斯再度率兵攻入墨西哥城，变墨西哥为西班牙的殖民地，称“新西班牙”。1523—1524年，西班牙人又侵入危地马拉、洪都拉斯、尼加拉瓜和萨尔瓦多。

秘鲁国的灭亡，重复了墨西哥王国的故事。

1531年1月，弗朗西斯科·皮萨罗带领180名士兵，携带大炮、战马，分乘3艘船，离开巴拿马，在秘鲁西北沿海登陆。皮萨罗乘秘鲁发生王位争端之机，占领北方重镇卡哈马卡，并巧设伏兵突然袭击，活捉国王，杀死两千多印加人。皮萨罗向国王勒索能填满关押他的牢房的黄金和大量的白银后，又背信弃义地把他杀掉。1533年11月15日，皮萨罗带兵攻入秘鲁首都库斯科，变秘鲁为殖民地。

接着，西班牙殖民者又征服厄瓜多尔、哥伦比亚、玻利维亚、智利等南美国家。

在哥伦布第一次“发现”美洲大陆之后仅仅50年的时间，西班牙殖民者就完全占领了南起合恩角、北至今日美国和加拿大边界的一大片土地，并在那里建立了200处移民区，确立了他们的殖民统治。从16世纪起，西班牙还在欧、非、亚以及葡属美洲殖民区等地，不断扩大自己的领土。1502—1504年，西班牙占领了意大利的那不勒斯王国。1512年又吞并了其北部的那瓦尔王国。1516年，西班牙国王继承了西班牙本土及其领地那不勒斯王国、西西里、撒丁尼亚和美洲的殖民地，以及奥地利和所谓的“勃艮第遗产”，包括尼德兰、卢森堡和佛朗士—康泰。同时，还占领了美洲大片土地、北非的突尼斯、欧兰以及其他一些地方。1559年以后西班牙夺取了意大利的米兰，攻陷菲律宾马尼拉等大部地区，以及葡萄牙的里斯本和葡属全部殖民地。到16世纪80年代，西班牙的版图便包括了欧洲的大部分，美洲、非洲的一部分以及亚洲的菲律宾等地，建立了世界历史上最早的、空前庞大的殖民帝国，一个“太阳从不落”的世界君主国。

西班牙人在疯狂扩张的同时，也进行了疯狂的掠夺。

16世纪初，西班牙成立直接对国王负责的印度事务委员会，主管美洲殖民地的行政、军事、财政、立法、宗教等事务。还成立贸易专署，负责西班牙与美洲的贸易。在美洲，设立新西班牙（墨西哥）、新格拉那达（哥伦比亚、委内瑞拉）、秘鲁和拉普拉塔（阿根廷）4个总督区，派总督治理。西班牙在美洲推行“监护制（又称“监护征赋制”“大授地制”），其内容是将大量土地和印第安人分给西班牙贵族、宠臣、冒险家和天主教会（称“监护人”）世袭占有，他们有权迫使印第安人从事建筑、开发矿藏、耕种土地、缴纳赋税和服种种劳役（给极少报酬），有权使印第安人成为基督教徒。印第安人名义上是自由人，实际上是奴隶。“监护制”最初在圣多明各推行，后来扩及到整个西属美洲。

随着印第安人的灭绝，“监护制”被黑人奴隶制代替。西班牙殖民者伙同葡萄牙人，把大批非洲黑人运往美洲，迫使他们在矿井里和种植园里从事极其艰苦的劳动。据说，青壮年人在种植园里的平均劳动寿命只有7年。矿井里的劳动艰苦、劳动条件差，当矿工往往有去无还，亲人往往事先为其送葬。16世纪运到美洲的黑人为90万人，17世纪为275万人，18世纪达到高峰700万人。到19世纪70年代，共有1500万黑人被运往美洲。每贩运一个黑人到美洲，就有5人死在非洲大陆和贩运途中。这样，非洲约损失人口6000万到1亿。西班牙殖民者在印第安人和黑人的白骨上积累了大量的财富。

▼1558年西班牙对外征服的地图

1521—1544年，西班牙人平均每年从美洲运走黄金2900千克、白银30.7吨。到1545—1560年，黄金增至5500千克，白银为246吨。16世纪末，西班牙在美洲开采的贵金属占世界总产量的83%。马克思一针见血地指出：“美洲金银产地的发现，土著居民的被剿灭、被奴役和被埋葬于矿井，对东印度开始进行的征服和掠夺，非洲变成商业性地猎获黑人的场所，这一切标志着资本主义生产时代的曙光。”

挑战来自帝国的内部

贵金属积攒过多症

新航路发现后，16 世纪初，西班牙国王登上神圣罗马帝国皇帝的宝座，渐渐成了无人挑战的欧洲霸主。在西班牙最辉煌的年代，墨西哥、秘鲁、智利等海外领地加起来居然比本土大几十倍，集市如云，帆樯如林，吸引了全欧洲羡慕的眼光。

然而，在政治、领土、金融、商业、贸易、军事、宗教诸方面都占尽优势的西班牙，却一步步丧失优势，一步步衰落，最后沦为徒具虚名的老朽帝国，这种颓势凸现的罪魁祸首竟然是太多的金银。

▲委内瑞拉的建筑具有典型的西班牙风格，这是殖民地的色彩

西班牙在西半球不可一世，垄断了许多地区的贸易，其殖民势力范围遍及欧、美、非、亚四大洲。上帝通过哥伦布之手把美洲献给了西班牙国王后，印第安人世世代代积累的金银和矿藏，通过船队运往欧洲大陆。据统计，1521—1600 年间，西班牙海军从海外运回的黄金即达 200 吨，白银达 18.6 万吨。到 16 世纪末，世界贵金属开采中的 83%为西班牙所得。难怪后人称西班牙患了“贵金属积攒过多症”。为了保障其海上交通线和在海外的利益，西班牙建立了一支拥有 100 多艘战舰、3000 余门大炮、数以万计士兵的强大海上舰队。

金银当然是财富，引无数英雄竞折腰。美洲大量的金银流入之初，为了积累财富，西班牙政府采用严格措施把金银留储在国内，禁止出口；但本质上金银不过是金属而已，不能吃不能喝还不能用，只适宜做装饰品（在当时）。金银大量流入不过是相当于货币投入激增，而生产能力却没有相应增长，导致物资相对短缺，通货膨胀严重。于是政府又把原因归于向殖民地输出货物，禁止向殖民地输出西班牙货物，这在当时是个得到多数人拥护的英明决定，因为手工生产效率很难提高，存在生产极限。这样一来，西班牙的商业和工业便失去了市场，反而促使英国、法国、尼德兰的加工工业占领了西班牙国内和殖民地的市场。

由于市场的丧失，西班牙的工商业得不到发展而萎缩。而英国等国生产的商品随着生产技术的改进而逐渐物美价廉。这样一来，西班牙干脆放弃了产业发展，只用美洲金银来购买外国货物。

西班牙从西印度群岛经过长距离的、长时间的、危险的航行之后所带回的一切，以及他们用鲜血和劳动所获得的一切，都被外国人舒舒服服地

▼西班牙人在拉丁美洲留下的建筑物

运到他们本国去了。美洲的金山消灭了西班牙人的勤勉精神。

颓势凸现的另外一个不可忽视的原因就是西班牙人浮夸的文化观念，这种观念的表现就是：让外国人为西班牙人劳动。

当代美国把制造业转移到发展中国家，是因为它致力于高新技术产业。当时的西班牙不是这样，普通的制造业转移到欧洲北部国家，自己却只管战争和抢劫。对这种现在看来极其反常的赚钱和花钱模式，当时的西班牙人丝毫感觉不到这里面潜在的危机，相反他们以此为自豪。这种自豪感甚至在这个国家走向衰落后还存在。

西班牙人的这些愚蠢的观念，是在长期战争中慢慢养成的，极其根深蒂固。在这长达 700 年的光复战争中，国王们不断地把收复的土地分给有功之臣或征战的战士，这样，打仗就意味着发财。分到土地的西班牙人并非亲自耕种土地，而是让犹太人和尚留在光复区的摩尔人或其他穷人来耕种，工商业则留给了意大利人和德国人。骑士或战士等只管打仗的人受到了社会的高度尊崇，而生产者则受到歧视。

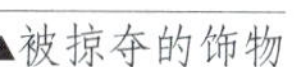
▲被掠夺的饰物

美洲的发现不仅无助于改变这种风气，而且助长了它。因为从事正常生产的收入远不如殖民掠夺来得快。结果，早在 16 世纪中期，这正是西班牙力量达到顶峰的时候，其生产领域的不正常情况已经很严重。

西班牙人习惯于征服和劫掠，习惯于短时间内得到大笔的金钱或大片的土地，没有养成勤奋劳动的习惯，他们轻视平凡的劳动，瞧不起那些从事这些劳动的普通人。1609 年，一位访问西班牙的旅游者说：由于西班牙人轻视劳动，大部分手工业者是外国人。西班牙人把劳动和为将来操心看作是有损西班牙威信的事。与其劳动不如忍受饥饿和其他痛苦。这就是西班牙人把工人和奴隶等同看待的原因。

但钱很多并不意味着钱用不完，最多的钱也经不起贵族们漫无边际的消费和皇帝们进行的持续不断的大规模战争。一些贵族变得负债累累，而政府则不断经历财政危机。1557 年、1575 年、1597 年西班牙政府都宣布过破产。此后，国家就慢慢进入了长期的衰落。西班牙因为有钱而变得贫穷了。

耗竭国力的革命 “尼德兰”意为“低地”，包括今荷兰、比利时、卢森堡和法国北部的一小部分。尼德兰资产阶级革命是人类历史上第一次成功的资产阶级革命，同时又是反对西班牙统治的民族解放战争。

尼德兰原属神圣罗马帝国，1556 年归属西班牙。西班牙随即对尼德兰进行残酷的经济剥削和政治压迫，残酷迫害新教徒，激起了当地温和贵族和人民的强烈不满，反抗斗争不断发生。

▶金、铜制品

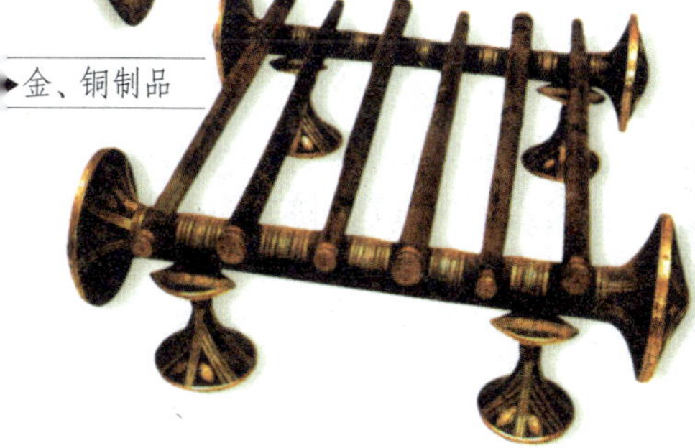

1566 年尼德兰各地爆发了反对天主教的圣像破坏运动，很快就发展为一场要求宗教自由、废除修道院特权的起义。西班牙当局答应起义者的条件，用怀柔政策平息起义。1567 年西班

牙国王菲利浦二世任命阿尔法为总督，派军队进驻尼德兰，设立特别法庭，血腥镇压起义者和异教徒。起义者逃入森林组织游击队继续斗争。

◀西班牙国王菲利浦二世

1567 年尼德兰温和派贵族领袖威廉，流亡到德意志招募军队试图推翻西班牙统治，但未能获胜而耗尽财力，遂解散了雇佣军。1569 年，西班牙当局征收“什一税”疯狂敛财，尼德兰经济凋敝，人民大量破产失业。1572 年“海上乞丐”游击队在泽兰省布里尔登陆，夺取荷兰和泽兰两省，推举威廉成为执政。1572 年阿尔法派兵镇压，当地人民奋勇抵抗，1576 年，西班牙军在荷兰来顿城被击败。

在北方革命胜利鼓舞下，1576 年布鲁塞尔爆发起义，起义军攻占了西班牙殖民统治机构。同年 11 月南北双方签订旨在驱逐西班牙人实现南北统一的《根特协定》，但因双方分歧，1579 年南方宣布承认西班牙统治，同年北方单独成立了“乌得勒支同盟”。1581 年北方 7 省成立联省共和国，又称荷兰共和国。1609 年，西班牙国王菲利浦三世被迫与荷兰共和国签订《十二年停战协定》，承认荷兰独立。

16 世纪下半叶，西班牙帝国主要是镇压尼德兰革命，尼德兰革命令西班牙头疼，也耗费了西班牙大量的国力。

耗竭国力的战争 16 世纪，是老牌西欧国家黄金时代的开始。但这并不是说这些国家内部发展加快，而是它们较早地走向了世界，通过掠夺世界财富来繁荣自己。一山容不得二虎，当两个强盗把手伸向同一个地方的时候，争夺和战争就在所难免了。

16 世纪，封建的军事殖民帝国西班牙在西半球不可一世，垄断了许多地区的贸易，其殖民势力范围遍及欧、美、非、亚四大洲。无独有偶，16 世纪中叶，英国通过圈地运动、血腥立法、海外掠夺，特别是把海外贸易与赤裸裸的海盗行为结合在一起，并得到国王支持，也获得了迅速发展，同时有着强烈的向外扩张愿望。

英国的扩张，必然同西班牙发生矛盾。对于西班牙来说，自然不允许其他国家分占它来自殖民地的利益。英国的海上抢劫以及对美洲的掠夺，严重地威胁着西班牙对殖民地的垄断地位，引起西班牙国王腓力二世的仇视。起先腓力二世不想诉诸武力，他勾结英国天主教势力，企图把信奉天主教的苏格兰女王玛丽扶上英国王位。为此，他在英国组织颠覆活动。

▼西班牙“无敌舰队”出现在朴茨茅斯海港，遭到英军反击

玛丽早在 1568 年就因苏格兰政变而逃到英国，被伊丽莎白所囚禁。当英国的天主教徒在西班牙的怂恿下谋刺伊丽莎白而另立玛丽时，伊丽莎白乘机处死了玛丽。腓力二世谋杀不成，就决心用武力征服英国。

当时，英国的海上实力并不强

大，难以与西班牙海上舰队相匹敌，只能靠海盗头子德雷克、豪金斯和雷利等人组织的海盗集团在海上袭击、拦劫西班牙运载金银的船只，进行海盗活动。而腓力二世却拥有一支庞大的舰队——“无敌舰队”。

▲“无敌舰队”进军英国

1588年5月末，西班牙“无敌舰队”从里斯本扬帆出航，远征英国。这时“无敌舰队”共有舰船134艘，船员和水手8000多人，摇桨奴隶2000多人，船上满载2.1万名步兵。显然，腓力二世是要利用西班牙步兵的优势，运用传统战法，冲撞敌舰，在强行登舰后进行肉搏，然后夺取英国船只，经英吉利海峡直捣伦敦。英国方面做了迎击准备，由霍华德勋爵任统帅，德雷克任副帅。英军共有100多艘战舰，载有作战人员9000多人，全是船员和水手，没有步兵。英国的战舰性能虽不如西班牙，但由豪金斯做了改进，船体小、速度快、机动性强，而且火炮数量多、射程远。这种战舰既可以躲开西班牙射程不远的重型炮弹的轰击，又可以在远距离对敌舰开炮，以火炮优势制胜。

8月6日，“无敌舰队”到达法国加莱，停泊在海上，想与驻佛兰德尔的西军联系。由于后者未能及时到达，会师计划落空，后面又有英舰尾随，无法等待，只得继续前进。第二天夜间，昏暗无光，云雾重重，海面刮起强劲的东风，西班牙船员都已进入梦乡。英国人巧施妙计，把6艘旧船点燃，“无敌舰队”一片混乱，许多船只烧毁。

8月8日，两军在加莱东北海上进行了会战。激烈的炮战持续了一整天，直到双方弹药用尽，轰击才告终止。“无敌舰队”被打得七零八落，两只分舰队的旗舰中弹、撞伤，一个分舰队司令被俘。

▼在英西海战中英军所使用的铠甲

剩下的西班牙舰只乘着风势向北逃窜，准备绕过苏格兰、爱尔兰回国。狼狈逃窜的西班牙舰队弹尽粮绝，更倒霉的是在海上接连遇到两次大风暴，有的船只翻沉了。不少士兵、船员被风浪冲到爱尔兰西海岸，被英军杀死。到1588年10月，“无敌舰队”仅剩43艘残破船只返回西班牙，以近乎全军覆没的结局惨败。而英舰没有损失，阵亡海员水手只有100人左右。

英西加莱海上一战表明，舰船的机动灵活和火炮优势取代了以往海战的短兵相接、强行登船的肉搏战，海上战争从此呈现出一种全新的格局。这次海战实质上是后起的殖民主义英国与老牌的殖民主义西班牙之间的一场决战。英国在海上大获全胜，击败了最强大的对手，从西班牙手中夺取了海上霸权，从此取得霸主地位。西班牙则因“无敌舰队”的覆没而一蹶不振，从此衰落下去。

帝国遭到蚕食风光不再

在美洲和大西洋上的竞争 欧洲其他国家与西班牙帝国的竞争着重在三个地区展开，一个是欧洲本土和地中海，一个是美洲和大西洋，另一个是东亚和南亚，即印度洋和太平洋上的许多岛屿和沿海地带。在同一个地区，竞争的形式也是多种多样。就以欧洲本土和地中海来说，西班牙的“无敌舰队”覆没，就是欧洲各国与西班牙帝国争霸斗争的一部分，即军事上政治上的竞争。经济上的竞争在欧洲大陆各国之间也非常激烈，通过这种竞争，荷兰和英国赢得了经济上的优势，为它们在17、18世纪的先后称霸打下了基础。

当然，在16世纪上半叶，西欧各国经济上的竞争，开始时似乎不是针对伊比利亚的帝国，而是对伊比利亚帝国经济的一种补充。当然，谁来补充或如何补充，在这些国家间是存在激烈的竞争的。西班牙疆域的突然扩大，即市场的突然扩大，使得它本身的生产能力显得捉襟见肘，大量吸收西欧各国商品进入新开辟的殖民地已无法避免，英国、荷兰，某种程度上还有法国，成了西班牙帝国的供应商。大约到16世纪末，由于各种原因的共同作用，欧洲的生产中心定位于欧洲北部的趋势明显起来。也就是说，到这时，西班牙帝国在经济上的失败已成定局。

西班牙帝国的衰弱，不仅表现在欧洲本土的竞争，还有欧洲各国与西班牙帝国在海外的竞争，这些也是直接导致西班牙帝国衰落的重要因素。

欧洲各国与西班牙帝国在海外的竞争，首先表现在美洲和大西洋上的竞争。西班牙为了保护在美洲的既得利益，在16世纪初建立了独特的贸易制度，规定所有进出美洲的船只都通过塞维尔(后来改为加的斯)航行。但实际上这一贸易制度到16世纪中已经崩溃，因为走私十分猖獗。法国、英国、荷兰的商人以两种方式把自己国家的产品大量运往美洲。一种是通过西班牙商人向他们定货的形式来做这一工作，即西班牙商人把其他国家的商品贴上西班牙生产的标签，堂而皇之地把这些国家的商品运往美洲；另一种是这些国家的商人或海盗向美洲直接走私。到17世纪时，这一走私形成了体系，英国、法国、荷兰的商人与西班牙美洲的关税吏、西印度的参议官和总督等相互勾结，从事向美洲殖民地的走私活动。有的走私和海盗活动是明目张胆地进行的。早在15世纪中后期，法国海盗就在大西洋上劫掠葡萄牙和西班牙人的船只了。

◀西班牙舰队墨守古老的海战战术，导致其“无敌舰队”的覆灭

欧洲其他国家的探险家还不断到北美和俄罗斯北部海面探险，企图寻找通过美洲北部或亚洲北部到亚洲的航线，这也是与西班牙、葡萄牙竞争的一部分。

▲西班牙的装甲巡洋舰

海盗活动只是欧洲其他国家的人与伊比利亚人竞争的一种方式。法国人、英国人，还有荷兰人，他们对美洲的蚕食也靠正式的商业活动，主要是通过与西班牙的商人和官员勾结进行走私。走私也有多种方式。法国产品常伪装成西班牙的商品，人们把法国的毛纺织品贴上假商标，直接在美洲殖民地销售。很多法国人都住在加的斯，通过与西班牙商人签订协定或得到他们的帮助，直接参与美洲殖民地的贸易。法国在西班牙的宫廷设立了领事，还有专门的代理人。法国还在大西洋上有军舰，当美洲殖民地的西班牙人干扰法国人的走私时，这些军舰就会威胁西班牙人。英国人、荷兰人也都通过走私或冒充西班牙人把自己的产品送入美洲大陆。他们在塞维尔或加的斯都有自己的“亲友”，这些“亲友”都是西班牙人，后者专门在货舱证书和发货单上签名，主动向海关申报这些商品是自己运往殖民地的。这种现象从16世纪开始一直持续了两个世纪。到18世纪，西班牙美洲殖民地消费的商品中，只有1／20是西班牙自己生产的。

16世纪末和17世纪初，英国和其他欧洲国家开始试图在美洲建立永久居住地，这是争夺美洲的斗争进入一个新阶段的标志。1605年，英国人第一次试图在西印度定居下来，但由于当地印第安人的反对，这次定居尝试没有成功。4年后英国人又试图在格林纳达定居，也失败了。但英国人没有放弃在美洲立足的活动。1623年他们在圣基茨登陆，两年后又在巴巴多斯登陆。这时法国人也来到了圣基茨，这两个国家自行分割了这个岛屿。

从此，荷兰人、英国人、法国人纷纷占领了西印度群岛上的一些肥沃的岛屿，把它们作为摇钱树。

在东方的竞争 葡萄牙人对东方香料贸易的垄断一开始就受到有力的挑战。整个16世纪里地中海胡椒和大西洋胡椒互相竞争，视政治气候的变化而势力彼此互有消长。1580年葡萄牙被西班牙兼并，西班牙的敌人变成了葡萄牙的敌人。

▼西班牙的宗教圣物

面对着咄咄逼人的英国人和荷兰人，到16世纪末，葡萄牙开始处于守势。不久后，英国人和荷兰人不仅使用地中海，也使用大西洋与葡萄牙竞争，也就是说，葡萄牙对好望角航线的垄断也被冲破了。1600年英国成立了东印度公司，1602年荷兰也成立了东印度公司，它们都组织船队冒着危险来到东方进行贸易。其实，16世纪末英国人和荷兰人就来到了东方。这两个国家的东印度公司一成立就与东方展开了规模很大的贸易。

真正给葡萄牙人的贸易以致命打击的是荷兰人。西班牙国王菲

▲菲利普二世

利普二世在1580年兼并葡萄牙后，竭力在葡萄牙的港口排斥作为转运商的荷兰人，甚至不准荷兰人到里斯本通商。因此，荷兰人就直接到东方的香料群岛获得货源。他们把雅加达作为同葡萄牙人竞争的商业基地，经常袭击拦截葡萄牙人的商船，还不断围攻马六甲。1606年，葡萄牙和荷兰的舰队在马六甲进行了一场海战，葡萄牙的舰队惨败，从此葡萄牙人失去了东方海上霸主的地位。1635年左右，荷兰人封锁了马六甲海峡，他们甚至搜索装运葡萄牙货物的英国船。这样，过去作为马来群岛仓库的马六甲失去了作用，香料贸易转向万丹、亚齐和望加锡等自由港，与中国人的贸易则转到了日本和马尼拉。从那时起，尚处在葡萄牙人手中的马六甲实际上已成为死港。

17世纪初，还有一系列事件促使了马六甲的衰落。由于明末朝廷腐败，社会动荡，明政府为防止外国人滋生事端，不准外商再到广州贸易。崇祯四年(1631)，葡萄牙人也不得直接进入广州城，这对他们是一个沉重的打击。1636年，日本的德川幕府把居住在长崎的287个葡萄牙商人及其家属全部驱逐出境，理由是葡萄牙人策划长崎天主教徒的暴乱。澳门与日本的黄金贸易通道被截断了，这对澳门的葡萄牙人是又一个沉重打击。

葡萄牙人已经没有能力保护自己的海外殖民地了。1640年，荷兰巴达维亚总督迪曼率领的1500多人的海上远征军与柔佛国军队把马六甲包围起来，次年1月葡萄牙守军缴械投降，荷兰人控制了马六甲及其要塞，葡萄牙人从澳门到果阿、里斯本的贸易航线从此被拦腰斩断。

此后，葡萄牙仍然占有以上一些海边城市或据点，但他们控制东方航线的时代已经一去不复返了。在东方各个据点的葡萄牙人经营的转运贸易已不再以欧洲作为主要出口目标，而是在亚非地区间往来进行转运贸易，果阿在某种程度上仍是这一贸易的中心。

西班牙通过美洲与菲律宾的联系依然存在，但由于葡萄牙失去了在东方的影响及荷兰人在印度尼西亚建立了强大的殖民基地，西班牙在菲律宾从此处于守势。

帝国的崩溃 海地革命可以说是西属拉丁美洲殖民地独立运动的序幕。海地原为西班牙殖民地圣多明哥岛的一部分。1697年，西班牙割给法国。法国资产阶级革命爆发后，海地的白黑混血人于1790年举行起义。在黑人杜桑·卢维杜尔领导下，海地起义军所向披靡，屡次痛击法军。1803年10月，法国投降，海地宣布独立，建立了共和国。

在海地革命影响下，新格拉纳达的独立运动也开始了。新格拉纳达总督区的革命中心是委内瑞拉都督区。1806年，这里的资产阶级革命家米兰达，曾在纽约纠集200多人返回委内瑞拉发动革命，年终失败后，又逃到国外。1810 年 4 月，加拉加斯的独立派把殖民政府的军队争取过来，召开市议会，迫使宗主国殖民官吏辞职。米兰达回国后，国会开幕，1811 年 7 月 5 日宣布独立。

1812 年 3 月西班牙开始对哥伦比亚共和国进行镇压。7 月米兰达投降。此后，玻利瓦尔便成了革命领袖。他与卡塔赫纳的革命队伍于 1813 年收复了加拉加斯，获得“解放者”的称号。

玻利瓦尔为了抗击西班牙军队，在海地组织了军队。1822 年 5 月，革命军建立了“大哥伦比亚共和国”。但是，由于地方势力的发展，1830 年“大哥伦比亚共和国”分为委内瑞拉、哥伦比亚和厄瓜多尔三个国家。

▼玻利瓦尔像　1819 年，他领导起义军战胜西班牙殖民者，1820 年，担任哥伦比亚共和国总统

布宜诺斯艾里斯是拉普拉塔总督区独立运动的发轫地。1810 年拿破仑占领西班牙的消息传到这个城市后，立即引起人民的骚动，要求摆脱宗主国的统治。接着召开了市代表会议，驱逐总督，并组成“拉普拉塔临时政府”议会，实现了独立。

独立政府在抵御殖民军的同时，派圣马丁在西部的库约省训练军队，准备解放智利和秘鲁。1817 年 2 月，圣马丁率领 5000 多人的军队越过安第斯山，战败殖民军，占领圣地亚哥城。1818 年 2 月 12 日，智利正式宣布独立。在圣马丁率领下，很快就战败了殖民军。1824 年 9 月完全解放了秘鲁。

在西班牙所属的大陆上，除以上地区获得独立外，巴拉圭人民于 1811 年驱逐了西班牙省长、抵制住布宜诺斯艾里斯的侵略，获得独立。乌拉圭借助于英国的干预，摆脱了巴西和拉普拉塔的侵吞，于 1825 年走上独立的道路。

新西班牙总督区的独立运动涉及到墨西哥和中美诸国的形成。墨西哥是这一运动的中心。

1820 年西班牙发生资产阶级革命，建立了比较民主的政府，墨西哥的地主担心宗主国在墨西哥推行民主措施，于是 1821 年指示殖民军与高雷罗谈判，策划与宗主国脱离关系，结果，革命的领导权被篡夺了，成立墨西哥君主国。1823 年，高雷罗等发动起义，迫使皇帝退位，1824 年改建共和。

位于墨西哥以南的危地马拉、洪都拉斯、萨尔瓦多、尼加拉瓜、哥斯达黎加等 5 个省，属于新西班牙的危地马拉总督区。1821 年 9 月，这里的独立派迫使都督召开议会，宣布独立。但 1821 年伊图尔维德出兵占领。1823 年，由于伊图尔维德在墨西哥的失败，又获得独立，成立了“中美联省”。1839 年中央政府瓦解，这个地区分别成立了 5 个国家。

拉丁美洲的独立解放运动，沉重地打击了西班牙的帝国统治，此后，历时 400 年的西班牙帝国已不复存在了。

经济的重新崛起

崛起的起点 1975年11月22日，胡安·卡洛斯登基成为西班牙国王。胡安·卡洛斯登基后，西班牙开始进行大规模政治改革，以不流血方式实现了从独裁向议会君主制的过渡。国王将国家的领导权交给了年轻的改革家苏亚雷斯。

1976年7月3日苏亚雷斯就任首相，肩负起带领国家从独裁向民主的过渡重任。许多西班牙政治家和知识分子开始结束流亡回到西班牙，左派、右派均接受民主游戏规则，西班牙又回到自由、民主的政治气氛中。

1977年6月15日西班牙进行了独裁统治结束后的第一次民主选举，由苏亚雷斯领导的民主中央联盟取得了相对多数，由冈萨雷斯领导的社会主义工人党（简称工社党）赢得了118席，成为第二大政党。共产党、加泰罗尼亚和巴斯克等地区的民族主义政党也在议会中有了自己的代表。新闻界、政治团体、工会组织等在民主过渡进程中均采取了负责任的态度。

▲胡安·卡洛斯王子成为西班牙国王

▼幽默的欧洲地图

1977年10月底西班牙各政党签订的《蒙克洛亚协定》确保了民主的巩固和经济的恢复。苏亚雷斯在民主过渡中起了决定性的作用，他执政时期将西班牙转变为一个现代国家：确保广泛的自由，建立了多党议会制，政党和工会的社会角色得以确定，中央向地方大量下放权力，在所有地区建立了自治区。这些变化是在各政党、各阶层通过协商一致取得的，因此是难能可贵的。

民主过渡最重要的遗产是1978年12月6日由全民公决通过的新《宪法》。随着西班牙国内政治环境的稳定，西班牙开始积极融入国际社会，1977年7月28日西班牙提出加入欧共体的申请。

西班牙国内政局的稳定，为经济迅速恢复和发展创造了有利条件。工社党和人民党政府积极推行教育、卫生、税收等诸多领域的改革，加快工业调整和基础设施建设，推进军队职业化，改善社会保障体系以确保社会福利，西班牙经济得到很快发展，人民生活水平得到很大提高。

经济奇迹 西班牙的工商业，从传统产业来讲，以羊毛、呢绒纺织、造船、酿酒、制鞋、木材、橄榄油最为著名。在16世纪称霸全球时期，也是以出口这些产品为贸易，赚回大量黄金、白银。西班牙一直很富有，但真正具有现代工业，则是自20世纪初开始起步，打下了钢铁、煤炭、造船、纺织等工业的基础。

▲1933年，加泰罗尼亚农民庆祝西班牙共和国成立两周年

佛朗哥统治的40多年里，前30年的经济基本上是处于停滞状态。直到20世纪60年代开始，西班牙加速推进工业化的进程，经济飞速发展，具有“欧洲的日本”之称，创造了经济奇迹。

西班牙从1960年起实行4个四年计划，放开私营经济的活动，取消价格、工资限制，调整工业结构，加强发展旅游业，实行农业改造政策。西班牙的工业产业经过调整以后，主要发展汽车、能源、建筑、现代农业、轻工业等。

▲西班牙共和国标语

在发展汽车工业方面，舍得花钱更新设备，扩大生产能力，促进产品的更新换代；同时采取开放政策，世界著名的跨国公司如美国福特、德国大众、法国雷诺、意大利菲亚特、日本丰田等汽车公司均在西班牙投资办厂。20世纪90年代，年产汽车100多万辆，仅次于日本、美国、德国和法国。

▼马德里的皇宫

西班牙的能源工业水电、火力发电、核电鼎足三分。由于注重技术的本土化和人才的培养，西班牙的核电生产的管理经验从设计到运行及安全处理，都能自己解决。西班牙现有核电站10个，居欧洲第五位。

西班牙的建筑业在20世纪80年代发展最快，10年之内超过了过去30年的总和，全国成了一个大工地，星级宾馆超过10000个，民营住宅风格迥异。建筑业的发展拉动了国民经济其他部门的发展。

西班牙的旅游业，主要以吸引外国游客为目的，1960年时，每年就能接待610万游客，到1972年时，能接待3200万人。公路、铁路交通运输发展神速，高速公路和铁路网遍布全国。

▲西班牙大帆船

▲西班牙艺术雕塑

西班牙的现代农业、畜牧业、轻工业的发展也很令人瞩目，生产了大量的葡萄与葡萄酒，并以此作为出口的拳头产品。橄榄油是西班牙的招牌产品，有上千年的历史，其出口量居全球第一。西班牙的柑橘树有1亿株，产量位居世界前茅。此外，西班牙盛产牛肉和牛奶，是欧洲出口大国，远销美国及欧洲各地。西班牙还有一个特产，那就是皮革。西班牙的山地多，牛羊满山遍野放牧，鞣革业发达。西班牙有1万多吉卜赛人，有斗牛表演，有成千上万的古建筑教堂……因此，旅游业能吸引外国游客，长盛不衰。据统计在1995年，西班牙的国内生产总值为5730亿美元，居世界第十二位，人均国内生产总值达1.4万美元。

总之，经过政治改革后的西班牙，国内经济得到了长足的发展，创造了又一个发展奇迹。

▼西班牙伟大作家塞万提斯笔下的《堂吉诃德》震惊世界，图为塞万提斯所描写过的大风车

第三讲
“海上马车夫”的荷兰

船就是海上的马车，哪个国家掌握了海上的“马车”，它就是海上的马车夫。在整个17世纪，荷兰是世界上最强大的海上霸主，因此被称为“海上马车夫”。

荷兰，在17世纪之前，是西班牙属地尼德兰的一个省。尼德兰是个富饶的地区，当年西班牙帝国的一半税收来自这里。西班牙国王查理一世把它看作是自己“王冠上的一颗珍珠”。16世纪末，尼德兰普遍兴起了反对西班牙统治的政治运动和武装起义。1581年尼德兰北方7省成立“联省共和国”，其中以荷兰省最大，所以又称荷兰共和国。

荷兰独立后，大力发展资本主义工商业，商业、海洋运输业、金融业非常发达，很快成为西欧强国。

但是，“海上马车夫”的好景不长。从17世纪中叶，英荷便在各大海洋展开了海上争霸战，后来，法国也参与进来。法荷战争席卷了荷兰本土，最终以荷兰的惨败而告终。荷兰从此一蹶不振。可惜这个曾经风骚一时的海上帝国在与欧洲列强争霸的战争中耗尽了自己的国力，最终淡出了海上霸主的地位。

荷兰共和国宣告独立

与西班牙的矛盾激化 “尼德兰”一词意为“低地”，是指现今的荷兰、比利时、卢森堡和法国东北的一部分。这个地区曾受法兰克王国的统治。15 世纪它的大部分地区成为勃艮第公国的领地。通过王室联姻和继承关系的演变，于 16 世纪初成为西班牙的属地。

早在 13 ~ 15 世纪，尼德兰已有许多工商业发达的城市，佛兰德尔的呢绒业早已驰名全欧。15 世纪新航路开辟后，国际市场扩大，国际商业重心也由地中海转移到大西洋沿岸各国。由于尼德兰地处大西洋沿岸，原来工商业较为发达，并且既多良港，又有航海的传统，所以使尼德兰工商业得到进一步的发展。这时，在尼德兰的 17 个省中，约有 300 多个城市，因此有“多城市国家”之称。

▲荷兰富商

16 世纪的尼德兰，随着资本主义关系的发展，社会结构也起了新的变化。大商人、工场主和农场主构成了城乡资产阶级，他们要求摆脱封建关系的束缚，推翻西班牙的封建专制统治，发展资本主义。北方荷兰、西兰的封建贵族，由于采用了资本主义经营方式，其经济利益与城乡资产阶级一致，成为资产阶级化的新贵族。城乡资产阶级与新贵族在宗教上则接受了加尔文教。南方的商业资产阶级，由于在经济上与西班牙有着千丝万缕的联系，因而在斗争中往往采取妥协投降的态度。那些靠封建地租过活的旧贵族，力图保持封建土地所有制和各种封建特权，和西班牙封建统治阶级、天主教会勾结在一起企图镇压革命。

1479 年，由卡斯提和亚拉冈合并后的西班牙，成为西欧的强大国家之一。它的领土除西班牙本土及其在美洲的殖民地外，也包括尼德兰、西西里岛等地。尼德兰成为西班牙属地的初期，各个城市还保持着自己传统的自治权，在共同事务上召集各省的代表举行三级会议共同做出决定。

但是，自从西班牙国王派来统治尼德兰的总督后，总督及其下设的一个由王室官吏组成的国务委员会总揽全权。西班牙国王查理一世，把富饶的尼德兰当作自己“王冠上的一颗珍珠”，他不顾尼德兰各省和城市原有的自治权，任意勒索大量的捐税，其总数等于西班牙国库总收入的一半。1522 年，西班牙在尼德兰设立宗教裁

◀尼德兰地区农民的生活情景，这是他们农闲时在山上跳舞

判所，残酷迫害和镇压荷兰教徒。又颁布敕令，规定凡是从事新教活动者，“男的杀头，女的活埋”，因此，人们把这个敕令称为“血腥敕令”。

腓力二世即王位后，变本加厉地加紧了对尼德兰的压榨。在 1559 年，重申了查理一世时代对“异教徒”严惩的敕令，任命其姐姐玛格丽特为尼德兰总督。西班牙取消了尼德兰商人可与西班牙殖民地直接通商的特权，中断了尼德兰同英国的贸易往来。

▲玛格丽特的儿子征婚耗资巨大，激怒了平民，也使本来就反感的贵族们坚定了起义的决心

西班牙的残酷统治导致了荷兰的阶级矛盾和民族矛盾急剧激化。面对尼德兰各个阶层不满情绪普遍高涨的形势，西班牙反而加强对尼德兰的军事控制，把对法作战的军队留驻在尼德兰，并剥夺尼德兰贵族在行政机关和军队中的官职。西班牙对尼德兰的封建专制统治，激起了尼德兰的资产阶级和广大劳动人民的极大愤慨，因此，这场即将到来的资产阶级革命同时具有广泛的民族独立战争的性质。

“80 年战争”的开始 从 16 世纪 60 年代开始，许多城市的人民群众为了反对宗教裁判所的迫害，便与反动军队发生了武装冲突，许多传教士宣传并号召反对天主教会和西班牙的统治，激进的尼德兰资产阶级打着加尔文教的旗帜，号召反对天主教会。

这时尼德兰的贵族也因在政治上受到排斥而感到自危。他们以奥兰治亲王威廉为首，不满西班牙的高压政策，利用人民群众革命情绪高涨的形势，组成“贵族联盟”，向西班牙总督呈递请愿书，要求废除“血腥敕令”，停止宗教迫害，召开三级会议，撤走西班牙驻军，恢复地方自治权力等。西班牙统治者拒绝了他们的要求，并骂他们是一群“乞丐”。

1566 年 8 月，佛兰德尔的一些工商业城市中爆发了大规模的武装起义，起义是由破坏圣像运动开始和扩大的。起义者冲进天主教教堂和修道院，捣毁圣像，没收教产，焚毁账券。10 月，有 12 个省区都卷入了这场运动，参加者达数万人。起义不仅打击教会，而且明显地要推翻西班牙的统治。它标志着尼德兰革命的开始。

反动派对日益高涨的群众革命运动采取了缓兵之计，如暂停宗教裁判所的迫害活动，允许加尔文教在指定的地点做礼拜，赦免“贵族同盟”的一些成员等。但是，人民起义范围的广泛和斗争的激烈，使那些吓破胆的尼德兰贵族很快地向西班牙妥协，并协助政府

◀玛格丽特 1559 年出任尼德兰总督，是 16 世纪数位统治该地区的神圣罗马皇室成员之一

▲西班牙阿尔发总督的暴虐统治迫使荷兰人发动起义

来镇压起义者。这时加尔文教的资产阶级也纷纷退出运动，要求人民遵守秩序，并说起义是在他们事先不同意的情况下发生的，以示和起义群众划清界限。

1567 年，腓力二世派残暴的阿尔发公爵率军队前来镇压。阿尔发扬言：“宁把一个贫穷的尼德兰留给上帝，不把一个富庶的尼德兰留给魔鬼。”阿尔发的恐怖政策，使许多贵族妥协投降，资产阶级也产生了动摇。奥兰治亲王威廉和一部分亲信转移到德国，他虽然曾借助外国雇佣兵的力量多次攻入尼德兰的南部和中部，但都遭到了失败。

这时只有尼德兰的广大劳动人民和少数坚持革命的资产阶级激进分子没有被恐怖政策所吓倒，他们在佛兰德尔的海诺特的森林里组成“森林乞丐”游击队，到处袭击小股的西班牙军队，处死天主教的反动神甫以及官吏、间谍。游击队得到了广大人民的支持，群众常为游击队传送情报、供应粮食和掩护转移等等。在北方，水手、渔夫和码头工人利用广阔的海域组成“海洋乞丐”游击队，灵活而勇敢地袭击西班牙的战舰、沿海据点和运输船队，给阿尔发以沉重打击。

▲威廉·奥兰治亲王，他领导起义反抗阿尔发公爵在尼德兰的政权

尼德兰革命的开始，也是尼德兰争取独立的“80 年战争”的开始。

南北大起义 1572 年北方人民游击战争的蓬勃发展，带来了革命的新高涨。4 月 1 日，北方一支由 24 只船组成的海上游击队解放了西兰省的布里尔港埠，这个胜利成为北方各省普遍起义的信号，这个城市也成为北方起义的坚强据点。

不久，广大人民反对西班牙的浪潮席卷了整个北方各省。6 月 10 日，号称“海洋乞丐”的海上游击队击溃了庞大的西班牙舰队，削弱了阿尔发的海军力量。同年夏季，荷兰和西兰两省首先从西班牙占领下被解放出来。在广大群众英勇奋战的形势下，尼德兰的资产阶级和奥兰治的威廉派贵族也趁有利的时机，组织自卫队，夺取城市政权，镇压西班牙的反革命势力。农民群众起来捣毁教堂、寺院和贵族的庄园。

1572 年 7 月，在北方各省的会议上，奥兰治 · 威廉被推举为总督。1573 年，北方七省先后从西班牙的统治下解脱了出来。

西班牙妄图镇压北方的革命势力，但都遭到失败。腓力二世认为阿尔发镇压无力，将他撤职，另派列克森担任尼德兰总督。北方革命斗争的胜利推动了南方各省的革命斗争。南方各地农民也起来打击到处抢劫的西班牙军队。

1576 年 9 月，尼德兰南部的政治中心布鲁塞尔爆发了起义，起义者占领政务会议大厦，逮捕了政务会议的成员，推翻了西班牙在尼德兰的统治机关，使政权转到尼德兰的三级会议之手。这时的革命形势要求南北方联合起来才能有效地打击西班牙的反扑。

1576 年 10 月，全尼德兰的三级会议在根特城召开，讨论了南北方联合的问题，11 月签订了《根特协定》，宣布废除阿尔发颁布的一切法令，重申各城市原有的权力；南北方共同反对西班牙，承认加尔文教的合法地位。但是由于南方保守势力的代表在三级会议中占了多数，因而没有提出尼德兰的独立和消除封建土地所有制的问题。

广大革命群众决心把革命斗争继续下去。南方布鲁塞尔、根特、安特卫普等城市又发动了新的起义，推翻了旧的市政委员会，建立新的“十八人委员会”，采取了一些民主措施，驱逐了西班牙驻军。南方各地人民革命运动的高涨，引起南方贵族、大资产阶级和天主教僧侣的极大恐惧，这些反动势力联合起来并勾结西班牙镇压了南方的革命运动，并于 1579 年 1 月成立了“阿拉斯联盟”，承认腓力二世是他们“合法的统治者和君主”。这样，尼德兰南方重又恢复了西班牙的封建反动统治。

荷兰共和国的建立 北方各省及南方部分城市认为“阿拉斯联盟”破坏了南北方联合的《根特协定》，为了保卫革命的成果，防止反动势力卷土重来，于 1579 年 1 月 23 日成立了“乌特勒支同盟”。以北方各省代表组成的三级会议为最高权力机关，宣布北方各省是永不可分的联盟，实行统一的军事和外交政策，规定统一的货币与度量衡。

1581 年 7 月 26 日，在乌特勒支同盟各省的三级会议上正式宣布废黜腓力二世，成立“联省共和国”，由奥兰治 · 威廉执政，从而建立了商业资产阶级和贵族联盟的寡头统治。在联省共和国中，由于荷兰省最大，经济也最发达，所以也称作荷兰共和国。

▼荷兰鹿特丹港口

1584 年夏，奥兰治 · 威廉被西班牙派来的奸细刺死，其子奥兰治 · 摩里斯被推选为由贵族和商业资产阶级组成的“民族委员会”的主席，他同时又是北方诸省军队的总指挥。

西班牙不甘心在尼德兰北部的失败，在镇压了南方布鲁塞尔和安特卫

▲呢绒商同业公会理事

普等城市的反抗后，多次向北方反扑。联省共和国同西班牙进行了长期的斗争。在摩里斯指挥下的北方联军多次打败西班牙军，保卫了自己的独立。陷入内外交困的西班牙已无力扑灭尼德兰革命。

1609年，西班牙与联省共和国缔结了12年休战协定，事实上已承认了共和国的独立。1648年，30年战争结束后订立的《威斯特发里亚和约》中，西班牙才正式承认联省共和国的独立。

尼德兰革命一开始便同时具有反西班牙封建专制统治和民族压迫的民族革命运动的性质。这次革命是以加尔文教为旗帜，以尼德兰资产阶级和贵族联盟为领导，以城市平民为主力推翻了西班牙在尼德兰北部的封建专制统治，沉重地打击了天主教会的反动势力，建立了欧洲第一个资产阶级共和国，为荷兰资本主义的发展创造了条件。

殖民扩张的帝国

独立初期的荷兰 尼德兰革命胜利后，荷兰摆脱了西班牙的封建统治，使国内资本主义获得了极其迅速的发展，荷兰成为“17世纪标准的资本主义国家”。当时荷兰的航运业、造船业、渔业超过其他所有的国家，首都阿姆斯特丹成为欧洲的金融中心。

17世纪的荷兰共和国是一个联省国家，政治首都在海牙，经济中心在阿姆斯特丹。国家的最高权力机构是三级会议，常设的行政机关是国务会议，最高的军政首脑称执政，由奥兰治家世袭。三级会议由各省的教士、贵族和资产阶级的代表组成，有立法、决定赋税、宣战、媾和、处理重要国务的权力。各省无论代表人数的多寡，都只有一票表决权，对重要问题的决议，必须一致通过才为有效。若有意见分歧，由执政协调或行使最高职权进行最后的仲裁。所以执政在一定程度上还带有君主的性质。总之，荷兰的政治制度具有半专制、半共和的性质。

▲荷兰阿姆斯特丹海港的商船

荷兰共和国建立后，资本主义经济有了较快的发展，其特点是商业超过工业，对外贸易超过对内贸易。在工业方面，呢绒业、麻织业、丝织业、瓷器业等都在国际上享有盛名。但最突出的还是造船业，居当时世界上的首位。

17世纪初，荷兰商船的吨数占欧洲总吨位的3/4。造船业的发达促进了荷兰商业的繁荣。阿姆斯特丹成为国内外贸易和手工业的中心，也

▲荷兰在印度的一个贸易补给站

是国际贸易和金融业的中心，有居民10万人。1609年荷兰创办的阿姆斯特丹银行，是欧洲第一个资本主义性质的银行。荷兰的商船替各国转运商品，遍航世界各地。

荷兰拥有一支雄厚的海上力量。17世纪中叶时，荷兰的商船队共有商船1.6万多艘，而当时的法国只有1000艘，荷兰的船舶总吨数相当于英、法、葡、西4国的总和。航海业的发展，保证了荷兰对外贸易的优势。成千上万的荷兰商船航行在世界的海洋上，他们经营外国商品，充当各地贸易的中介人和承担商品的转运业务，因而荷兰人被称为“全世界的海上马车夫”。当时欧洲南北之间的贸易，欧洲与东方之间的贸易，波罗的海和北海的贸易全部控制在荷兰人手中。由于欧洲国家市场价格相差很大，这种转口贸易带来了巨额利润。荷兰的资本主义繁荣就是建立在这种商业垄断的基础上。

海上争霸要组建海军 荷兰是一个发展比较晚的欧洲国家，但由于特殊的地理和自然条件，荷兰自中世纪起就成为世界上一个重要的商业大国。为了商业的需要，荷兰发展起了规模巨大的商业船队和海军。甚至在7省共和国还未取得完全的独立时，荷兰的舰队就已经在美洲、亚洲与其他列强争夺海上霸权了，17世纪，荷兰曾一度成为强大的海上帝国，长期与西班牙、葡萄牙、英国、法国争夺海上霸权。

荷兰海军产生于共和国诞生前不久。当时由于战事变化不定，还没有一个统一的组织。在革命时期，起义军就有3个分散的海军司令部。共和国成立后，海军的活动更多地集中在海上，各省感觉到建立统一的海军的必要性。

▼印度公司的小船队，该公司控制从好望角到麦哲伦海峡整个地区的贸易和航海特权

1597年通过7省联合会议的协调，做出了建立统一海军的决定，统一的海军设立了5个司令部。荷兰共和国海军司令部的职责比较广泛，包括管理海军和商船的航行、裁决战利品分配的纠纷以及征税工作等。这些任务从荷兰共和国成立到18世纪末一直未改变过。海军的经费基本上自筹解决，主要来自对进出港货物征收的货物税，以及对车、船等运输工具征收的车船税。荷兰共和国全国按5个海军司令部分成5个税务区，各司令部负责本税区的征税工作。

为回报纳税人，海军承担着为商船护航的任务。在和平时期，海军的快艇为一些主要的航线护航。这些快艇的建造、装备和维护由海

▲荷兰的探险船只

军司令部的财政支出。但是，战争期间海军舰队的出征经费属于特别开支，不可能由常规的税收负担。这样的财政需要由联合议会经过表决后给予特别拨款。

从16世纪80年代初建时期到1648年威斯特发里亚和约签署这个时期，荷兰海军被称为“旧海军”。这个时期荷兰海军的特点有三：①海军处于初创和发展时期，海军的力量比较有限；②这个时期荷兰海军主要任务是护航，保护商船和渔船的活动，以及执行对尼德兰南部西班牙控制区的封锁；③在北海、波罗的海和地中海争夺航海通道，在西印度群岛和亚洲与葡萄牙进行过争夺殖民地的海战。

荷兰海军在发展过程中不仅承担自卫性的护航，也对它传统的敌国西班牙、葡萄牙及其领地进行多次主动进攻。在当时，英国和法国是荷兰反西班牙的盟国，荷兰海军与英国、法国舰队并肩对伊比利亚半岛进行多次袭击。

1599年，一支由73艘战舰、8000名水手组成的荷兰舰队出征西非，攻击了亚速尔群岛。其中一部分战舰驶往几内亚湾占领了葡属圣多美。但热带的疟疾使许多水手病倒，迫使舰队于1600年提前返回荷兰。这次出征得不偿失，所掳掠的战利品还不够偿付其开销，但这次出征是荷兰海军的一个里程碑，它标志着荷兰海军第一次独立的远征。

▲▼荷兰船队

整个17世纪的殖民扩张　荷兰利用海上优势和商业霸权处处排挤日益衰落的葡萄牙、西班牙的殖民势力，积极地向亚洲、美洲和非洲进行殖民扩张。

17世纪前半期，荷兰是一个拥有庞大殖民地的强国。荷兰对殖民地的掠夺，是荷兰资本主义原始积累的重要手段。荷兰的殖民活动是和对外贸易相联系，而且是在荷兰政府的直接支持下进行的。

▲荷兰阿姆斯特丹，这座城市因为东印度公司的贸易而繁荣起来

1621 年，荷兰成立西印度公司，这个公司以走私和从事海盗式的掠夺为主，垄断了美洲和西非的贸易和殖民特权。1622 年，该公司占领了北美洲的哈得孙河流域，建立了新阿姆斯特丹城，荷兰还从葡萄牙人手中夺取了殖民地巴西。在非洲，荷兰殖民者控制了欧亚交通的枢纽——好望角，建立了海角殖民地。

亚洲是荷兰殖民扩张的重点。1595 年，第一支荷兰舰队到达印度。第二年，一批荷兰商船出现在爪哇岛的万丹，由于遭到葡萄牙人的阻挠，被迫返回。1598 年，荷兰的第二批商船队又登陆于万丹，满载 4 船香料回国，取得 400%～1000%的高额利润。

▲贩卖黑奴

为了把葡萄牙人的殖民势力从印度尼西亚排挤出去，荷兰的几家经营东方贸易的公司于 1602 年合并，组成东印度公司。该公司有权发行纸币，有自己的军队、法庭和行政机构，有权任命各级官吏,以及同外国缔结条约。1605 年，公司从葡萄牙手中夺取了帝汶岛，不久又将帝多利岛占为己有。1608 年，又侵占班达岛，强迫岛上的人民以极低的价格把丁香出卖给公司。1619 年公司又占领了爪哇岛上的雅加达，后来又相继占领了马六甲和斯里兰卡。

到 17 世纪中叶，荷兰人在东南亚已控制了包括爪哇、苏门答腊、摩鹿加群岛、锡兰岛等在内的广大富庶地区,他们的势力还伸进印度、日本。

17 世纪初，荷兰曾两度侵占我国的澎湖列岛，1624 年，荷兰又侵占我国台湾。1661—1662 年，我国东南沿海人民同台湾人民一道在民族英雄郑成功的领导下，驱逐了荷兰殖民者，收复了我国的神圣领土——台湾。

荷兰殖民者在其控制的地区内实行贸易垄断政策，严禁当地人民同荷兰以外的国家通商。殖民者以极其低廉的价格收购当地的特产香料，然后运到欧洲市场，高价出售，获取暴利。

东印度公司在 1602—1610 年间，平均每年利润率是 32.5%，1611 年增加到 75%，1650 年又猛增到 500%。同时，荷兰殖民者在其直接统治地区还推行残酷的奴隶劳动制。为了取得奴隶，实行野蛮的“盗人制度”。东印度公司专门训练了一批盗人匪徒，在印尼各岛、印度及中国沿海一带，捕捉身强力壮的青年，把他们押往直接统治区，强迫他们从事奴隶劳动。

总之，17 世纪荷兰霸权的确立过程在很大程度上就是对殖民地的掠夺过程。

“海上马车夫”淡出

荷英战争的失败 17世纪中叶，随着英国资本主义的发展和对外贸易的扩大，英国资产阶级政府加紧并广泛开展了争夺殖民霸权的斗争。1651年英国议会颁布了著名的《航海条例》，其中规定：一切在欧洲、非洲和美洲生产的商品，只有在英国船员管理的英国船上才能运入英国领土；欧洲国家的商品或用英国船或用生产该商品国家的船才可以运到英国领土。这对专营海上转运贸易的荷兰是一次沉重的打击，荷兰与英国之间的斗争空前激化起来，最终不可避免地诉诸武力。从1652年至1674年英荷之间发生了三次战争。

▲英格兰护国主克伦威尔像

第一次英荷战争发生于1652年至1654年，双方进行了一系列大规模的海战，如1652年的普利茅斯海战和纽波特海战，1653年的波特兰海战。由于英军军舰装备有较先进的火炮，而且在数量和质量上均占优势，因此击溃了荷兰海军，并对荷兰海岸施行封锁，迫使荷兰于1654年4月14日缔结了《威斯敏斯特和约》，据此和约，荷兰实际上承认了英国的《航海条例》。

▼英王查理二世，在他统治期间，多次与荷兰发生海上战争

第二次英荷战争发生在1665年至1667年。在1666年6月11日至14日的敦刻尔克海战中，荷兰海军上将廖特尔统率的舰队击败了英军，但未能巩固既得结果。8月4日至5日在北福伦角再度交战，荷军败北。1667年6月，荷兰海军封锁了泰晤士河口，摧毁部分英国舰船，由于伦敦直接遭到威胁，英国被迫缔结和约。根据1667年7月31日《布雷达和约》，英国占据新阿姆斯特丹（后于1686年改名为纽约），但将英军在战争期间占领的苏里南归还荷兰。

1672年至1674年，英荷之间进行了第三次战争。在1670年英王查理二世和法王路易十四曾签订了《多维尔密约》，当1672年法荷战争爆发后，英国便对荷兰宣战了。在1673年8月，廖特尔指挥的荷兰舰队在特克塞尔附近击溃英法联合舰队，不久，法国退出了战争，英荷都无力再进行战争。此时英国国会竭力主张与荷兰讲和，查理二世被迫同意与荷兰单独讲和。1674年2月19日英荷再次订立《威斯敏斯特和约》，荷兰付给英国重金，承认英国在欧洲以外夺取的荷兰领地归英国所有。

战争使荷兰的军事、商业威力都遭到了严重的削弱，荷兰默认了英国《航海条例》的限制和束缚，从而削弱了“海上马车夫”的作用，到18世纪初，荷兰已丧失了海上优势和贸易的垄断地位，从商业大国下降为一个依附于英国的二等国家了；英国是战争的胜利者，由于《航海条例》的顺利推行，使英国的对外贸易发展很快，并逐步增强了它的海上实力，到18世纪中期，打败法国之后的英国便当之无愧地被称为当时世界上最强大的殖民国家。

▲英国与荷兰海上激战场面

荷法战争使元气大伤 1674年以后，荷兰的国际环境发生了根本性变化。第二次《威斯敏斯特和约》的签署结束了英荷战争，但荷兰与法国的战争仍在继续。

荷兰的威廉三世在位期间领导了40年的对法战争。威廉三世面对的是法国历史上最精明的国王路易十四。路易十四非常重视海军的建设，支持武装民船对敌方的骚扰行为，同时充分利用了敦刻尔克的地理优势，在欧洲除波罗的海以外的所有海域对荷兰商船队造成了严重的威胁。荷兰方面也利用了法国传统的敌人西班牙从南边牵制法国。荷、西两国海军对法采取了数次联合军事行动，西班牙海军对荷兰海军和商船进行了多次接应和援助。

17世纪70年代的荷法战争对荷兰经济造成了很大的打击。法国对荷兰的海上商业航线的封锁，在尼德兰南部地区作战的高昂费用，在地中海作战的失败，敦刻尔克海匪对荷兰商船队的袭击，都给荷兰造成了无法计量的损失。战争时期各参战国政府都鼓励本国武装民船袭击对方国家的海军和商船。敦刻尔克的海盗又重新活跃起来，成为荷兰商船和捕鱼船队的煞星。

▼英国的军事基地

1675年荷兰与哈布斯堡帝国、勃兰登堡和丹麦结成了反法联盟。荷兰每年派出10多艘战舰的

分遣舰队到丹麦协助驻守松得海峡。荷兰的海军战线拉得太长，使得海军的主力舰队四分五裂，缺乏战斗力。加上军费吃紧，几年来的战争使政府财政枯竭，除了荷兰省外，其他各省已经难以维持给各海军司令部的财政补贴了。为了保证海军在地中海清剿北非海盗的行动，也为了维持国家的海上商业航行，荷兰政府选择了谋求与法国和解的政策。

1678 年荷兰与法国终于签署了和平条约，荷兰与法国之间的战争暂告结束。

在荷兰寻求与法国和解的过程中，荷兰与英国的关系又发生了戏剧性的变化。这一变化对荷兰海军的发展有着不同寻常的影响。面对法国在欧洲的霸权，威廉三世采取了睦英的政策。1677 年 11 月，威廉三世与英王查理二世的侄女玛丽公主结婚。婚姻在荷、英结盟中发挥了决定性作用，昔日的敌人一夜之间成了盟友。1688 年 11 月，威廉三世带领庞大的荷兰舰队浩浩荡荡地开到英国，同英国组建了联合舰队。英、荷联合舰队维持了 20 多年，在与法国海军进行争夺海上霸权的斗争中发挥了一定的作用。

不久，法国政府财政日益捉襟见肘，不得不削减海军的军费。威廉三世抓住这个机会，在地中海开辟了针对法国的第二战场。在 1696 年和 1700 年，荷兰海军又两次扩大舰队规模。经过扩大的荷兰舰队战斗力有所提高，但荷兰海军的经济实力也枯竭了。

▲ 1678 年荷兰与法国终于签署了和平条约，荷兰与法国之间的战争暂告结束

1697 年 9 月，荷、法之间签署了《荷兰条约》。这个条约虽然并没有带来长久的和平，但毕竟使双方获得了一个缓和和喘息的机会。

1700 年西班牙国王查理二世去世，这位没有直系后代的国王留下遗嘱把王位传给他的旁系后代法国国王路易十四的孙子。这一意外的收获使四面受敌的路易十四喜出望外。他得意忘形地狂呼“比利牛斯山将不再存在”。而欧洲列强都不愿看到欧洲各国之间的均衡被法国与西班牙的合并所破坏。奥地利、英国、荷兰和勃兰登堡建立了一个反对法国王孙继承西班牙王位的新联盟。

1702 年当路易十四强行使他的孙子登上西班牙王位时，一场新的战争爆发了。这就是历时十多年的西班牙王位继承战。在这次战争中，双方阵营又发生了变化，1675 年还与荷兰并肩反对过法国的西班牙站在了法国一边，成为英、荷、奥、勃联盟的敌人。

西班牙王位继承战使荷兰和法国都筋疲力尽，1713 年西班牙王位继承战结束，交战双方签订了《乌得勒支条约》。但荷兰政府却负债累累，战后外国提供的大量贷款也不足以偿还国债。1713 年后，荷兰失去了欧洲大国的地位，荷兰海军也逐渐衰弱了。16 世纪以来荷兰作为海上帝国的历史从此结束了。

第四讲

“日不落”的大英帝国

英国文明就像一颗璀璨的钻石，需要从四面八方进行打磨，才会熠熠闪光。从15世纪起，地理大发现、圈地运动、工业革命以及努力发展全球自由贸易之后，伦敦成为全世界的金融商业中心。至19世纪末，英国成为全世界最大的殖民王国，在非洲、亚洲、大洋洲、南北美洲占有大片的殖民地，比英国本土大100多倍，统治人口超过4亿，称为“日不落帝国”。

英国的兴衰充分说明了这样一个事实，一个国家的振兴和强大必须依靠其制度性的创新，特别是像英国这种规模的国家要想争当世界第一，就必须始终掌握领先的“法宝”，必须在一些关键性领域领导世界潮流。但是，如果我们始终以这样的标准来要求英国，也许有点勉为其难了。平心而论，英国能够在近代历史跑道上领跑100多年，给当今世界打上那么多的英国印记，确属超水平发挥了。英国对世界的贡献是多方面的，没有英国，世界就不会是现在这个样子。当然，在人类近代文明史中，很多国家都有过从弱到强、由兴至衰的历史。但是，从英国所做出的世界性贡献而言，世界上几乎没有任何一个国家可以望其项背，而从国土面积和人口数量等条件上看，英国充其量只是一个中等国家。正因如此，如果我们将英国的历史看成是一部兴衰的历史，其兴衰背后隐藏着的东西，就非常值得研究，我们希望读者从中能够有所收获。

帝国基础的奠定

建立专制王权 公元前地中海伊比利亚人、比克人、凯尔特人，先后来到不列颠。公元 1～5 世纪大不列颠岛东南部为罗马帝国统治。罗马人撤走后，欧洲北部的盎格鲁人、萨克逊人、朱特人相继入侵并定居。7 世纪开始形成封建制度，许多小国并成 7 个王国，争雄达 200 年之久，史称“盎格鲁—撒克逊时代”。829 年威塞克斯国王爱格伯特统一了英格兰。8 世纪末遭丹麦人侵袭，1016 年至 1042 年为丹麦海盗帝国的一部分。其后经英王短期统治，1066 年诺曼底公爵渡海征服英格兰。1215 年约翰王被迫签署大宪章，王权遭抑制。1338 年至 1453 年英法进行“百年战争”，英国先胜后败。

▲巨石阵近景，巨石阵位于英格兰南部，据同位素碳 14 推定年代，这处遗址可追溯到公元前 1848 年

百年战争失败之后，英国两个贵族集团矛盾激化。1455 年，以白玫瑰为族徽的约克家族与以红玫瑰为族徽的兰加斯特家族爆发战争，互相残杀，两败俱伤。这就是历史上的“红白玫瑰战争”。

玫瑰战争打了 30 年。战争消灭了两大集团中的多数贵族，旧的封建领地贵族自相残杀、消灭殆尽。

1461 年，约克家族的爱德华战败兰加斯特家族，入主伦敦，被拥立为王，称爱德华四世。1475 年以后，实行了一些改革，与法国、勃艮第和汉萨同盟缔结贸易协定，使英国经济迅速复苏，关税和其他收入大量增加。爱德华四世死后，内战再起。1485 年，兰加斯特家族的远支都铎家族取得胜利，亨利七世即位。从此结束内战，建立起君主专制的统治。

亨利七世的即位标志着一个新的势力崛起，这是一个新的王朝即都铎王朝，这个王朝代表着国家统一和民族和解。结果，由都铎王朝建立了英国的专制王权，开始向民族国家的方向发展。这一步，对英国来说是至关重要的，后来的历史证明：没有民族国家，就不可能强大，也不可能向现代英国的方向发展。都铎王朝在英国历史上有重要的历史地位，原因就在于它建立了民族国家。

资本主义的兴起 在专制王权的保护下，国家执行重商主义政策，而英国的

▼奥克尼群岛的波莫纳西岸的一个新石器时代的村落遗址

重商主义又特别有一种重工主义的倾向，这就使英国的工场手工业很快得到发展。工场手工业是以手工技术和雇佣工人的分工为基础的资本主义生产，它是从手工业生产向机器生产过渡的一个中间阶段。在15世纪以前，英国的工场手工业并不发达，工业发展落后于法国、荷兰和西班牙等国。但进入15世纪以后，英国工场手工业，特别是毛纺织业，突飞猛进，成为普及城乡的“全民性”工业，不仅生产规模空前地扩大了，而且在技术上也有了很大的进步。

英国的自然条件特别适合养羊，14世纪以前的英国一直以羊毛输出国而著称，这主要因为本国缺少先进的毛纺生产技术，所产羊毛大都只能输往国外，特别是佛兰德斯地区。百年战争爆发后，爱德华三世下令禁止向佛兰德斯出口羊毛，这就刺激了国内毛纺业的迅速发展。特别是海峡对岸一些毛纺工匠将先进技术带到英国，从而使英国毛纺业上了一个新的台阶。到15世纪，英格兰每年平均出口4万匹呢布，远销斯堪的纳维亚半岛、法国和西班牙。英国的呢布出口总值开始超过羊毛出口总额，英格兰也就从羊毛输出国转变成为呢布出口国，这种从出口原材料转向出口制成品的变化，具有划时代意义。它给英国人带来了更多的赢利和就业的机会，提高了英格兰人的市场购买力。

13～14世纪初英国城市的毛纺业开始走向衰落，而在广大的乡村，小规模的毛纺业却如雨后春笋般发展起来。到16世纪，毛纺业已经成为英国的主要经济支柱，为英国创造了巨大的财富。英国人越来越多地认识到，工业制成品的出口远比原料的出口利润高，他们与从纯粹的商品贸易和东西方殖民地中获得巨额金银财富的葡萄牙人和西班牙人不同，必须依靠大量的制造品出口贸易来换取金银财富，这就意味着必须大力发展工场手工业。因此，英国人的重商主义自然地过渡到了晚期的重工主义阶段。

▲圈地运动又被称为“羊吃人的运动”

16世纪至17世纪中叶，英国资本主义手工工场迅速发展起来。除毛纺业之外，由于海外贸易的刺激，造船业也发展起来，重要的港口都成了造船的中心。新的技术革新也促进了制铁的发展。同时，采矿、制盐、造纸、酿酒、玻璃、肥皂、火药等行业也不断发展。

工场手工业的发展带来了英国资本主义的第一次高潮。更重要的是，手工业的繁荣引起了英国社会经济一系列深刻的变化。第一，资本主义生产关系开始冲破封建行会的樊笼，深入农村，在更广阔的范围内推广。第二，手工业的普及使农村传统的经济生产结构和生产方式发生了变化，促使自给自足的谋生型经济向国内外市场的谋利型经济转变，农业生产逐渐商品化。非农业的工商业人口增多，农村城市化的趋势日益显著。第三，全国范围内手工业原料和产品的频繁流动，构架了统一的国内市场，促进了全英格兰经济的一体化。第四，手工业的兴盛也使英国对外贸易能建立在非常坚实的基石之上。第五，手工业发展的结果，使传统的生活方式和思维受到冲击，新的价值观念逐步形成，为近代工业文明社会的确立奠定了基础。

▲英国贵族在乡村建造的别墅

在工场手工业发展起来后，英国人开始对财富有了更加强烈的欲望，对金钱的支配似乎成了头等重要的大事，中世纪那种把土地视为政治功能和职权的基础的土地价值观念转向了把土地视为产生利润的资本的观念，土地经营也开始逐渐商品化。贵族地主想尽一切办法来改良农业生产，并从事其他经济活动，以获得更丰厚的利润。这样，就产生了托马斯·莫尔所描绘的"羊吃人"的现象即"圈地运动"，地主为了养羊赚钱而把土地的使用与资本主义市场经济联系起来，便将原来的耕地和公地圈围起来用作牧场，为此可以不惜让许多佃农失去土地流离失所。

中世纪的英国乡村原来有不少地方实行的是"敞田制"，但14世纪中叶以后，由于英国毛纺业的发展，羊毛的需要激增，羊毛价格不断上涨，圈地养羊越来越有利可图，圈地现象猛增，甚至变得疯狂而残暴。大地主不仅圈地，还利用暴力夺佃和退佃等方法驱赶租佃农，拆毁农舍。

不过，圈地运动并没有一下子就触及整个英格兰，而是在相当长时间内慢慢发展起来的。圈地虽然造成了不少租佃农的悲惨生活，引起了社会震荡，但在很大程度上，不是圈地运动，而是"土地兼并"带来了更为严重的社会问题。

在16世纪30～40年代，英国宗教改革的过程中，亨利八世解散修道院，没收其财产，扩大和活跃了许多地区的土地买卖活动，加快了土地兼并，从而也推动了剥夺农民土地的过程。国王没收教会地产后，除把其中一小部分赠给了宠臣亲信外，大部分以极低廉的价格出卖给了贵族和乡绅。其中，贵族有很多人不善经营，常常把土地长期出租，所得租金在其总收入中的比例甚微。最后由于开支较大，往往又出卖土地。所以，最主要的土地兼并者实际是乡绅。

新的土地所有者通常把土地上的世袭租佃农赶走，租给富裕农民和大租佃农场主。这就和"圈地运动"一样，也造成一批失去生产资料的一无所有的劳动者。在修道院被解散后，原来在这些地方受赈济的贫民便失去了生活的依靠，也被迫加入到劳动者市场中，社会贫富分化加剧。

圈地运动和土地兼并起初在很大程度上受到了毛纺织业发展的影响，而后来则反过来又影响了毛纺织业，带动了其他工场手工业。新兴的乡绅越来越多地把资金投入到工商业和对外贸易中，失去土地的无产者越来越多地成为工场中的廉价劳动力，英国的资本主义生产随之兴旺起来。工场手工业和圈地运动为英国的崛起创造了物质条件。

重商主义的政策 重商主义政策的推行、工场手工业和圈地运动的发展，推动了英国对外贸易和殖民扩张的发展。按照重商主义的理论，对外贸易和殖民扩张是占有货币和增加财富的主要手段。如果能借助国家的力量占有或以武力夺取殖民地，宗主国就可以直接进口殖民地商品，不需要像过去那样必须用金银货币或高价产品从外国购买或交换。同时，宗主国还可以把殖民地作为倾销国内工业品的可靠市场。因此，英国晚期重商主义者爱德华·米塞尔德一方面主张借助于国家的力量禁绝外国人对英国自然资源的掠夺，另一方面又要求英国政府放宽对本国商人从事海外贸易活动的不必要限制，给他们更多的自由。

在重商主义和民族主义思想的指导下，发展对外贸易、争取殖民扩张的“权利”就成为巩固英国新兴民族国家的客观需要；同时，都铎的专制君主也乐意支持海外扩张，这样可以增加自身的财富、加强并巩固王权。

早在都铎前期，英国人就已经开始到海上进行探险活动，希望扩大呢布业市场和掠夺财宝。1497—1498 年，在亨利七世的支持下，约翰·卡伯特两度到达北美沿岸。1548 年，部分伦敦商人组成“商人探险协会”，计划探寻一条“东北通道”，即从欧洲穿过冰海绕过亚洲北海岸向东航行到中国，但没能成功。

伊丽莎白女王时代，虽然女王声称：“海上和空气为世界人共同享有，海洋不归属于任何民族或任何个人。”然而，与率先完成地理大发现的西班牙、葡萄牙两国相比，英国的航海水平明显落后，英国人于是大肆在海上拦截西、葡两国商船，间接掠夺财物，开展海盗贸易。伊丽莎白女王表面上颁布了镇压海盗活动的法令，暗地里却与海盗们联系，并向他们投资、提供船只等，教唆他们到大西洋去抢劫西班牙的船只和港口，以此来加快本国经济的发展与实力的增长。

当时驰骋在浩瀚的大西洋上的最著名的两位海盗是约翰·豪金斯和他的表弟弗朗西斯·德雷克。1562 年，约翰·豪金斯最先从几内亚购买了 400 个奴隶，连同英国制造品一块运到海地出售。返程时，豪金斯运回了海地出产的食糖、金银等，从而开创了三角贸易。

由于这项活动极其有利可图，很快就发展起来。1564 年，在女王出资入股的支持下，豪金斯和德雷克进行了第二次远征贩奴，结果遭到西班牙军队的袭击，不得不放弃“米尼翁号”和大量财宝，逃回英国。女王获悉后大怒，没收了由于天气原因而停靠在英国港内的西班牙运银船作为报复，导致英西关系日趋紧张。

1572 年 3 月 24 日，德雷克率领 3 艘小船从普利茅斯港出发，横渡大西洋，在地势险要但却是西班牙白银运输队必经的巴拿马海峡，抢劫了西班牙白银 30 吨，受到女王的赞赏。

1577 年 11 月 5 日，德雷克又率领远征队向西进发，用了 3 年时间完成了继麦哲伦之后的人类第二次环球航行，还掠回 5 箱黄金、40 万磅白银和无数奇珍异宝，女王因此亲往普利茅斯港迎接德雷克凯旋。翌年，女王授予他骑士称号。除了为自己分得的红利表示感谢外，伊丽莎白这样做主要是表示政府对反对西班牙在大西洋上的贸易独占权斗争的支持。

▲ 1558 年，伊丽莎白一世登基

▲伊丽莎白一世之死

1585年，德雷克再次直奔中美洲，抢劫了圣地亚哥和圣多明各等地，满载而归。1587年4月，德雷克率领他的海盗船队突袭了西班牙的加的斯港，摧毁西班牙战船约30艘，获得75万镑的财物。1588年，德雷克和豪金斯还领导英国海军击溃西班牙的“无敌舰队”，使英国逐步掌握了海上贸易霸权。

同时，英国商人为广泛开辟各种市场又掀起探索新航线的热潮。1576年，英国成立了中国公司，试图通过北美找到同中国通商的航路。1578年，英国人汉弗莱·吉尔伯特率领7艘船组成探险队驶向美洲，虽然以失败告终，却没有气馁。在1583年8月的再次航行中，吉尔伯特到达了纽芬兰，并在那里举行了庄严的仪式，宣布该地为英国女王所有。

1577—1580年德雷克的环球航行，更激起了英国人对东印度的兴趣，以致将注意力再次转向东方。1581年，一些伦敦富商在地中海东岸成立了“利凡特股份贸易公司”。1583年，公司派人从陆路到达印度、缅甸和马来亚、菲律宾群岛。1587年，英国商人取道麦哲伦海峡和菲律宾群岛到达中国，在锡兰劫掠两艘葡萄牙商船。1591年，英国人经好望角到达苏门答腊西北岸，后到达槟榔屿和勃固。并大肆劫掠了驶经马六甲海峡的葡萄牙商船。这些活动一方面使英国人更加意识到海盗贸易大为有利，从而进一步刺激了他们的贪婪与冒险；另一方面则为英国进行海外扩张打下了基础。

英国商人首先进一步巩固了地中海一带的商业贸易。相比之下，1600年建立的东印度公司对英国商品的需求量极小，欧洲市场对东印度的香料的需求也不稳定，加上荷兰人的竞争，东印度公司的发展很不容易。但是，通过种种努力，东印度公司终于坚持了下来并得到了发展。

▼伦敦码头上刚从东印度公司船上卸下来的货物正等着运到仓库中

英国向美洲的扩张主要以移民为主。移民最早主要是为了寻找金银珠宝，为流民和罪犯寻找出路，以及为呢布业寻找新的海外市场。沃尔特·雷利爵士是最早的北美拓殖者，他于1584年到达纽芬兰以南的切萨比克湾南部，为尊奉伊丽莎白女王，将该地命名为弗吉尼亚。但雷利组织的几次移民活动都不太成功。1606年，英国的一批贵族绅士和商人又成立了伦敦公司和普利茅斯公司两大股份公司，吸收入股者的资金，分别到北美大陆的南部和北部进行殖民活动。

1620年，102名英国清教徒为了寻找理想的天地，也奔向北美。他们乘着“五月花”号帆船，到达了马萨诸塞湾海岸。不久，又有大批移民来到马萨诸塞湾，建成了新英格兰。以弗吉尼亚和新英格兰两个殖民地为基地，英国逐渐将北美大西洋沿岸从北到南联结了起来，建立起一个地理上连成一片、政治上相互独立的殖民王国。殖民者用屠刀把原来的居民印第安人赶出了家园，甚至残酷地加以杀害，留下了一段野蛮的历史。而北美殖民地则立即成为英国的原料产地和商品倾销市场，为英国创造出巨大的商业利润，极大地促进了英国资本主义的原始积累。

▲英国商船停泊在印度西南部海港

英国海外殖民的另一个重要地区是西印度群岛。早在 1605 年、1609 年，英国就试图向西印度群岛殖民，但未获成功。1624 年，曾去圭亚那探险的托马斯 · 沃纳终于开创了英国在西印度群岛的第一个永久殖民地——圣基茨。同年，约翰 · 鲍威尔也在荒无人烟的巴巴多斯岛登陆，并以詹姆斯国王的名义占领该岛。1628 年至 1633 年，英国又在尼维斯岛、安提瓜岛和蒙特塞拉特岛先后建立了好几处殖民地。17 世纪中期，英国还远征西印度群岛，占领牙买加。英国人在西印度群岛建立了许多种植园，大量役使黑人奴隶，生产烟草和蔗糖等，然后将这些产品运到欧洲，牟取暴利。同时，英国人还把眼睛瞄准了西印度市场，诸如铁棍、铁钉等英国产品在西印度大受欢迎。

西印度群岛上的黑人奴隶都是英国和其他西欧国家商人们从非洲劫掠和贩运去的。约翰 · 豪金斯之后，三角贸易十分盛行，走私贩子用劫掠非洲人的方法，继续向美洲输出奴隶，英国奴隶船定期驶往西印度。

三角贸易刺激了英国工商业的发展。英国人把东印度公司运到英国的印度商品转手出口到非洲，还在瑞典和德国购买铁和钢，运到非洲销售，很受当地欢迎。因为英国生产的布匹和铁器在非洲销售得也很火爆，英国的纺织和铁器制造业也得到迅速发展，以棉纺织为中心的曼彻斯特和以制铁为中心的伯明翰分别发展成工业化大城市。从西印度群岛运回的蔗糖则极大地促进了伦敦的精制糖业。

为了独霸海洋，独霸原料，独霸市场，以便赚取更高的利润，英国与西欧列强展开了你死我活的争夺。仅在 17 世纪后半期，英国与荷兰之间就先后进行了三次战争。当时，荷兰正扮演着“海上马车夫”的角色，造船业居欧洲第一，阿姆斯特丹是世界贸易集散中心。英荷在西欧市场、在印度、在美洲和西印度的势力不断发生冲突，直至剑拔弩张、兵戈相见。第一次战争结束时，荷兰被迫承认英国的《航海条例》，海上威力退居英国之后，其贸易中介活动和走私活动遭受到沉重打击。第二次战争结束时，荷兰势力退出了北美。虽然第三次战争双方地位变化不大，但是 1688 年光荣革命后，荷兰的威廉入主英国为王，荷兰成了英国的盟国，其海上霸权随即转入英国人手中，英国人终于实现了建立海上帝国的梦想。

现代政治的建立 17 世纪英国资产阶级和新贵族力量不断增强，对封建王权日益不满。国王查理一世在1629年解散了代表资产阶级利益的议会，1640年4月为筹集军费重开议会，议会拒绝征税而被再次解散，11月召开新议会，议会和国王的矛盾激化，1642年1月国王逃离伦敦，纠集保皇党军队于8月22日挑起内战。

内战爆发后议会军得到经济发达地区的资产阶级、新贵族和广大平民的支持占有绝对数量优势。但王军经验丰富，拥有优势。1642年9月，议会军主力北上进攻保皇党，王军避实击虚偷袭伦敦，议会军回师追击，双方进行了多次会战，王军节节胜利，直逼伦敦城下，但议会军在大量伦敦民兵的支援下勉强挫败了王军的攻势。1643年夏，王军在西线连续击溃议会军，占领了约克郡、林肯郡和重要海港布里斯托尔。秋季三路王军进攻伦敦，首都再次告急，伦敦民兵和议会军再次击败王军攻势。1643年底王军已控制60%国土，形势转而对议会十分不利。

▼英国议会下院的印章

1644年1月，苏格兰盟军和议会军收复约克郡，5月与克伦威尔指挥的东部盟军会师。克伦威尔收复林肯郡，议会军与前来救援约克城的王军主力进行了马其顿荒原会战，王军遭克伦威尔部迂回进击，议会军获胜，此战后议会军掌握了战略主动权。

1645年，议会组建以克伦威尔为首的新模范军，同年4月议会军进攻王军总部，6月在纳斯比会战中歼灭王军主力，6月攻克王军总部牛津，查理一世被捕，1647年议会军攻占王军的最后据点哈莱克堡。

第一次内战后议会和议会军内部不和，1647年11月，查理一世潜逃。1648年2月，保皇党发动叛乱，内战再次爆发。议会各党派重新团结起来，议会军连战连胜保皇党军。1648年4月苏格兰忽然倒戈向伦敦进攻，克伦威尔迅速北上于8月在诺丁汉向苏格兰军发动突袭，苏格兰军来不及集中兵力被各个击破。第二次内战结束。

1649年1月查理一世被处决，英国宣布为共和国。

英国内战推翻了封建君主专制统治，建立了共和国，为英国资产阶级革命的胜利铺平了道路。

▲克伦威尔像

共和国建立后，广大人民群众因受残酷的压榨，生活每况愈下，不断奋起抵抗，资产阶级新贵族为了维护自己的既得利益，希望建立专制政权以镇压群众。克伦威尔适应他们的要求，于1653年两次解散国会，最后就任英格兰、苏格兰和爱尔兰护国公，建立了独裁统治。克伦威尔颁布了一个相当于宪法的《统治文件》，规定护国公是终身的，掌握军、政、立法等大权。这实际上是无冕的君主。

▼英国内战期间国王军与议会军的斗争

在对外方面，护国政府为了满足资产阶级的贪欲，极力推行

对外扩张和海外掠夺。1654 年，终于战胜荷兰。同年又正式吞并苏格兰。1655 年，克伦威尔又对殖民强国西班牙宣战，从西班牙人手中夺取了牙买加岛。1658 年，又占领被称为“欧洲大陆的钥匙”的敦刻尔克。克伦威尔为后来的不列颠殖民帝国奠定了基础。1658 年，克伦威尔病死，他的儿子查理·克伦威尔继承父位做了护国公。但是，高级将领各行其是，并于 1659 年迫使他辞职，护国政府遂告瓦解。

护国政府结束后，英国出现动荡不安局面，资产阶级新贵族力图恢复秩序以保障自己的既得利益，于是，阴谋使斯图亚特王朝复辟，而复辟计划的实现必须依靠武力的支持，资产阶级新贵族最后得到驻苏格兰的英军司令官蒙克将军的支持。1660 年 2 月，蒙克率军进驻伦敦，他在控制局势以后，派人到法国同流亡中的查理王子谈判，双方达成协议。5 月初，国会通过决议，迎立查理为国王。查理带领一群流亡的王党回到英国，登上王位，史称查理二世。

复辟王朝的统治稳固后，查理二世便在政治上、宗教上对革命进行反攻，遭到国会的强烈反对，查理二世不得不有所收敛。

1685 年查理二世死去，他的弟弟詹姆斯继位，称詹姆斯二世。他更加倒行逆施。他取消了 1679 年国会通过的《人身保护法》，同时，进一步倒向法国，降低法国商品的进口税。他又任命天主教徒为军官，宣布废除过去反对天主教的一切法律。面临这样的紧张局势，从国会分裂出的辉格党和托利党便携起手来，共同谋求推翻詹姆斯二世。

1688 年，国会中的托利党和辉格党决定迎立荷兰执政的亲王威廉为国王。1688 年 11 月，威廉率军队在英国登陆。12 月，威廉进驻伦敦，詹姆斯二世逃往法国。1688 年的这次不流血的政变，在西方史书上称为“光荣革命”。

1689 年 2 月，威廉登基，称为威廉三世。这一年，国会通过了具有深远影响的《权利法案》，1701 年又通过《王位继承法》，它们规定英国国王必须是新教徒，国王必须按国会的意志行事，规定立法、税收、军事等权力由国会掌握，国王在国会的同意下行使内政和外交的权力，国王必须定期召开国会，国王无权废除法律，甚至连王位的继承也不由国王本人决定。从此，英国成为一个君主立宪的资产阶级国家。

1640 年开始的英国资产阶级革命，摧毁了封建专制统治，建立起资产阶级和新贵族占主导地位的政权，为英国资本主义的发展开辟了广阔的前景。

▶ 1689 年，英国国会通过《权利法案》，限制王权，实现了君主立宪的“光荣革命”，图为当时的英国新国王威廉和皇后玛丽

建立“日不落帝国”

迈向殖民帝国 17世纪中叶，荷兰的殖民霸权丧失后，英国和法国成为对外殖民掠夺中的主要竞争对手。英国在确立了资本主义制度以后，开始大规模的海外扩张和殖民侵略。法国这时是欧洲大陆最强大的封建国家，也积极地对外进行殖民侵略，两国之间互相争夺，经常发生冲突，争霸战争连绵不断。英国依仗海上优势，在世界各地进攻和夺取法国的海外殖民地，对北美殖民地的争夺是英法殖民争霸的一个重要方面。

早在16世纪末，英国就开始把侵略魔爪伸进北美，到18世纪上半叶，英国殖民者在北美大西洋沿岸一共建立起13块殖民地。在英国向北美殖民的同时，法国也开始向美洲殖民。1604年，法国人在北美建立了第一个永久的移民区罗雅尔港。1608年，法国殖民者又在圣·劳伦斯河流域建立了魁北克殖民地，这块殖民地成为法国在北美扩展其殖民势力的基础。法国的殖民方式不像英国那样掠夺土地和大规模的移民，主要是跟印第安人进行获利丰厚的毛皮贸易。因此，他们力图深入美洲大陆腹地，以便扩大与印第安人部落的联系。法国人很快沿着圣·劳伦斯河溯流而上，穿过五大湖，进入俄亥俄河流域。沿途他们设立了许多贸易站。1682年，法国殖民者又沿密西西比河南下，直达河口，宣布沿河流域为法国所有，称为路易斯安那。

▶美洲印第安人

法国极力从加拿大由北向南推进，英国力图越过阿巴拉契亚山脉由东向西扩展，两国发生尖锐的冲突。在1701—1713年的西班牙王位继承战争中，英国夺取了法国在北美的殖民地纽芬兰的阿卡底亚地区。在1756—1763年的7年战争中，法国再次遭到惨败，不得不把加拿大、俄亥俄河流域的全部地区和密西西比河东岸地区割给英国。密西西比河西岸地区割给了西班牙，法国几乎丧失了在北美的全部殖民地。

▼土著人的玩偶

英法的角逐不仅在北美展开，同时也在印度进行。英法两国的殖民扩张在亚洲，特别是在印度也同样发生尖锐的冲突。繁荣富庶的印度早在15世纪就成为西方殖民者垂涎的对象。新航路开辟以后，印度一直是西方殖民者侵略的重点地区。首先到印度的西方殖民者是葡萄牙人。17世纪以后，在争夺印度的角逐中，英、法殖民者逐渐把荷兰、葡萄牙的势力排挤出去，印度成为英法在亚洲殖民争霸的主要场所。

1600年，英国成立了东印度公司，该公司有权招募军队，构筑工事和建立设防商站，并有宣战媾和以及在殖民地组织政府的权力。1612年，东印

▲玩偶，北美土著人

▲美洲殖民地人民的生活

度公司的托玛·贝斯脱率领四艘大船，击败了一支企图阻拦的葡萄牙舰队，在印度西部海岸苏拉特登陆，建立了第一个永久性的商站。1614 年，英国人在一次海战中再次击败葡萄牙人，英国人在印度洋上的优势确定下来。以后英国殖民者先后占领了印度的马德拉斯和加尔各答。到 17 世纪 80 年代，查理二世与葡萄牙公主结婚，孟买作为嫁妆的一部分也落到英国人手中。

法国人的侵略势力渗入印度晚于英国。1604 年，法国建立了东印度公司。1668 年法国人在苏拉特地区设立了海外商站。10 年以后，法国殖民者在侵占的卡里阿提加领土上建立了法国人城，它成为法国在印度进行殖民侵略的中心据点。到 17 世纪晚期，法国人又侵占了孟加拉的昌德纳果尔。

英法殖民者利用这些据点作为进一步侵略印度的桥头堡。但在 17 世纪时，殖民者主要通过欺诈性的贸易，直接劫掠、贩卖奴隶及无耻的海盗活动来掠夺印度人民。进入 18 世纪以后，莫卧儿帝国陷入四分五裂，给殖民者提供了扩大侵略的有利时机，英法殖民者开始大规模地侵占印度领土。但是，英、法东印度公司力量有限，于是他

▼英国 1600 年成立东印度公司，独占好望角以东地区贸易，图为英国殖民者镇压印度人

们采取了“用印度人打印度人”的毒辣手段，来实现自己的野心。两大公司都开始雇用印籍士兵，按照欧洲方式加以训练，作为他们侵略印度的工具。

18世纪英法殖民者在印度的大规模的侵略过程，也就是两国争夺印度殖民霸权的斗争过程。双方都力图排挤对方，独霸印度。在1756—1763年的7年战争中，印度是重要战场之一。1761年，英国军队攻占了法国殖民者的大本营本地治里。1763年，战争以法国的彻底失败告终。根据《巴黎和约》，法国丧失了在印度的全部殖民地，只保留了开利开尔、本地治里、昌德纳果尔、雅溜汪和马赫5个城市作为商站，而且不准设防，英国人成为“印度斯坦真正的主人”。

▲1768年，英国武力威胁北美，英军在波士顿登陆

成为“世界工厂” 英国资产阶级革命以后，资产阶级和新贵族利用所掌握的政权，采取了发展经济的措施，使资本主义工业迅速发展起来，如颁布《航海条例》以发展海上贸易，实行圈地运动合法化以扩大廉价劳动力和工业原料来源，疯狂掠夺殖民地与大量发行公债以积累资本。由于具备了一定的条件，18世纪中期就开始了工业革命。

工业革命是先从棉纺织业开始的。其过程是：1733年，凯伊发明飞梭，提高了织布的速度。1765年，织工哈格里夫发明手摇珍妮纺纱机，使纺纱速度加快了。1769年，钟表匠阿克莱特又制成了水力纺纱机。1779年，工人克隆普顿吸取珍妮机和水力机的优点，制成了骡机。1785年，牧师卡德莱特发明了水力织布机，使生产率提高了10倍。这样，大规模的纺纱厂和织布厂便在用水力作动力的基础上建立起来了。

但是，用水力为动力受季节和地点的限制，所以必须改进。1769年，格拉斯哥大学的教具制造员瓦特发明了蒸汽机。不久，蒸汽便应用于纺织和炼铁等部门。

随着纺织和机器制造业的发展，印染和冶炼的技术有了改进，交通运输也开始走向机械化。1814年，史蒂芬逊发明了机车，1824年修筑了第一条铁路。

▼早期的蒸汽泵

工业革命是生产技术上的一次重大变革，是人类自觉应用自然科学，以自然力代替人力的一场技术革命。社会对技术的需要把科学推向前进，自然科学的基础理论又反过来指导技术改革，技术改革把科学知识并入生产过程，构成“直接生产力”，极大地提高了社会生产效率，从而使社会生产力获得突飞猛进的发展。工业革命期间，英国建成了纺织、

▲1824 年，世界上的第一条铁路出现在英国

钢铁、煤炭、机器制造和交通运输五大工业部门，到 19 世纪 50 年代，英国就取得了世界工业和世界贸易的垄断地位，成为“世界工厂”。

工业革命确立了近代工厂制度，使用机器生产的各种近代大工厂如雨后春笋般建立起来。工业革命改变了英国的经济地理和人口分布。工业革命前，经济最发达的地区是以伦敦为中心的东南部地区，工业革命以后，盛产煤、铁的西北地区成为新的工业中心，曼彻斯特、伯明翰等新兴工业城市迅速发展起来。工业革命把居民从农村地区驱赶出去，在工业城市里集中起来。

工业革命不仅是一场技术革命，而且是一次深刻的社会变革，它引起了社会生产关系的巨大变化。工场手工业时期，工人大都同农村保持着一定的联系。他们或者有简单的工具，或者租种一小块土地，在劳动之余耕种。机器大工业完全割断了他们同农村的联系，剥夺了他们最后一点独立活动的自由。现在他们除了出卖劳动力之外，再也没有任何其他收入来源，除了做一辈子雇佣奴隶外，再也没有任何别的生活出路。两大对立阶级——近代工业无产阶级和工业资产阶级的产生，是工业革命的最重要的社会后果。

政治民主化：国会改革 由于工业革命的完成以及工业的迅速发展，工业资产阶级的经济实力日益增强，他们日益要求改革选举制度，达到参政的目的。按照多年来沿袭下来的选举制度，新兴起的工业城市没有议员名额，而几乎没有人迹的“衰败选区”仍然保有选举代表权。而这些代表实际上都是由贵族地主所委派。此外，选举权和被选举权又有高额财产的限制，所以，工业资产阶级和广大劳动群众的选举权都被剥夺。在这样的情况下，英国便开始了国会改革运动。

自 1818 年开始，在曼彻斯特、伯明翰、利兹等大工业城市，工人、一般市

▼史蒂芬逊设计的“火箭号”机车

民和资产阶级激进派举行群众集会，向国会请愿，要求改革选举制度，取消限制谷物进口的谷物法和禁止工人结社的法令。1819 年 8 月 16 日，8 万多群众在曼彻斯特的圣彼得广场集会，政府派军警镇压。造成 600 多人死伤的大惨案。人称为“彼得卢大屠杀”。

这次惨案以后，政府又颁布法令，企图扼杀民主运动，但政府的镇压更激起人民的反抗，许多城市的工人举行罢工。这时工业资产阶级借助于工人反政府力量，展开国会改革运动。1829 年，伯明翰资本家成立“伯明翰政治协会”，要求改革选举制度。工人、手工业者和小资产阶级以木匠洛维特为首组成“工人阶级和其他劳动者全国联盟”，争取获得普选权。

在全国人民愤激的情况下，执政的辉格党被迫提出了一个温和的国会改革方案，其主要内容是，把 65 个“衰败选区”的 143 个代表席位，分配给新兴的工业城市，降低了城市选民和农村选民的财产资格。1832 年 6 月 7 日，改革法案成为法律。

这次改革满足了工业资产阶级的要求，他们在国会中取得不少席位，但在改革中起过巨大作用的工人、小资产阶级和小佃户，仍然处于无权的地位。

1832 年议会改革的意义，还在于其对英国历史发展道路的影响。在光荣革命中，来自英国两党的贵族们首创了一种通过妥协、和平方式完成政治变革的先例，这为英国式历史发展道路的形成奠定了根基。然而，属于社会上层的贵族所创立的和平变革方式，是否能得到新兴的中等阶级的认可呢？第一次议会改革中给出了解答。我们看到，在议会改革的关键时刻，英国一度面临革命与暴动的危险。不过，社会上层与中间阶层按照光荣革命的先例最终进行了妥协，以一种和平、渐进的方式打破了贵族寡头制，使英国迈入了政治民主化的门槛。

建立“日不落帝国” 在建立新帝国即“日不落帝国”的漫漫征途上，英国还面临着一个强大的对手，这就是英吉利海峡对岸的法国。北美殖民地独立后，无论在北美大陆、西印度群岛，还是在印度，法国殖民势力都呈日趋增长

▼英国士兵屠杀群众

▲百年战争期间，英国射箭手箭射法国骑士

之势。为重整旗鼓、复兴帝国，打败法兰西、成为世界霸主便成了英国人的首要任务。

法国大革命爆发后，国内政治局势持续动荡，政府根本无暇顾及海外殖民地，更没有精力来同英国进行海外商业与贸易霸权的争夺了，英国殖民主义者一度以为法国将一蹶不振，因而为之欢欣鼓舞。不过，法国督政府的建立及拿破仑的脱颖而出，特别是法国势力在欧洲大陆迅速扩张，令隔岸观火的英国人再也坐不住了。这是因为，一旦法国树立了在欧洲大陆的霸权，那么，英国传统的均势外交将受到根本性挑战，独霸欧洲大陆的法国，将成为英国争夺海外霸权的最有力的竞争者。因此，英国急需遏制法国势力，这样，当法国军队迈出国门，染指到英国在欧洲大陆的传统盟友时，按捺不住的英国人终于与老对手兵戎相见了。

法国大革命的余波迅速波及到邻近的奥属尼德兰（比利时）以及荷兰等地，英国以决不会坐视法国直接或间接成为低地国家的主人或者成为欧洲权利与自由的主宰为由，拉拢欧洲大陆一切反对法国革命的国家，组成了多次反法联盟。这样，由英国组织的长达 20 多年的反法战争，又称拿破仑战争由此拉开了帷幕。

反法战争断断续续的，其间交战与和谈交替进行。作为反法联盟的组织者，战争初期，在欧洲大陆战争中，英国往往是出钱，反法联盟的其他国家则出兵。英国的直接出兵作战，主要表现在与法国进行的海战，以及在殖民地的争夺上。

▲对北美殖民地持强硬态度的英国国王乔治

1798 年，英法在埃及亚勃基尔湾进行的海战，结果法国舰队战败，英国的海上优势逐步显露。1805 年的特拉法加大海战，这是英国舰队与法、西联合舰队在西班牙南部沿海的特拉法加的一次总较量。这场战役直接决定着英吉利民族和英帝国的命运。这场海战进行得十分惨烈，英军统帅纳尔逊将军也阵亡。不过，坚实的经济后盾以及强大的海军实力确保了英国的胜利。特拉法加大海战，是英国迈向海上霸主地位的最后一役。此前，在组建海上帝国的道路上，强大的英国海军还不时面临法国与西班牙的挑战。通过这场战役，法国舰队与西班牙舰队被彻底击溃，再也无法与英国争夺海上霸权了。

自此，英国已经取得了拿破仑战争最后十年中

▲英国殖民者占领孟加拉

在英吉利海峡、大西洋港口和地中海的制海权，此时的法国在海上已经被彻底打败，别说挑战英国的海军，就连保持自己及其附属国海上安全的能力也大大削弱了。作为传统的两大海上强国西班牙与法国被击败后，在制海权上，英国已经获得了绝对的优势，并成为真正的海上霸主。一个连英国人也未曾想过的庞大的“日不落帝国”正是在英国海军的东征西战中建立了起来。

1815年初，反法联盟在维也纳开会，由于分赃不均大吵大闹，拿破仑见时机成熟，便东山再起，但很快就兵败滑铁卢。通过战争，英国的宿敌法国被彻底击败了，在建立全球性帝国的道路上，英国再也没有任何对手了。反法战争的胜利为“日不落帝国”的形成扫清了障碍；也正因为在军事上打遍世界无对手，才使得未来的“日不落帝国”能建立在“自由贸易”的基础上，而不需要再以战争为基础。

到1815年反法战争结束时，随着帝国版图的迅速扩大，“日不落帝国”基本定型。初步的统计表明，反法战争开始时的1792年，英国的殖民地只有26个，而战争结束后的1816年，英国拥有的殖民地达到了43个。英属殖民地的分布范围大致为：北美的加拿大、西印度群岛，澳洲大陆及附属岛屿、东方的印度以及一些据点或岛屿等，如开普、锡兰、马耳他等。这些殖民地基本上是英国为了拓展对外贸易而占领的，有的是可以作为原料产地或产品销售市场，有的是对确保海外贸易航道的通畅而至关重要的据点。“贸易优先”原则在殖民地占领与维持方面表现得比较明显了。

从1815年维也纳会议起，一直到19世纪中叶，这30多年间，英国工业革命进入了全面深入阶段，贸易保护逐渐退出历史舞台，英国成为世界上第一个实行自由贸易的国家。自由贸易政策的推行，彻底瓦解了沿袭几百年的旧殖民制度，它对未来英帝国政策乃至帝国发展方向产生了重大的影响。为了向全球推行“自由贸易”，英国依靠其强大的海军舰队，在世界范围内开始了新一轮的殖民扩张高潮。不过，在这一阶段，领土的扩大并非英国所直接追求的目标，只不过是英国拓展对外贸易的副产品而已。这一时期的英国殖民政策，并非为了扩大帝国的版图，而是争夺原料产地与产品销售市场。

▼法国战败于滑铁卢战场

对于落后国家，如果英国能够通过外交或其他手段使其接受“自由贸易”政策，那么英国就不会使用武力，也不谋求所谓的政治控制权；不过，由于担心国内手工业遭遇毁灭性打击，绝大多数国家不会轻易就范，这个时候，英国往往要炫耀进而动用武力，停泊在近海的英国军舰和大炮开始发威并很快奏效；如果有的国家敢于抵抗，那么英国人就用强大的武力将其打败，迫使对方接受英国所提出的条件。从

这一时期英国提出的条件来看，抢占领土并非主要目标，英国人所谋求的往往是开放通商口岸，允许英国商品自由进入，让英国自由地获得廉价的工业原料等。

19 世纪中叶前后是英国彻底推行自由贸易时代，也是英国稳居头号工业强国地位而没有对手的时代，英国比起任何时候都需要推行商品市场与贸易机会。为了实现这一目标，炮舰外交必不可少。19 世纪 40 与 50 年代的两次鸦片战争，就是英国对中国推行炮舰外交、打开中国大门的典型的例子。旗开得胜的英国人，并没有要求清政府割让大片土地，而要求得到香港岛与九龙，这两地当时仅仅是小渔村，谁也不曾想到，英国人后来将其开发成远东最活跃的贸易基地。除了大量的军事赔款以外，英国人最关注的就是中国的市场了，清政府被迫开放十多处通商口岸，与英方商定贸易税率，外国商船可以自由在长江各口岸航行等。中国的市场终于对英国开放了，英国人如愿以偿。

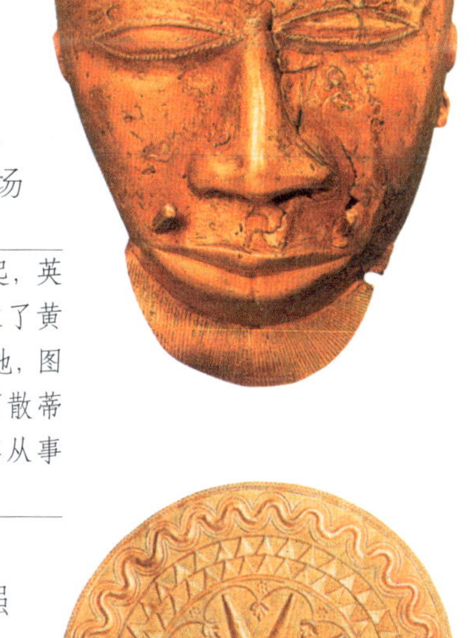

▶从 1874 年起，英国在西非建立了黄金海岸殖民地，图为黄金海岸阿散蒂人的雕像及其从事贸易的金砝码

在打开日本的大门时，英国甚至连武力的炫耀都没有使用，就搭上美国人的车达到了目的。1854 年，迫于美国军舰的威胁，日本决定开放市场。四年之后，英国与法国、荷兰一起，强迫日本签订了一系列条约，日本的市场对西方完全开放了。除了炫耀或使用武力外，英国还通过施加政治影响等手段，来诱使贫弱国家就范。1836 年和 1857 年英国与伊朗签约，1838 年和 1861 年英国与土耳其签约，这些条约虽然内容不尽相同，但共有一个核心内容，即英国要求得到贸易、投资等方面的特权，如开设工厂、减免关税等。为了确保帝国安全以及贸易的通畅，英国这一时期还占领了一些军事要塞与贸易据点，如 1819 年占领新加坡，1839 年占领亚丁港，两年后又占领香港岛，这样，从好望角到印度洋，再到太平洋，英国建立了一条极为通畅的海外贸易通道。

在“自由贸易”基础上，英国构建了一个“自由”帝国。自由贸易的推行瓦解了殖民地国家的经济，然而英国却从中受益。

人们曾对于历史上罗马帝国的庞大与辉煌推崇不已，不过，罗马帝国充其量也只不过是一个以地中海为中心的区域帝国。然而英国人建立的“日不落帝国”却是一个真正的世界帝国，英国殖民地遍及全球，其开拓的疆域之大，统治的人口之多，绝非人类历史上任何一个帝国所能比拟。庞大的“日不落帝国”是英国成为世界最强国的一个标志，帝国本身与英国的海上霸权与工业霸权一起，共同将英国推上了世界霸主的宝座。英国的霸权地位一直延续到 20 世纪。面积并不大的英国能在世界称霸一个世纪之久，这是它一系列的制度领先所造成的结果。

◀旋转式蒸汽机

▲第一艘汽船试航成功，蒸汽时代给人们带来更多的便利

▶发明家瓦特像

由衰弱而回归

盛世阴影 以电气技术为标志的第二次技术革命的最直接的经济后果，便是社会生产力的巨大飞跃，促使资本主义生产迅猛发展。19 世纪末、20 世纪初，各主要资本主义国家的工农业生产都有了不同程度的发展。其中，美国和德国发展速度是十分惊人的。美国从 1859—1899 年，工业产值由 18.8 亿美元增至 114.07 亿美元，增加近 5 倍。生铁的产量在 1860 年时只有 84 万吨，1900 年猛增至 1401 万吨。钢产量在 1860 年只有 1.2 万吨，1900 年则达到 1035 万吨，取代英国成为世界上最大的产钢国。煤的开采量，1860—1900 年间由 1820 万吨增加到 2400 万吨。机器制造业在 20 世纪初年其产值已相当于欧洲各国产值总和的一半。19 世纪最后 30 年，美国的各个新兴工业部门也迅速发展起来。其中石油开采最为显著，开采量从 1860 年的 50 万桶增加到 1900 年的 6362 万桶。19 世纪 90 年代，由于电动机在工业中的普遍应用，电力工业也得到飞速的发展。到 1902 年全国的发电量已达 60 亿千瓦时。汽车工业在 19 世纪末的年产量不过几千辆，1914 年猛增至 56 万辆以上。化学工业也迅速发展起来。

▲1846 年，法拉第发现发明发电机原理

在这一时期，轻工业的产量虽然有很大增长，但其速度远不如重工业快，逐渐退居第二位。工农业的比重也发生了显著变化，1889 年工业产值已超过农业约 2 倍。19 世纪末至 20 世纪初，美国的工业化已基本完成，美国开始由农业国转变为以重工业为主导的工业国家。

在 19 世纪最后 30 年，德国工业生产的增长速度仅次于美国，居世界第二位。从 1870 至 1900 年，工业生产总值增加了约 2.7 倍。煤的开采量从 3400 万吨增至 1.49 亿吨，铁产量由 139

▼英国纺织厂

▲达尔文随英国“贝格尔号”进行环球考察

▶伏案工作的达尔文

万吨增至 852 万吨。德国的机器制造业的发展也极为迅速，其中电机制造业和造船业的发展尤为突出。新兴的化学工业也开始成为重要的产业部门。在 19 世纪 60 年代德国的化学工业几乎还是空白，但在 1870—1900 年 30 年间，酸、碱等基本化学原料的产量增加了 7 倍，染料的产量增加了 3 倍，跃居世界首位。电气工业的发展是这一时期德国取得的又一巨大的经济成就，其总产值在 1891—1913 年间增加了 28 倍。同美国一样，德国尽管轻工业绝对产量仍呈发展趋势，但其发展显然落后于重工业。至 20 世纪初，重工业在德国的整个工业中占据了绝对的优势地位。

这一时期，俄国和日本的资本主义也获得迅速的发展。俄国在 1861 年农奴制改革以后，资本主义的发展十分迅速，仅用几十年时间就完成了欧洲其他国家几个世纪才完成的转变。明治维新后的日本，在经济上的基本特征是资本主义特别迅速地发展，比俄国还要快 10 倍。

这一时期，老牌的资本主义国家英国的经济发展速度则缓慢下来。19 世纪中叶，英国是世界上工业最发达的国家，它的商品垄断了世界市场，号称“世界工厂”。但 70 年代后，英国的经济发展缓慢下来，被后起的德、美两国相继赶上和超过。工业年平均增长率在 1870—1900 年只有 1.6%，与 19 世纪中期相比下降了一半。由于英国的工业力量主要集中在纺织、煤炭和冶铁等几个旧工业部门上，到 19 世纪 70 年代后，这些生产部门的技术与设备都已陈旧落后，既耗费原料，又不能进行彻底的改造，以至使整个工业发展速度无法加快。因此生产的增长速度相当缓慢。但钢铁业和造船业的发展还是比较快的。钢产量从 1870 年的 22 万吨增至 1900 年的 498 万吨，造船吨位量从 34 万吨增为 93 万吨。一些新兴的工业部门也开始建立起来。1913 年汽车产量已达 3.4 万辆。在动力方面，80 年代出现了利用硬煤生产煤气的瓦斯工业和电力工业，1912 年全国电站安装容

▼白塔位于伦敦塔的中心，是诺曼底式的建筑

量达 90 万千瓦。1900 年英国开始试制人造纤维，到 1913 年生产了 3175144 千克（700 万磅）人造丝。但英国新兴工业部门的规模很小，其产值在 19 世纪初不到工业总产值的 1/10。因此，新兴工业部门的增长抵偿不了旧工业部门发展的滞缓，整个工业的发展速度在下降。

▲19 世纪，伦敦知识分子聚会的场景

资本主义发展的不平衡引起了各主要资本主义国家在世界经济中地位的急剧变化。19 世纪 70 年代，在世界工业生产中居第一位的是英国，到 19 世纪 80 年代美国就已超过英国而跃居世界第一位。20 世纪初，德国又超过英国居世界第二位。法国和英国一样，在世界工业生产中的比重不断下降。俄国和日本的地位虽有显著提高，但它们所占的比重仍然是很小的。

帝国的衰弱 英国是第一次世界大战中的主要战胜国，战争结束后获得了许多新的殖民地，它的最强大的竞争者德国已经被击败。尽管如此，英国战后经济却未能迅速恢复和发展起来。

大战期间，英国经济遭到严重损失，国民财富损失了 1/3，欠美国大量债务，总债务比战前增加了 10 倍。英国在战争中损失了 300 万青壮年劳力。为了偿付债务利息，英国人民的负担大增，捐税加重，通货膨胀，物价上涨。

大战结束后，工业部门在 1919 年和 1920 年曾出现短暂的繁荣，但 1920 年夏就出现了危机。在中美洲和南美洲，美国商品正在排挤英国商品。在远东，日本货与英国货激烈竞争着。由于加拿大和澳大利亚工业的发展，英国商品对不列颠自治领的出口也在不断减少。对苏俄的武装干涉和经济封锁，又使英国失去了俄国市场。由于工商业呈现衰退现象，失业人数经常达 200 万左右。英国政府虽然采取了保护关税、失业保险和移民海外等对策，但仍不能迅速恢复到战前状态。

▼许多爱尔兰人不堪忍受政治迫害，乘三等舱去英国在北美的殖民地

战后英国经济困难的状况，很快反映到政治上来。战前，英国的政党政治，从来就是保守党和自由党轮流执政，工党的力量是无足轻重的。但是，1918 年的议会选举证明，战前曾长期执政的自由党失去了近百个议席，自由党所奉行的是“自由贸易”和国家不干涉私人资本家的事务的原则，而在垄断组织统治日益加强以及

资本主义国家之间竞争加剧和阶级矛盾加深的条件下，自由主义已经失去了往日的意义。与此同时，在经济困难和失业增加的形势下，工党却因标榜拥护“社会主义”和“保证体力劳动者和脑力劳动者得到他们的全部劳动产品”等原则，扩大了自己的力量，在1918年选举中取得颇大的胜利，约获240万票。随后，其力量继续增长，在1924年开始的资本主义“相对稳定”时期，工党领袖曾两次组织内阁。1924年1月组成了麦克唐纳内阁和1929年6月麦克唐纳第二次组阁。

英国是全世界最大的殖民地帝国，第一次世界大战前，英国的殖民地遍布亚洲、非洲、美洲、大洋洲和欧洲。英帝国的各个组成部分和英国本土之间的法律地位并不相同，大体可分为三类：一是直辖殖民地，如新加坡，完全受英国政府委派的殖民政府管辖；二是保护国，如埃及，保留君主，但实际统治权操在英工派驻该国的总督之手；三是自治领（自治领地），如加拿大，有本国的议会和责任政府，享有较大的自主权，国家元首仍是英王。

第一次世界大战期间，自治领成为英国的主要支持地，是原料和后备人员的提供者。因此，在大战期间，自治领的民族经济和民族资产阶级迅速发展，从而在战后自治领要求赋予它们更广泛的自主权。1917年英国政府被迫制定了《不列颠帝国自治邦法案》；同时制定了帝国特惠制，即自治领和宗主国之间在贸易方面的最惠待遇原则。

大战结束后，英国殖民地的民族独立运动普遍高涨起来，爱尔兰和英帝国的自治领的分离运动也大为加强。1919年1月21日，爱尔兰共和派议员在都柏林集会，通过了国家独立宣言，要求英军立即撤出爱尔兰。英国政府对爱尔兰独立要求进行武力镇压，遭到爱尔兰人民和爱尔兰共和军的英勇反击。1921年12月6日英国政府被迫签订《英国—爱尔兰条约》。条约规定爱尔兰南部26郡脱离英国的直接统治，成立“爱尔兰自由邦”，成为不列颠帝国的自治领；爱尔兰东北部工业发达的6个郡，仍划属英国版图。英国的国名由“大不列颠及爱尔兰联合王国”改为“大不列颠及北爱尔兰联合王国”。

▼英码头工人为提高待遇而罢工的情景；1906年，自由党提出了《劳资争议法案》

与此同时，加拿大、澳大利亚、新西兰等英国的自治领，要求分离成为独立国的倾向也日益强烈。在这种形势下，英国政府为防止英帝国的解体，在 1931 年通过了《威斯敏斯特法案》。法案赋予自治领独立解决对外对内政策、交换外交使节和签订国防协定之权，自治领与英国同为平等成员，称为“英联邦国家”，声称它们都是由于对英国国王的共同效忠而联合成一体的，英国政府对它的自治领的政治控制越来越削弱了。但是，在 1931 年英国却通过建立英镑区加强了英联邦内部的经济联系。英镑区把那些币制与英镑有密切联系的国家，包括英国的殖民地和自治领、斯堪的纳维亚国家、葡萄牙、阿根廷联结在英国周围。然后对外取消自由贸易，实行保护关税，抵制外国竞争。1932 年 7 ~ 8 月，在渥太华召开的英国自治领经济会议上，签订了实行特惠关税率制度的协定，即在英联邦内实行特惠关税，对外则提高关税，特别是防止美国商品低税渗入英国的市场范围。

从 1924 年开始，资本主义世界进入了所谓“相对稳定”时期，直至 1929 年经济大危机。这个时期内主要资本主义国家在经济上都得到了恢复和发展，1925 年资本主义世界的钢、粮、棉都超过了战前水平，政治上资产阶级的统治比较稳定。1924 年 1 月，在英国产生了历史上第一届工党政府，虽然这届政府仅执政 10 个月又被保守党政府取代了，但它却从此打破了自由党和保守党轮流执政的局面。

▲作威作福的东印度公司官员

1926 年 5 月 4 日，英国由于煤矿主降低工人的工资，发生了空前规模的全国总罢工。但由于总罢工的领导权主要掌握在工会总理事会的工党右翼分子之手，罢工未能取得胜利；5 月 12 日，工会总理事会便宣布停止罢工，并强令工人复工。1926 年英国总罢工虽然失败了，但“英国工人向整个资本主义世界表明，要在战后时期的条件下建立资本主义的巩固的稳定局面是办不到的。”

▼英国王室成员受到殖民地印度的王子们的盛情接待

▲殖民统治时期，开罗的王室议会正在开会，其政府仍然听命于英国

分崩离析 帝国解体与战后经济衰落同步发生。第二次世界大战彻底摧垮了英帝国的经济和军事基础，然而，在战争中受到洗礼的殖民地国家却得到了一个独立的契机。战后的世界形势发生了根本变化，民族解放运动在全世界范围内蓬勃高涨，英国被迫进行殖民撤退，大英帝国的分崩离析已是必然趋势。

战后自治领已经成为完全意义上的国家，英国对此也早有思想准备，但英国最大的殖民地，称为“帝国皇冠上的宝石”的印度也要步自治领之后尘，这对于英国来说，从感情上、战略上和利益上都是不能接受的。1947 年 8 月 15 日，印度和巴基斯坦宣布独立。此后不久，印度周边的缅甸、锡兰（今斯里兰卡）也跟着独立。

马来亚地处东南亚的交通要冲，是世界上橡胶和锡的主要盛产地，长期以来，英国依靠马来亚的橡胶和锡的出口，来维持英镑集团的贸易平衡。1957 年 8 月 31 日，马来亚联合邦宣布独立。原英属圭亚那也于 1966 年独立。

将东非肯尼亚、坦噶尼喀和乌干达三个殖民地合并为一个政治实体，是英国政府多年的追求目标，也是英国决心撤离之前的一种安排，其目的是希望白人移民政府能够控制这一地区，避免政权过早地转移到占多数的非洲人手中。但是，这一计划因非洲人反对白人的斗争而流产。1962 年 10 月 9 日，乌干达宣布独立。1963 年 12 月 12 日，肯尼亚宣布独立。1964 年 4 月 26 日，推翻了素丹政府的桑给巴尔加入独立不到一年半的坦噶尼喀共和国，不久，坦噶尼喀和桑给巴尔联合共和国改名为坦桑尼亚联合共和国。

英国建立联邦的愿望在中非和南非得到了实现，不过，民族独立是大势所趋，中非联邦很快就解体。1961 年，南非独立改为共和制，实行种族歧视性的白人统治，留下了很大的后遗症，被排除在英联邦之外，一直到 1994 年才实现了向多种族统治的转变并重新加入英联邦。南罗德西亚在 1965 年宣布“独立”的 15 年之后，白人才同意交出政权，1980 年 4 月 18 日，正式独立，定国名为津巴布韦共和国。相对而言，尼亚萨兰和北罗德西亚的独立容易得多，它们分别于 1964 年 7 月和 10 月实现独立，尼亚萨兰定国名为马拉维，北罗德西亚称赞比亚。博茨瓦纳于 1966 年 9 月独立。面积只有两三万平方公里的莱索托和斯威士兰，也稍晚一些分别于 1966 年 10 月和 1968 年 9 月脱离了英国殖民统治。

黄金海岸于 1957 年 3 月 6 日宣布独立，改国名为加纳。英国同意黄金海岸以大选的方式组建独立国家，并在宪法中加入了英国想要的条文。加纳是撒哈拉以南非洲大陆国家中最早独立的国家，产生了很大的示范效应。在此之后，英国在西非另三个殖民地，尼日利亚、塞拉利昂和冈比亚分别脱离英国，成为独立国家。

▲图为中英两国香港政权交接仪式

塞浦路斯是地中海和苏伊士运河的门户，拥有铜、石棉、木材等重要原料，素有“东地中海明珠”之美称。1954 年 12 月，英军的中东总部从苏伊士运河迁到该岛。1960 年 8 月 16 日，塞浦路斯宣布独立，但英国获得了无限期占有岛内两个军事基地的权利。马耳他是英国在地中海上的另一个殖民地，并于 1953 年成为北大西洋公约组织地中海辖区的司令部，其战略地位可见一斑。1964 年 9 月 21 日，马耳他宣布独立，英国在该岛的军事基地保留到 1979 年 3 月 31 日。

马尔代夫、毛里求斯和塞舌尔是英国在印度洋上的几个小岛屿殖民地。1965 年 7 月 26 日，马尔代夫宣告独立。毛里求斯也在 1968 年 3 月独立，所遵行的是一部效仿英国式的新宪法。1976 年 6 月 29 日，塞舌尔正式独立。

从20世纪40年代后期到60年代初期，英帝国终于在非殖民化高潮的袭击下崩溃了。加勒比海和太平洋等殖民地也在 70 ~ 80 年代成为独立国家。1997 年，香港脱离英国统治回归中国后，英国殖民地只剩下一些无关痛痒的岛屿，往昔大英帝国的辉煌已经一去不复返了，英国一旦失去了帝国，其“世界大国”的领土基础就不存在了。

实际上，从战后的英国实力看，英国已经无法承担众多殖民地的负担，英国人对帝国的关心程度大大下降，有一半以上的人竟然连一个英国殖民地的名字都说不出来。可以说，英帝国的解体对于英国来说是江河日下的一种无奈，也是摆脱负担的一种选择。所以，在殖民地纷纷独立和大英帝国走向解体的过程中，作为宗主国的英国采取的是一种顺势而为的姿态，其思考和行动的重点是如何在撤离这些殖民地的同时，能够保留英国的影响力。在英帝国瓦解过程中，英国想方设法通过与这些殖民地签订一系列条约的方式，极力将新生国家纳入英联邦，承认所有英联邦公民享受“英国国籍”待遇，使这些已经获得独立的国家继续保持对英国的依附性，希望利用英联邦这个纽带保持在原殖民地的利益，即用英联邦来取代解体的英帝国，消除原来英帝国的责任，保留原有的好处，达到维护英国世界性的政治、经济、战略地位的目的。

▼丘吉尔于 1946 年发表铁幕演说

英帝国的一整套制度以改头换面的方式植入英联邦内，英国君主从英帝国元首变为英联邦元首，帝国会议变为英联邦总理会议，自治领事务部更名为英联邦关系部。在 1967 年，殖民部被撤消，并入英联邦关系部。不过，能够让英国人聊以自慰的是，在独立的英属殖民地

中，除了中东地区的一些附属领地及缅甸、爱尔兰、香港地区等，其他绝大多数殖民地在独立后都留在了英联邦内。

用英联邦方式来替代英帝国，其核心目的就是要保持英国的世界强国地位。但是，英联邦毕竟不是英帝国，英国在英帝国内的地位是高高在上，可以按照英国的意愿发号施令，英国是宗主国，其他成员附属，都要根据英国的指示行事。英联邦却是独立主权国家的自愿联合体，各成员国之间在形式上是平等的关系，它们不需要唯英国之命而是从。其次，英联邦和英帝国处于两个不同的时期。英联邦是英帝国崩溃过程中的一种延缓英国原有霸权的产物，它的出现本身就表明英国地位的衰落，与英帝国强盛时期的势力已不可同日而语，英国在政治、经济和军事上不再具有控制英联邦的能力。最后，英联邦成员国之间不具备共同利益，甚至在原白人自治领之间也是如此，英联邦的向心力相当微弱。

▲1979 年，玛格丽特·撒切尔夫人当选英国首相

20 世纪 60 年代以后，英联邦的效能每况愈下。英镑区和英联邦特惠制等维系英联邦的经济纽带一个个断裂；英联邦总理会议地点已不再限于伦敦；1968 年，殖民部和联邦关系部并入外交部，外交部英联邦司负责英联邦事务；根据 1971 年英国移民法规定，英联邦国家公民入境时，不再享受优惠待遇。现在，英联邦拥有 54 个成员国和地区，英国依然是英联邦的核心，伊丽莎白二世依然是英联邦的元首。但是，英联邦无论是对英国的重要性还是世界影响力而言，都无法与欧共体相比，回到欧洲是英国的归宿。

▲在英国殖民者的残酷压榨下，数百万印度人丧失生命

英国现状 到了第一次世界大战的前夕，虽然表面上英国依然是世界最强大的国家，但是，保证其强大的那些优势条件已经不被英国所独享，而像英国这样的国家，如果没有了绝对的优势条件，它被其他更大的国家超过只是迟早的事情。当然，如果没有世界大战的影响，英国的世界霸主地位还会延续更长一段时间。不过，话再说回来，如果不是英国将世界引上了现代化的道路，可能也就不会有这种具有极大破坏力的现代化战争。第一次世界大战引起了欧洲列强在世界范围内的较量，作为英帝国的宗主国，英国在全世界都有殖民地，因此，英国的参战，将本来只在欧洲进行的局部战争，演变为一场世界性大战。“一战”结束后，英国元气大伤，美国在总体上已经开始超过了英国。在原

▼英国新国会大厦

▲撒切尔夫人与里根

有的优势基本失去的情况下，英国不仅没有做出什么让人耳目一新的制度性创新之举，相反，过去曾经是优势的东西，现在有的也像殖民地那样成为了拖累，或者像企业家精神那样已经丧失了。接踵而至的第二次世界大战让英国长期积累的“家底”彻底花光了。

战后的英国实际上就已经成为二流国家了，美国成为世界新的领导者，苏联的整体实力也远远超出了英国。不过，与战败的德国和在战争中国土沦陷的法国相比，英国依然保持着欧洲强国的地位，如果英国能够调整好心态，做欧洲的领导者的可能性是很大的。但是，英国并没有积极扮演好这样一个角色，甚至在法国、德国设计出欧洲共同体这样一种制度性创新方式来振兴本国经济的时候，英国却采取抵触和不介入的立场。最后，德国和法国借助于共同体的优势，很快再次超过英国，等到英国认识到加入欧共体是必然的选择的时候，它不仅做不了欧共体的领导者，甚至连进入欧共体都要看别国的脸色，几次加入欧共体的申请都遭到了拒绝。而且，英国战后的发展思路和战略本身就存在着问题，它所表现出来的是同时在两个方面发力，一个是试图以强大的国防力量来保持世界大国地位，另一个是希望以建设福利国家迅速并整体提高英国人的生活水平。然而，在制度上已经没有任何优势的情况下，实力已经沦为二流国家的英国，它在资金上不可能同时满足上述两方面的需求。为此，面对困境，无论是保守党还是工党的英国政府，都无法阻止英国持续地衰落下去，最后沦落为“欧洲病夫”，即使是撒切尔政府之后，英国存在的问题也没有根本得以解决。

▼一座专供英国上流社会和印度大公们游赏玩乐的戏院

▶孟买维多利亚火车站富丽堂皇的景色

第五讲
法兰西帝国的衰败

当翻开几乎任何一部法国人写的法国史教科书，我们都可以看到这样或类似的语句：“我们的祖先高卢人……”其实，高卢人就是希腊人所称的凯尔特人，高卢人是罗马人对凯尔特人的称谓，高卢也就成了法国的第一个名称。大凡对法国有所了解的人都知道，“高卢雄鸡”一直是法国人的象征，它的高傲倔强、勇敢不屈给世人留下了深刻的印象。

法国是一个多姿多彩、神秘浪漫的国度，有着充满艺术瑰宝的卢浮宫，有着高耸入云的埃菲尔铁塔，有着令人艳羡的时装，有着撩人心魄的香水，有着驰名世界的葡萄酒……更重要的是，有着令法国人引以自豪的光荣历史。

法国确实有着令人瞩目的历史。法兰西民族以人类进步为阶梯，以科学理性为武器，以社会正义、自由、宽容为空间，反对特权、专制、愚昧与迷信，涌现出了孟德斯鸠、伏尔泰、狄德罗、卢梭等启蒙运动的先驱，《人权与公民宣言》的问世，更是石破天惊。法国人不会忘记“太阳王”路易十四时代，这个时代和伯利克里时的希腊、奥古斯都时的罗马、文艺复兴时的意大利一样，成了人类历史上的一座高峰。

“高卢雄鸡”的最初啼鸣

▲1346 年，英法战争的场面

百年战争 法兰西之所以能较早地称雄欧洲，除了它地大物博、人口众多外，有一点非常重要，那就是它较早地形成了政治统一的民族国家，而法兰西民族国家的形成又与法英百年战争密切相关。

从 1337 年到 1453 年，在法国和英国之间断断续续地进行了长达 100 多年的战争，史称“百年战争”。英法百年战争时间之长，规模之大，在历史上是罕见的。

中世纪，英法两国王室之间长期互相婚嫁，使王位继承问题复杂化。1328 年，法国的查理四世死后，卡佩王朝告终。查理无子无兄，只有一个妹妹是英国王太后，即英国国王爱德华三世的母亲。法国以男系继承为由，排除英王继承的可能性，推举查理的堂兄弟瓦洛亚伯爵之子为王，称菲利普六世，开始了瓦洛亚王朝。爱德华三世不满，决心以外甥资格继承法国王位。这场战争除王位继承原因外，还为了争夺在法境内的富庶的佛兰德尔地区。佛兰德尔与英国有着密切的经济联系，法国于 1328 年占领该地后，英王爱德华三世遂下令禁止羊毛向该地出口。佛兰德尔地区为了保持原料来源，转而支持英国的反法政策，承认爱德华三世为法国国王和佛兰德尔的最高领主，使英法两国矛盾进一步加深。这也是导致战争发生的一个基本原因。

1337 年 11 月，英国不宣而战攻入法国，百年战争爆发。整个战争大致分为四个阶段：

1337—1360 年。1346 年春双方会战于克勒西。法国投入的兵力是英军的 3 倍，却被英国的新型步兵打败了。克勒西战役是一次以少胜多的著名战役，它实际上结束了封建骑士在军事上占有举足轻重地位的时代。1356 年，爱德华指挥的英军与法王约翰二世指挥的法军在普瓦提埃发生激战。结果，法军大败，国王约翰和许多法国贵族被俘，英军损失很小。1360 年，法国被迫签订《布勒丁尼和约》：爱德华三世放弃对法国王位的要求，交换条件是加莱和阿奎丹等地重归英国。法国以 50 万镑巨款赎回国王，这个数目相当于英王 5 年的收入。

1369—1380 年。法王查理五世即位后，锐意革新，准备反击。1369 年，法军开始反攻，宣布废除《布勒丁尼和约》。1377 年爱德华三世去世，由年仅 10 岁的理查继位，称理查二世。1399 年，亨利四世废黜其堂兄理查二世，开始了兰开斯特王朝。在百年战争第二阶段中，法国人的游击战颇见成效，迫使英军于 1380 年停战，英国除保存包括加莱在内的几个沿海城市外，将其余领地归还法国。

1415—1422 年。法军虽然在第二阶段中获胜，但损失惨重。1415 年 8 月，英王亨利五世率军在塞纳河口登陆，10月取得阿让库尔战役的重大胜利，法军损失惨重。1420年，法国被迫签订屈辱的《特洛伊斯条约》，除割让大片领土外，还答应英王亨利五世为法王查理六世的继承人，娶查理之女凯撒琳为妻。

▲英法百年战争时期，法国17岁的少女“圣女贞德”带领精兵解了奥尔良之围，图为贞德落入英国人手中，被当作异教徒处死

1422—1453年。法王查理六世死于1422年，亨利五世也于几周后因病死去。亨利与凯撒琳留下一个刚满10个月的孩子，被宣布为英国国王，称亨利六世，同时兼法国国王。1428年，英军大举围攻通往法国南部的要塞奥尔良。法国的瓦洛亚王朝仅剩下卢瓦尔河流域及其以南地区，处于空前的民族危机之中。与此同时，法国人民的爱国情绪高涨，涌现出一位具有崇高爱国热忱的农家少女贞德。她与许许多多朴实的法国农民一样，忧国忧民，一心要在国王的领导下，维护法兰西的民族独立与自由。她自称上帝要她去解救奥尔良之围，并晋见太子查理，请缨杀敌。

查理最终委派贞德为拯救奥尔良的援军首领。1429年4月27日，贞德率部进抵奥尔良，并身先士卒冲向敌人。法军士气大振，英军慌忙溃逃，奥尔良之围遂解。贞德乘胜追击，收复巴黎东北的兰斯城。7月17日，查理在兰斯的哥特式教堂里正式加冕，称查理七世。这件事具有巨大政治意义，说明法国有一个合法国王作为抗敌的核心，进一步令各地人民的爱国热情高涨，贞德还致书英王，要求还我河山，否则要把侵略者赶出去。

第二年贞德落入勃艮第军队手中。7月14日，暗中与法王议和的勃艮第公爵将贞德以1万金币的价格卖给英军。1431年5月29日，贞德在卢昂广场被处以火刑。她为法兰西的独立献出了年轻的性命，后来人们怀念她，亲切地称她为“奥尔良的女儿”。

▼太阳王的标志

在贞德精神的鼓舞下，法兰西人民更高地举起民族解放的大旗，终于在1453年赢得了百年战争的最后胜利。除加莱外，英国军队全部撤出法国。

百年战争的胜利排除了法国统一的最大障碍。战争自始至终是在法国的领土上进行的，给法兰西人民的生命财产和社会经济发展带来巨大破坏。然而，百年战争也唤醒了法兰西民族，为法兰西民族的形成和政治统一的完成创造了有利条件。到路易十一世及其后继者统治时期，法国终于建立君主专制制度。

称霸欧洲 路易十四时代的法国和伯利克里时的希腊、奥古斯都时的罗马、文艺复兴时的意大利一样，都是人类历史上的一座座高峰。然而，路易十四一生多年从事战争，大兴土木，虽然这为法国带来了名声和霸主地位，但是也耗尽了法国的元气，严重影响了国内经济生活。不过，这一切在路易十四时代都掩盖在“太阳王”的光辉之下，等到其光芒散尽，各种不利的后果才逐渐暴露出来。

▲红衣主教黎塞留

路易十四时代是法国历史上一个辉煌的时期。国家强盛、人民安居乐业，文化高度繁荣；国王拥有至高无上的权力，把专制君主制度推向高潮，并获得“太阳王”的美誉；在他的统治下，法国彻底取代哈布斯堡家族而成为欧洲的霸主。直到今日，金碧辉煌的凡尔赛宫仍然在静静地诉说着路易十四时代的光荣。

路易十四通过对内加强王权，对外显示军力，奠定了法国君主集权、王国统一的政治格局。

▶路易十四

路易十四出生在欧洲动荡和变革的时代。路易十四之前法国正经历着国家统一和加强王权的阵痛，整个欧洲也是战火纷飞，新教联盟和旧教联盟，亲哈布斯堡联盟和反哈布斯堡联盟进行着如火如荼的30年战争。其父路易十三和首相黎塞留励精图治，纵横捭阖，不但使法国在欧洲复杂的势力角逐中获得了优势地位，而且通过抑制国内显贵和促进商业而走向国家统一的道路。正是在这样的历史转折关头，年仅5岁的路易十四于1643年继任国王，开始了其长达72年的执政历程，把其父辈奠定的基业进一步推向辉煌。

路易十四执政生涯的第一个阶段是皇后安娜和首相马扎然摄政时期，在这个时期，路易十四亲身经历了国内的两次叛乱。在“第二次投石党之乱”期间，他宣布亲政。

路易十四执政生涯的第二个阶段是路易亲政马扎然辅政时期。投石党叛乱结束后，路易十四亲掌大权，重新召回马扎然。马扎然在经济、文化等各方面全面恢复法国的秩序。更重要的是，马扎然通过联合英国，打败西班牙，迫使其签订《比利纽斯和约》，西班牙不仅割让给法国大量土地，菲利普四世国王还答应将其女儿玛丽亚·特里萨嫁给路易十四，并送给女儿一笔50万法郎的嫁妆。尽管路易十四生性浪漫，一生结交了许多情妇，但始终与王后保持着稳固关系。这桩婚姻紧紧维系着法国和西班牙的纽带关系，并为最后法国王室入主西班牙埋下伏笔。马扎然生前帮助路易十四确立了法国的强大地位，并成为法国历史上最能干的首相。马扎然临死前，建议路易十四不再设立首相，实行国王大权独揽的政策。

路易十四执政的第三个阶段是真正的亲政时期。这一时期，路易十四吸取投石党之乱的教训并接受马扎然的建议，开始树立绝对君主的权威，并四处征战，开疆拓土，确立法国霸主地位。

首先，政治上，他宣布废除巴黎和地方高等法院讨论国王敕令的权力，并停止召开全国三级会议，通过把各地贵族集中到凡尔赛宫的方法，削弱地方权贵实力，任命中产阶级领袖担任政府重要官职。他亲自主持国务会议、政务会议和财政会议，并掌握最终政策的决定权。财政方面，他以贪污腐化之罪惩治了马扎然任命的财政大臣富凯，任命科尔伯为财政总监。后者实行一系列经济改革，为法国确立了现代国家的基本格局。军事上，路易十四重整军队，开始扩张。当时的目标是夺取西班牙属地以及与英国、荷兰、德国和西班牙组成的联盟对抗，在争夺地盘的同时，确立法国在欧洲的中心地位。通过这些战争，法国获得了前所未有的地盘和实力，路易十四也在1680年被巴黎高等法院正式宣布为“大帝”，成为名副其实的“太阳王”。

路易经历的最后一场战争是西班牙王位继承战争。1700年西班牙国王查理二世死而绝嗣，法奥两国为了争夺西班牙王位继承权，进行了旷日持久的战争，许多国家卷入。最后通过签订条约而结束。尽管根据条约，法国和西班牙不能合并，法国要割让一些土地给奥地利和荷兰，并撤出驻洛林的军队。但路易十四的孙子最终成为西班牙国王，法国如愿获得西班牙的王冠。

通过对内加强王权，对外显示军力，路易十四奠定了法国君主集权、王国统一的政治格局，从此法国左右了欧洲政治走向和势力均衡。

路易十四还通过整肃国内宗教，使法国形成了“一个信仰、一种法律、一位国王”的一统局面。

路易十四时代的政治环境孕育了宫廷文化，并催生出古典主义文化潮流，这些

▼图为巴黎圣母院

▲巴黎凡尔赛宫

从思想和伦理层面维护了专制王权的理论基础。路易十四时代国势的强大为文化发展提供了良好条件，反过来，文化的繁荣也进一步映衬出路易十四时代的辉煌。

路易十四时代的法国文化以宫廷文化为基地和源头，宫廷不但体现了王国的威势，张扬了国家财富，而且培育了社交礼仪，为各种文化类型提供了成长舞台。当时最能体现宫廷文化的基地是凡尔赛宫。凡尔赛宫本是路易十三在凡尔赛树林中建造的狩猎宫，1661 年路易十四聘请当时的著名建筑设计师将其改造成豪华王宫。宫殿气势磅礴，布局严密、协调。外观宏伟、壮观，内部陈设和装璜更富于艺术魅力。

路易十四对文化的注重更表现在对艺术家和文学家的赞助和庇护上。路易十四本人虽然对书本没有兴趣，但是他大力奖赏作家和艺术家。路易十四赏识莫里哀的机智和勇气，任命他为凡尔赛宫和圣日耳曼宫的娱宾总管，拉辛则被路易十四任命为“皇家史官”。在国王带动下，贵族和各地城市也都尊崇、奖励艺术，法国文化达到了前所未有的高峰。

路易十四所实践的君主专制制度成为近代中央集权制国家机器的典范，为普鲁士、奥地利和俄罗斯等专制君主国家所效仿和追随。

路易十四死于 1715 年。他一共执政 72 年，是世界上执政时间最长的君主之一，也是法国历史上最伟大的国王之一。

路易十四最伟大的功绩，在于他通过一生的政治实践和戎马生涯，在欧洲确立了绝对君主制度的典范，缔造了一个空前统一的法兰西，他最崇奉的治国准则是“朕即国家”，“法律出自我”。

路易十四的另一个功绩是扶植和鼓励了古典主义文化潮流，并将其推向高峰。古典主义所崇尚的规则、秩序、均衡、典雅与君主专制制度所崇尚的神圣、崇高、等级秩序和国王的威严有机融为一体。法国在成为欧洲霸主的同时，也成为毋庸置疑的文化中心。正如威尔·杜兰所言，自西罗马奥古斯都大帝以降，没有一个王朝像路易十四时代拥有如此多伟大的作家、画家、雕塑家与建筑家，并在礼节、时装、思想、艺术上为他国所艳羡模仿。

▼巴黎金碧辉煌的美女宫

拿破仑帝国威震欧洲

▲法国启蒙运动思想家狄德罗

法国大革命 在路易十五当政时期，由于人民极度不满国王的统治，不断遭到各种抨击。这形成了思想启蒙运动，涌现出了伏尔泰、孟德斯鸠、卢梭、狄德罗等一大批先进人物，天赋人权、君主立宪、三权分立等思想应运而生，并且日益深入人心。

18世纪末，法国封建制度极端腐朽，国王路易十六所代表的第一等级（僧侣）和第二等级（贵族），与广大的第三等级（资产阶级、城市平民、农民）之间的矛盾日益尖锐，群众运动不断高涨。

▲狄德罗编撰的第一版《百科全书》

1789年5月国王被迫召集三级会议，继而改为国民议会和制宪议会。7月14日巴黎人民起义，攻占巴士底狱，革命爆发。8月26日制宪会议通过《人权宣言》。革命初期，代表大资产阶级和自由派贵族利益的斐扬派取得政权，制定了《1791年宪法》，召开立法会议，维护君主立宪政体，反对革命继续发展。

第一、二等级和大资产阶级取得了妥协，但和占法国人口大多数的农民和城市平民的矛盾依然没有缓和，相反，人民在斗争中看到了自己的力量。1792年8月10日，巴黎人民再次起义，推翻斐扬派统治，逮捕路易十六国王。9月21日召开国民公会，次日宣布成立法兰西共和国。但当政的吉伦特派代表工商业资产阶级利益，既阻止革命深入发展，又不坚决抗击欧洲君主国家的武装干涉。王党发动叛乱，革命形势紧急。

吉伦特派的动摇和软弱注定了它失败的政治命运，它再也没有能力担负起历史本应交给它的使命，法国需要更强硬的政权来维持局势。1793年5月31日至6月2日，巴黎人民第三次起义，推翻吉伦特派统治，建立以罗伯斯庇尔为首的雅各宾派的革命专政。颁布《雅各宾宪法》，废除封建所有制，平定吉伦特派叛乱，粉碎欧洲君主国家的武装干涉；但仍保持反劳工的《农业工人强迫劳动法》，并镇压忿激派和埃贝尔派。

但不幸的是，雅各宾派过激和恐怖的政策，也使它走向分裂和内讧，陷于孤立的罗伯斯庇尔也未能完全守护住法国革命的成果，而反法同盟一再被各欧洲封建君主拼凑起来，它们一轮轮地围剿法国革命，企图恢复法国波旁王朝的封建政治。1794年7月27日，雅各宾派中被罗伯斯庇尔镇压的右派势力发动“热月政变”，逮捕了罗伯斯庇尔和圣鞠斯特，建立热月党人统治。这时革命最危急的关头已过去，热月党人成立了新的革命政府——督政府，他们清除了罗伯斯庇尔时期的革命恐怖政策和激进措施，建立了资产阶级的正常统治，维护了共和政体，在法国国内维护了资产阶级革命的成果。

但国外围剿革命的势力仍是浊浪滔天，此时，督政府中又一个新的政治明星应运而生，他就是拿破仑。历史又淘汰了热月党人，在“雾月政变”中，年轻的拿破仑执政，

▲后来成为新宪法基础的《人权宣言》

担负起了扫荡欧洲封建势力、最后巩固大革命成果的重任。

法国的革命力量就是这样一波一波地行进，一批人完成了特定阶段的历史使命，就被历史无情地淘汰，如此行进直到革命的成功。这次革命摧毁了法国封建专制制度，促进了法国资本主义的发展；也震撼了欧洲封建体系，推动了欧洲各国革命。

▲路易十六像

雾月政变 几乎所有的法国人在缅怀昔日的强盛时，都会不由自主地带着自豪的口气提到拿破仑及其创建的帝国，这个被当时欧洲对手们惊恐地称为“科西嘉怪物”的拿破仑是如何崛起的呢？拿破仑的崛起与法国在大革命时期进行的内外战争有着密切的联系。

▼处死路易十六的斩首机

拿破仑·波拿巴，法国军事家和政治家、法兰西共和国第一执政、法兰西皇帝。1769 年 8 月 15 日生于科西嘉岛一律师家庭（当时科西嘉岛属法国）。青年时入巴黎军事学校专攻炮兵学，1785 年任炮兵少尉。熟读启蒙学者伏尔泰、卢梭等人著作，支持法国革命和雅各宾派。1793 年 9 月晋升炮兵少校。在对英作战的土伦战役中立功，备受罗伯斯庇尔赞赏，破格授予准将军衔。这是他发迹的起点。1795 年平息巴黎保王党暴乱，升少将。1796—1797 年远征意大利，大败奥军，粉碎第一次反法同盟，名声大噪。

1798—1799 年，英国和欧洲各国的封建君主们组织了第二次反法同盟，法军虽然在意大利打败了加入反法同盟的一些意大利小邦国，但是，却在其他地区遭到了俄奥联军的沉重打击，法军败退到莱茵河左岸。同时有 4 万多人的俄英军队在荷兰登陆，法国本土又面临着遭入侵的危险。于是，督政府不得不实行了一些紧急措施，起用了以前雅各宾派的一些成员，并进行大规模的征兵，为了解决军事费用，还向富人发行强制公债，并对流亡贵族和反革命分子的家属实行人质法。人们看到了督政府的无能，同时也深恐雅各宾时期的恐怖重来，一时间，法国各地人心惶惶，社会更加动荡不安。

此时，万第郡又发生了保王党的叛乱，法国形势真是雪上加霜。资产阶级需要建立一个强有力的政府，督政府也想依靠军队来克服眼前的危机。督政府原来选中了茹贝尔将军，但不巧茹贝尔在 8 月 15 日阵亡了。这就给拿破仑创造了一个千载难逢的良机。

此时，拿破仑正带兵远征埃及，但他一刻也没有忘记关注法国国内的动态。他的弟弟吕西安·波拿巴一直在向他通报巴黎的消息。他在获悉巴黎的情况后，立即离开在埃及的法国军队，渡过地中海，于 10 月 9 日在法国登陆，18 日即赶到巴黎。拿破仑显赫的战功使他立即成为在困境中的法国大资产阶级的拉拢对象。拿破仑同老奸巨猾的督政官西哀士勾搭起来，密谋夺权。11 月 9 日和 10 日，即共和历雾月 18 日和 19 日，在资产阶级政客和一些军官的支持下，拿破仑发动了政变。他首先得到了巴黎军队总司令的职务，然后，由于他提出的修改宪法的要求被拒绝，他带兵强行驱散了议会两院。

▲拿破仑像

此后，拿破仑纠集一小部分屈从于他的议会代表，通过决议，把政权交给三个执政官：拿破仑、西哀士和另一个无关紧要的人物。拿破仑开始掌握政权。因为这次政变发生在共和历的雾月，历史上把这次政变称为“雾月政变”。

▼拿破仑与普鲁士王后路易莎

法兰西第一帝国 拿破仑登上法国权力巅峰时年仅 30 岁。尽管出身行伍，在执政前并无治国经验，但早就胸怀大志的他深深懂得：要巩固自己手中的权力和确保法国在欧洲的优势地位，就必须要在因连年社会动荡而有如一盘散沙的“法国土地上投入一些大块花岗岩”以夯实地基。拿破仑在制度创新与建立秩序方面取得了非凡的业绩。

1804 年 11 月 6 日，公民投票通过《共和十二年宪法》，宣布拿破仑为法兰西皇帝，法国为法兰西帝国，史称法兰西第一帝国。

拿破仑称帝后，加强中央集权，建立以他为主席的参政院，实行军事独裁。对激进要求、城市平民和工人风潮及保王党分子的叛乱一概加以镇压，但保持了农民的土地所有权。允许逃亡贵族回国，分封新贵族，建立一整套朝臣制度与宫廷仪式。他还非常尊重知识，爱护、保护人才，重视发展教育。

拿破仑最主要的功绩是颁布了《拿破仑法典》，又称《法国民法典》或《民法典》。1800年，法国执政府任命四位法学家起草民法典。第二年，他们完成了全部民法典的初稿。拿破仑非常关心法典，甚至亲自参与了法典的制定工作。法典草案经过法国枢密院的仔细审查，还送交各法院广泛征求意见，最后在议会获得通过。帝国成立以后，民法典在1804年3月21日通过，并予以颁布。这部法典的立法原则是自由和平等原则、所有权原则和契约原则，充分反映了资产阶级革命的成果。《拿破仑法典》的内容除总则以外，共有3编2281条。第一编是人法，是关于个人和亲属法的规定，实际上是关于民事权利主体的规定；第二编是物法，规定了各种财产和所有权及其他物权；第三编是关于取得所有权的各种方法，这一编规定了继承、赠与、遗嘱和夫妻财产制，还规定了债法。这部法典至今仍在使用，但200多年来，随着法国社会经济和政治的变化，法典也进行了100多次的修改。《拿破仑法典》是资产阶级的第一部民法典，它对后来很多资本主义国家的立法产生了很大影响。例如，卢森堡和比利时至今仍然把它作为自己的法典使用，一些法国的前殖民地也在使用这部法典。同时，很多国家在制定本国的民法典时是以这部法典为蓝本或是作参考的。如丹麦和希腊的民法典就是以它为蓝本制定的，而德国、瑞士、葡萄牙、巴西等国的民法典明显受到了《拿破仑法典》的影响。

拿破仑不仅在内政方面取得了非凡的业绩，在对外政策方面也震撼了欧洲。拿破仑执政后，法兰西第一帝国继续对外战争，粉碎了第二、三、四次反法联盟，在他的统治和控制之下，确立了欧洲大陆的霸主地位。他用战争侵犯了各国的独立，奴役各国人民，激起全欧洲的不满和敌意，以致最后失败。但他的军队把法国的革命思想带到欧洲大陆各地，动摇了欧洲社会的陈旧基础。

▼拿破仑加冕仪式

法兰西第一帝国极盛时期，欧洲的许多国家被它征服。到1809年底，拿破仑占领的别国领土已经相当于法国本国面积的3倍，统治的外国人口达到7500万。从领土上来说，1810年和1811年是拿破仑帝国的鼎盛时期：当时除巴尔干半岛外，帝国囊括了整个欧洲大陆。拿破仑统治的区域包括两部分：其核心是法兰西帝国，然后是一层层的附庸国。往北和往东是几个在其传统政府治理下

的盟国：普鲁士、奥地利、俄罗斯、丹麦和瑞典。

然后，他根据不同的情况，用不同的办法处理不同的国家，他把法国邻近的一些国家或地区并入法国领土，成为法国的一部分，如萨伏依、荷兰、莱茵河左岸、皮蒙特、热那亚和帕尔马等。有些国家成为法国的附属国，如意大利、瑞士、华沙大公国、西班牙和拿破仑1806年在推翻神圣罗马帝国基础上建立的莱茵同盟（这一同盟最初包括前神圣罗马帝国的莱茵河两岸的16个邦国，后来，又有5个德意志邦国加入）。另一些国家被法国打败，不得不成为法国的盟国，如普鲁士和奥地利等。当时，拿破仑本人身兼意大利国王和莱茵同盟的保护人，他还把他的亲属和部下派到各地担任国王、副王等职，如让他的哥哥约瑟夫担任那不勒斯国王，后又转任西班牙国王，而让他的妹夫缪拉当那不勒斯国王，让弟弟路易当荷兰国王（1810年又把荷兰并入法国），还把另一个弟弟耶罗姆扶为在德意志境内新建立的威斯特伐利亚王国的国王。

▲此门为拿破仑凯旋而筑

随着第四次反法联盟的灰飞烟灭，一个震撼欧洲的法兰西大帝国已然呈现在世人面前。

拿破仑被人们称为一代“军事巨人”，他戎马一生，亲自指挥过的战役约计60次，比历史上著名的军事统帅亚历山大、汉尼拔和恺撒指挥的战役总和还要多。但是，他从事的战争，多半是出于政治需要。在圣赫勒那这块死火山的岩石上，拿破仑发出呼吁，吁求欧洲各国团结统一，同时发出公告，要求各民族之间相互谅解，以促进自由、博爱、文明、才智和贸易。

拿破仑这样总结自己的成就：“我的英名并非建立在四十次胜利的战役上，也不是由于我使得万邦臣服。滑铁卢战役就足以抹煞对那么多胜利的回忆；最后的一幕往往令人忘却第一幕呀！永不湮没的是我的法典和参政院的会议记录……由于条文简明扼要，我的法典远比以往任何法典更可行、更有效。我所设立的学校，我所采用的教育方法在培育着新一代的人才，在我执政期间，犯罪率减少；而英国的犯罪却很猖獗……”

成也战争、败也战争 拿破仑在欧洲闹得天翻地覆的过程中，也逐渐由旧制度的破坏者蜕变为有无限征服野心的侵略者。毋庸置疑，拿破仑帝国是强盛的，但这种靠战争来维持的强盛又是短暂的，不稳固的，一旦战争失利，帝国的衰弱乃至倾覆就指日可待了。拿破仑的由盛而衰与他推行的大陆封锁政策有密切的关系。

虽然拿破仑在欧洲大陆几乎无往而不胜，但面对海峡对岸的英国却束手无策。1805年10月，法国海军在特拉法尔加海战中再次败于英国。眼见从海上入侵英国已成泡影，拿破仑将对英战术转向经济战，对英国实行严格的“大陆封锁”，不准英国船驶进欧洲

▲法国军队撤退的场面

各港口。1806年，拿破仑颁布《柏林敕令》，禁止与他结盟的或附属于他的欧洲任何地区输入英国货物。第二年，他根据《提尔西特条约》，命令俄国和普鲁士加入“大陆体系”。几个月后，曾经与英国一道加入“反法同盟”的俄罗斯、普鲁士和奥地利等国相继向英国宣战。拿破仑还要求葡萄牙和丹麦两个中立国也加入“大陆体系”，但一直唯英国马首是瞻的葡萄牙拒绝服从命令。为了惩治葡萄牙，控制整个欧洲海岸线，完善“大陆体系”，拿破仑率军越过比利牛斯山，征服西班牙和葡萄牙。这场战争使得法国陷入了一场永无休止的战争泥沼，英勇无畏的西班牙人民拖住了拿破仑30万精锐部队。

1811年，俄国正式退出“大陆体系”，英俄恢复商业关系，拿破仑决定率军远征沙俄。1812年初，拿破仑开始召集征俄大军。6月24日，拿破仑带领40多万人渡过涅曼河，侵入俄国。战争初期，法军势如破竹。但是，广阔的俄罗斯平原使得法军占领的地方越多，后勤供给就越困难，法军人马困乏，给养困难，结果造成大量减员，逃兵增加。俄军实行坚壁清野，把莫斯科居民连同粮食及生活用品一起运走，使莫斯科变成一座空城。9月14日，拿破仑大军进入莫斯科，拿破仑在这座空城中艰难地度过了一个月，急切盼望彼得堡沙皇派人前来议和，但却杳无音讯。拿破仑被迫下令从莫斯科撤军，这一年俄罗斯的冬天来得特别早，也特别冷，饥寒交迫的法军更加疲惫不堪，战斗力锐减。一路上，法军不断遭到俄军士兵和游击队的袭击，损失众多。此时，传来巴黎发生未遂政变的消息，拿破仑慌忙离开部队，返回巴黎。侵俄战争的失败成为拿破仑帝国由盛转衰的重大转折。

▼进入莫斯科的拿破仑

拿破仑远征俄国遭到惨败以后，不甘心失败，着手整编新军，收集粮食和作战物资，准备继续同俄普军队作战。俄国、英国等国也不给拿破仑以喘息之机，决定趁拿破仑征俄失败，元气大伤之机，消灭拿破仑。1813年2月下旬，俄国、英国、普鲁士和西班牙等国又组成第六次反法同盟。1813年10月，法军在“莱比锡会战”中被击溃。这一战

▲在滑铁卢战役中惨败的拿破仑

使法军损失了3万多人，更重要是在于使拿破仑不可战胜的神话破灭，拿破仑帝国面临崩溃的边缘。

此后，反法盟军乘胜追击，兵临巴黎城下，巴黎守军投降。1814年4月，拿破仑不得不退位，被流放到地中海的厄尔巴岛。

1815年3月，拿破仑从监禁地厄尔巴岛返回巴黎，轻而易举就推翻了波旁王朝的统治，重新登上皇位。正在维也纳举行国际会议的欧洲各国的君主和政府首脑们大惊失色，英、俄、普、奥等国立即组成第七次反法同盟，分六路向法国扑来。

6月18日，双方在布鲁塞尔附近的滑铁卢展开了大规模的会战，法军全线溃败，联军随后占领巴黎，拿破仑的政治生命从此结束。

6月22日，拿破仑第二次退位。10月，他被流放到英国在南大西洋中的领地圣赫勒岛。1821年，病死于此。

拿破仑帝国是“成也战争，败也战争”。虽然帝国的强盛与拿破仑在制度创新上有一定的关系，但其更多的是由持续不断的战争来维持。拿破仑上台后，他被一系列的战争胜利冲昏了头脑，征战不休，穷兵黩武，妄图统治全欧洲，结果引起了欧洲国家一次又一次的反法联盟，耗尽了法国的人力、物力和财力。拿破仑帝国的覆灭昭示了这样一个历史规律：无论一个国家强盛到何种程度，只要它穷兵黩武，逞强称霸，就一定会由盛转衰。

30年的退缩 随着拿破仑帝国的轰然垮台，法国也进入了一个大致以1815年至1848年为期的30年退缩阶段。其中最引人瞩目的是：它失去了大革命以来征服的一切地方。法国人多年来梦寐以求的

▲拿破仑被流放前与近卫队告别的情景，追随者在身后以令人惊讶的姿势将他抱住

自然疆界已经不复存在了，法国的疆界被迫返回到了六角形边界。

1814年3月，欧洲各君主国组成的反法联军击溃了拿破仑，暂时扼杀了法国资产阶级革命。同年秋天，沙皇亚历山大一世、奥皇弗兰茨一世和普王威廉三世等欧洲大大小小的帝王们聚集在维也纳举行分赃会议。维也纳会议是一次确定欧洲命运的会议，一次影响19世纪欧洲局势的会议，也是英、俄、普、奥列强瓜分欧洲的会议。他们在地图上重新划分势力范围，竭力恢复法国革命前的欧洲旧秩序，并乘机洗劫法国。

▲描绘维也纳会议主要人物的讽刺漫画

1815年5月，路易十八被扶上法国王位，复辟了波旁封建王朝。当时有人讥讽说，路易十八是“被装在联军的行李车里载回来的”。路易十八在俄、普、奥、英四强炮制分割法国的《巴黎和约》上服服帖帖地签字画押。

《巴黎和约》规定，法国的领土以其1790年的疆域为界；法国东北的17个城堡暂由联军占领；它还得赔偿战费7亿法郎，归还从各国掠夺的艺术品。

虽然路易十八信誓旦旦地表示要宽恕“走入迷途的法国人”，但复辟后的波旁封建王朝很快就实行了白色恐怖。为了审讯大革命的同情者，波旁王朝设立了军事法庭和特别法庭。查理十世登位后，波旁王朝变本加厉地推行神权政治，并丧心病狂地反攻倒算。这种倒退，引起了法国人的强烈不满，很快就发生了法国的“七月革命”。

七月王朝时期的法国虽然在国力的增强与国际地位的提高方面都要好于复辟的波旁王朝，但距离强国的地位还有很大的差距，这时的法国仍然处于退缩阶段。

◀维也纳会议

帝国再称雄

步履蹒跚的工业革命 1789年开始的大革命摧毁了君主专制制度、封建土地所有制和中世纪的行会制度，为法国资本主义大工业的发展和向工厂制度的过渡扫清了道路。

法国原来的工场手工业就比较发达，而且是仅次于英国的强大的殖民国家，这是法国工业革命的内部条件。其外部条件是：法国与英国是近邻，1825年英国取消禁止机器出口的法令后，大批机器输出法国。

▲工业革命带动了科技的发展，法国物理学家傅科于1851年证明了地球的自转

18世纪晚期，法国开始从英国引进蒸汽机、珍妮纺纱机，出现了极个别的使用机器的工厂。但是，这种工业革命的萌芽状态在封建统治下很难发展。法国大革命摧毁了封建制度，为法国资本主义的发展开辟了道路，从而也奠定了工业革命的基础。1825年英国取消禁止机器出口的法令后，大批机器输入法国，提高了法国的工业技术水平。七月王朝时期，工业革命真正开始起飞，取得了长足的进展。纺织工业的发展最为突出。

18世纪40年代末法国全国已有棉纺厂566家，纺纱机11.6万台。工业中蒸汽机的使用更加广泛了，从1830年的625台增加到了1848年的5212台。而且，每台蒸汽机的平均马力降低了。说明蒸汽机已小型化，从主要应用于矿山抽水发展到轻纺工业也用作动力装置。法国的铁矿资源丰富，主要分布在洛林地区和阿摩利干丘陵区。1830年冶铁业中使用的焦煤熔炉已有379座，1839年增至445座，是七月王朝时期的最高数字。整体来说，法国冶铁业是发展较快的。法国煤矿资源贫乏，虽然在1828—1847年从年产量177万吨增至515万吨，但每年依靠进口的煤仍为二百几十万吨。在纺织业中，以水力装置带动工作机的企业，也明显多于使用蒸汽机的企业。作为工业发展重要标志的铁路，自1831年建成第一条后发展很慢。到1842年政府才通过修建全国铁路的法令，逐渐修起了由巴黎通往各主要城市的铁路。

▲飞梭

18世纪末19世纪初，法国的工业产

值居世界第二位。但是法国工业革命的规模远远落后于英国，19世纪40年代初，法国的煤产量只有英国的1/2，生铁产量只有英国的1/4。在发展速度上也比不上同期的美国和德意志。

▲以蒸汽为动力的拖拉机

1848年开始的政治动荡又使法国工业革命的进程中断了。

这时阻碍法国工业革命发展的因素主要有以下三点：（一）从资本条件的满足来看，资本的原始积累没有像英国那样，通过大规模圈地的暴力方式剥夺农民的土地，而是通过租税盘剥。由于法国在与英国的争霸中失败，丧失了原来的许多殖民地，所以殖民掠夺对于资本原始积累的意义，在法国也不像英国那样突出。另外，法国高利贷资本活跃，吸引了大量社会流动资金，减少了工业投资。（二）法国农业中小农经济长期占据优势，影响了雇佣劳动力的来源，限制了国内市场的扩大。（三）法国大企业发展缓慢，而小企业长期大量存在（法国传统服饰业、高级化妆品和奢侈品制造业仍以手工劳动为主），企业经营分散，新技术、新机器的发明和推广比较困难。

路易·波拿巴执政 在经过30多年的退缩后，法国又逐渐地重新成为称雄欧洲的强国。法国在19世纪中叶的重新崛起，是与路易·波拿巴的执掌法国政坛及其文治武功分不开的。

▼路易·拿破仑·波拿巴（拿破仑三世）

路易·波拿巴，出身于拿破仑家族，拿破仑一世之侄，其父为荷兰国王路易·波拿巴。第一帝国灭亡后随母亲流亡国外，在德国、瑞士等地居留。曾就学于奥格斯堡大学预科与瑞士阿伦伯格军事工程学校及炮校。参加过1831年意大利反抗奥地利统治的起义，自认为是波拿巴派的首领和王位继承人。1836年在法国策动斯特拉斯堡叛乱，反对七月王朝，事败后流亡美洲。1839年写了《拿破仑思想》一书。1840年又在布伦策动暴动，事泄被捕，判终身监禁，被关在哈姆要塞。在狱中写了《论消灭贫困》的小册子。1846年越狱逃往英国。

1848年革命爆发后，返回法国，乘政局混乱混入政界，利用国内矛盾，在大资产阶级支持下，利用农民对拿破仑的崇拜，同年12月以压倒多数票当选为第二共和国总统。

路易·波拿巴就职后，任命代表君主主义势力的秩序党组阁，在1849年5月举行的议会选举中，秩序党大获全胜，复辟君主制的时机成熟。但由于秩序党中拥护波旁王朝的正统派和拥护七月王朝的奥尔良派互相争权夺势，遭到人民反对。路易·波拿巴利用这一形势以及资产阶级希望结束政局动荡和建立强有力政府的愿望，决定发动政变。

▲拿破仑一世

1851 年 12 月1 日，路易·波拿巴调集 7 万多军队进入巴黎，宣布解散议会，逮捕秩序党分子及一切反对他的议员。共和派在各地举行反抗政变的示威，都遭到了镇压。然后举行全民投票，结果多数票赞成政变。

1852 年 1 月颁布新宪法，总统任期由 4 年改为 10 年。1852 年 11 月，路易·波拿巴恢复帝制问题举行公民投票，得到多数人的赞同。12 月 2 日是拿破仑举行加冕礼 48 周年的纪念日，路易·波拿巴正式宣布法兰西第二帝国成立。因其是拿破仑侄子，自称拿破仑三世。马克思曾讽刺这次政变为“路易·波拿巴的雾月 18 日”。因是拿破仑之后由波拿巴家族建立的又一次帝制，史称法兰西第二帝国。第二帝国代表了金融资产阶级、大地主阶级和工业巨头的利益。政变有助于结束法国政局的动荡和为经济发展提供稳定局面。

拿破仑三世的统治 路易·波拿巴上台后，励精图治，锐意改革，在内政外交上功绩瞩目，使法国重新崛起，建立了世界上的第二大殖民帝国。

为了巩固统治，路易·波拿巴建立了庞大的军事官僚国家机器，镇压革命民主运动。根据帝国宪法，皇帝是国家元首，统率军队，有宣战、媾和、结盟、任命政府与地方官员，决定是否将法案送交立法团讨论等权力。帝国立法体制分成 3 部分：参政院由皇帝任命，约 50 人组成，任务是维护宪法与保证皇帝统治，它准备法案和审查法令修正案；立法团由选举产生的 200 多名议员组成，它的主席和副主席由皇帝任命，立法团仅有权讨论和表决法案；元老院由皇帝任命，由约 100 名亲王、元帅、主教组成，批准立法团通过的法令。大臣们执行皇帝命令，各自对皇帝负责。

▼拿破仑三世上台前的法国国王路易·菲力普

第二帝国经历了由专制统治向自由主义、议会政治演变的过程。帝国初期，拿破仑三世实行个人专权，致力于巩固资产阶级秩序。政府在一些省内实行戒严，封闭共和派俱乐部，解散工人组织，查禁进步报刊，利用天主教会加强控制学校。19 世纪 60 年代，人民的不满情绪日益增长，反动专制制度难于继续维持。因此帝国后期开始实行改革，逐渐向自由主义政策演变，以求缓和国内矛盾，例如议员可得到请愿权利，官方“公报”公布议会辩论记录，皇帝经立法团同意方可批准追加拨款，废除禁止工人罢工和结

▲克里木战争中的英军基地

社的《勒霞白列法》等。1870 年初，奥利维埃奉命组织自由主义内阁。元老院受到削弱，议会权力有所扩大。

经济方面，帝国实行促进资本主义工商业发展的经济政策，建立了大工业，重工业中机器生产普遍代替手工劳动，交通运输业迅速发展。金融资本的发展尤为突出，巴黎成为世界金融中心之一。

到第二帝国时代，法国的经济真正进入大踏步前进的阶段。国家政治局势的安定为工业高涨提供了有利的环境。拿破仑三世政府的经济政策也顺应了工业资本主义发展的潮流。政府支持大的合股公司的发展，1863 年的法令规定，资金在 2000 万法郎以内的公司可自由建立，不需申报、批准。这就为集资进行固定资本的更新创造了便利条件。为促进工商业发展，政府对重要工业部门减轻税收并在商业中实行了商标制。在工业发展的基础上，帝国于 60 年代实行了自由贸易政策。1860 年法国与英国签订了互相给予最惠国待遇 10 年的商约，随后又与意、西、葡、比、奥、荷、普以及德意志关税同盟诸国订立了商约。政府十分重视修筑铁路、疏浚运河和加强城市建设。帝国将铁路修筑权承包给大公司，成效明显，建成了以巴黎为中心，通往斯特拉斯堡、马赛、波尔多、布列斯特等大城市的铁路网。运河航道到 1869 年也有了 4700 公里。城市建设发展迅速，仅在巴黎就新建 7.5 万座建筑物和十余座桥梁，建成了全市下水道工程。随着工业发展，法国的金融业开始出现新变化，投资企业、干预企业、促使小企业合并为大企业的新型银行发展起来，诸如动产信贷银行、地产信贷银行、巴黎贴现银行、工商信贷银行、里昂信贷银行、通用银行等。在这种情况下，政府于 1865 年下令允许银行支票在全国合法流通，大大方便了资金的流通与周转。此外，在农业上，帝国政府颁布了排水法、开垦法等法令，兴修水利，拓垦荒地，提高技术，促进了发展。

在政策适当的环境下，工业资本主义的发展十分迅猛，增长率超过了 19 世纪的平均发展速度。1850—1870 年，20 年内工业总产值增长两倍，对外贸易额增长 3 倍。农业也开始由工业装备起来，化肥、脱粒机、收割机、刈草机的使用日益普遍。农业劳动生产率提高，帝国时期农业人口由占总人口的61.5%降到49%。故而此时被称为法国的“农业黄金时代”。第二帝国晚期，重工业、机器制造业的迅速发展和工业装备农业的状况表明，法国的工业革命已经完成。

▲克里木战争场面

不过，整体看来，法国的工业发展水平还是远远落后于英国。从生产力总量来说，法国当时仍是仅次于英国的世界第二工业大国。

在重新崛起成为举足轻重的大国的过程中，法国在法兰西第二帝国时期一个甚为引人瞩目的方面，就是除了在欧洲与其他列强一争高下外，还凭借其强大的军事力量在大洋洲、非洲、亚洲和美洲频频发动殖民战争并屡屡得手。

为了改变1815年以来法国的孤立状态，争夺欧洲大陆优势和进行海外殖民侵略，拿破仑三世进行多次对外战争。在1853—1856年的克里木战争中联合英国、土耳其与撒丁击败俄国，确立了在欧洲大陆的优势。后又联合意大利反对奥地利，得到萨瓦和尼斯。1860年签订《法英商约》，实行自由贸易。1854—1860年，发动对中国的第二次鸦片战。50～60年代第二帝国还派遣军队侵略叙利亚、墨西哥、印度支那和非洲，掠夺大量财富，建立了若干殖民地。

普法战争的惨败 19世纪60年代后期，法兰西第二帝国已经处于内外交困之中。继1857—1859年的经济危机之后，1865—1867年，周期性经济危机再度爆发，不仅破坏了工业的发展，而且给广大人民群众带来更大的灾难，引起了广大劳动群众和各阶层人士对帝国的严重不满和反对。连奥尔良派分子梯也尔也指责政府“种种错误无一不犯”。一切反对帝国的社会力量都加强了活动。除直接冲击帝国统治基础的工人运动正在迅猛发展外，资产阶级共和派的力量在帝国后期也迅速壮大起来。

▼拿破仑三世的讽刺画

共和派一面极力和官方候选人争夺立法团中的地盘，一面创办报刊，宣传共和，并利用“博丹事件”向帝国发难。博丹是第二共和国议员，因反对路易·波拿巴政变，于1851年12月3日被波拿巴的士兵枪杀。由于当时局势混乱，他的死并未引起人们注意。1868年，一位史学家揭露了事件真相。共和派对此广为宣传，以揭露波拿巴的暴虐，还通过报纸发起募捐，要为博丹建立纪念碑。帝国政府以“煽动人们仇恨和蔑视政府”的罪名传讯发起募捐的报纸负责人。但在法庭上，共和派律师甘必大列举帝国的种种罪孽，并指出是政变者“把法国投入了深渊”。共和派把帝国法庭变成了控诉帝国的讲坛，直接向帝国挑战。在反对帝国的斗争中，共和派还提出了民主改革的纲领《贝尔维尔纲领》。要求实行普选权，出版、结

社自由，废除常备军，主张国家与教会分离，实行世俗义务教育等。此举与工人运动相呼应，在客观上动摇了帝国的基础，加深了帝国的危机。

与此同时，帝国在外交上接连受挫而日显孤立。拿破仑三世为摆脱困境，继续称霸，决心孤注一掷，终于发动了普法战争。

▲普鲁士铁血宰相俾斯麦

1870 年的普法战争是普法双方争夺欧洲霸权的一场不可避免的军事冲突。拿破仑三世力图通过战争转移国内视线，阻止德国统一，继续称霸欧洲。而普鲁士如同法国一样，也正需要战争。普鲁士首相俾斯麦既想通过武力打败法国、实现统一，又想夺取法国矿产丰富的阿尔萨斯和洛林，称霸欧陆。因此，普、法双方都积极备战。

西班牙王位继承权问题是普法战争的导火线。1868 年，西班牙爆发革命，推翻了女王的统治，王位虚悬。俾斯麦乘机用重金收买新政府实力人物，提出由普王的堂弟继承西班牙王位，因为后者是西班牙国王的女婿。1870 年 7 月 3 日，西班牙新议会接受了俾斯麦的提议，此举使法国震惊。如果普王堂弟正式就任西班牙国王，西班牙将成为普鲁士的盟友，法国将腹背受敌。为此，法国向普鲁士提出抗议，英、奥、俄也附和这一抗议。普王迫于压力遂宣布普鲁士放弃对西班牙王位的要求。但拿破仑三世并不满足，要求普王保证永不继承西班牙王位。普王把拿破仑三世的要求电告俾斯麦。急欲挑起战争的俾斯麦会同军方人士，删改电文内容，使之对法带有侮辱口吻，并将其公诸报端。俾斯麦断定此举“对高卢牛来说，将是一块红色的破布”。拿破仑三世看到电文后，果然极为恼怒，就以此为借口，于 1870 年 7 月 19 日向普鲁士宣战。

战争以法国军队的进攻为开始，但在普鲁士军队的反击下，战场很快就转移到法国境内。8 月 6 日，法国巴赞军团在韦尔特和福尔巴特战败，退守麦茨后又为普鲁士军队所包围。拿破仑三世调派麦克马洪军团前往救援，本人也御驾亲征。由于受到普鲁士军队的阻击，拿破仑三世和麦克马洪军团被迫撤退到色当。9 月 1 日，双方在色当进行大会战，法国军队再次惨败。次日，拿破仑三世率领 10 万法军投降。

色当惨败决定了第二帝国的命运。9 月 3 日，色当败讯传到巴黎，首都人民群情激愤，纷纷行动起来，并于 9 月 4 日发动革命，推翻了第二帝国。统治法国 18 年之久的第二帝国即告崩溃，从此结束了法国历史上王朝统治的时代。

普法战争以法兰西第二帝国的垮台和法国资产阶级政府的投降而告结束。依和约规定，法国割让阿尔萨斯和洛林给德国，并赔款 50 亿法郎。

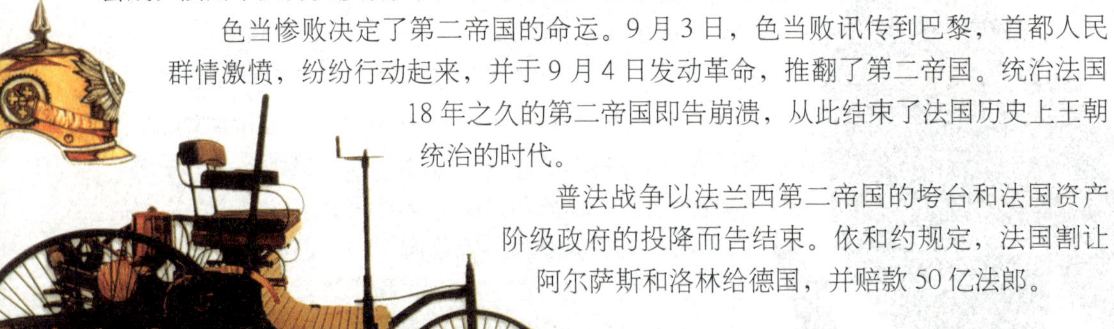

◀普鲁士的军盔和机动车

法兰西第三共和国

法兰西第三共和国 由于法国在普法战争中败北，使它被迫向正在迅速崛起的胜利者——德国割地赔款。这一切不仅使法国在经济上元气大伤，而且其国际地位也一落千丈。不过，在第二帝国的废墟上建立起来的第三共和国在其前期通过确立资产阶级民主制度、进行教育改革，以及紧紧抓住经济发展，乃至殖民扩张的良好机遇，不仅较快地使法国摆脱了失败的阴影，并且还使其重新以“伟大的法兰西”面貌再次跻身于世界强国之列。更让法国人扬眉吐气的是，通过第一次世界大战中取得的胜利，法国实现了对德复仇的愿望。

1870 年 9 月 4 日巴黎革命推翻法兰西第二帝国后建立共和国。史称第三共和国。新政权开始时，由资产阶级共和派与保王派联合组成国防政府，1871 年 1 月 28 日国防政府与德意志帝国签订停战协定。2 月选出由保王党人占绝大多数的国民议会，梯也尔被选为政府首脑，后任总统，他与德国正式签订了《法兰克福条约》，并联合德国镇压了巴黎公社起义。

梯也尔力图建立保守共和国，但遭保王派与共和派的反对，1873 年 5 月，梯也尔被迫辞职，极端保王派人麦克马洪当选总统。右翼势力继续加强，建立合乎天主教规范的“道德秩序”。正统派与奥尔良派加紧勾结，图谋恢复王朝体制，以甘必大为首的共和派为确立共和制进行长期而激烈的斗争。国民议会终于通过 1875 年宪法，以法律的形式肯定共和制，在 1876 年众议院选举和 1879 年 1 月参议院选举中，共和派取得稳定多数，在人民群众支持下，甘必大迫使麦克马洪辞职，共和派格雷维当选总统，终于确立共和派的共和国。

共和派分为温和与激进两派，从格雷维当选总统到 19 世纪末，为温和派执政时期。

▼埃菲尔铁塔

他们进行一系列改革：实行世俗的义务免费教育，宣布新闻自由与组织工会自由，以及大赦巴黎公社人员等。温和共和派的教育改革，不仅提高了全法兰西民族的文化素质，而且培养出一代又一代具有共和民主意识的各类人才，在巩固共和制中起了重大作用。

进入 19 世纪 90 年代，法国随着共和制的巩固和政治民主化的深入，发展和振兴经济已成为社会发展的主旋律，又适逢第二次工业革命兴起，开始执政的激进派除了继续致力于温和共和派在普及初等教育和教育世俗化等未竟事业外，把主要精力转向发展实科教育和科学技术，大力培养经济建设急需的新型人才，以加快经济建设的步伐。即文化教育领域中的经济主义。随着共和政体的巩固，工业化初步实现，到法兰西第三共和国末期，法国初步实现了教育现代化。

激进派把教育工作的中心转移到科技教育和职业教育，中等技术教育飞跃发展，为经济建设提供了丰富的人力资源和强大的科技基础，从而为1896年至1914年的经济腾飞创造了必要条件。

19世纪80年代，温和派共和党人大力推行殖民掠夺政策。1881年，费里政府未经议会同意就出兵强占突尼斯。接着，法国殖民者又在非洲侵入尼日尔河流域、刚果河流域，并派兵侵入马达加斯加。20世纪初，法国又达到了侵占摩洛哥的目的。

在亚洲，法国殖民者加紧在印度支那半岛和中国进行侵略。19世纪60和70年代，它侵占越南南部，接着又企图占领中部和北部。1883年法国的侵犯遭到当地居民的顽强反抗。中国支援越南，抗击法国。在1884—1885年的中法战争中，中国军队于1885年3月大败法军于谅山。战争的失利引起法国严重的政治危机，费里内阁因此而倒台。但是，清朝政府腐朽无能，在前线军事胜利的情况下，居然仍和法国签订了屈辱的《天津条约》。从此，越南沦为法国的保护国。接着，法国又以越南为跳板向我国南方地区扩张。1895年，法国借口三国还辽“有功”，从中国夺取了许多特权。1897年，它迫使清朝声明海南岛不割让他国；1899年强租广州湾；1900年参加八国联军侵略中国，镇压义和团运动。在列强瓜分中国狂潮中，法国把广东、广西和云南划为它的“势力范围”。

到1899年，法国已成为仅次于英国的第二殖民帝国。80～90年代，法国相继出现布朗热事件、巴拿马丑闻和德雷福斯案件，温和派威信扫地，被迫下野。

1899—1914年为激进派执政时期，法国资本主义已进入帝国主义阶段，垄断组织迅速发展，金融资本高度集中。1914年前，法国资本输出仅次于英国，占世界第二位，其资本输出主要采取高利贷形式，列宁称之为“高利贷帝国主义”。

激进派反对教会干预政治，1905年通过《政教分离法》。激进派多次镇压工人运动，对外继续进行侵略扩张，准备战争，先后与俄国、英国结盟，成立法、英、俄协约国，以对抗德、意、奥三国同盟。1913年普恩加莱当选总统后，继续扩军备战，企图重新瓜分世界。1914年8月3日，德国向法国宣战，法国参加了第一次世界大战。

▼“一战”中在西部战场上作战的士兵

遍体鳞伤的胜利者 1914年6月28日的“萨拉热窝事件”，引爆了第一次世界大战。8月3日，法国向德国宣战。

8月21日，德法军队的主力在法国、比利时边境发生激战，史称“边境战役”。边境战役后，德军孤军南下，直抵马恩河畔，于是法德之间展开了马恩河战役。马恩河战役是大战的重要转折，它宣告了德军“闪电战”计划的破产，中止了德军战略上的正面进攻。马恩河“一战”使法军反败为胜，在政治上、心理上起了重大作用。

战争的持续与扩大，打破了法国关于短期作战的幻想，暴露了其经济实力的不足。大批工人参军入伍，使许多工厂被迫关闭。武器储备远远不够实战需要，战争开始后一个月，就出现了武器供应危机。农村几百万青年参军，造成劳动力奇缺，严重影响了农业生产。开战后几个月，北部 10 个省先后沦为战场或被德军占领，使法国工业尤其是钢铁、化工、纺织业受到沉重打击，几乎全部铁矿和 80% 的煤矿都落到德军手里。许多钢铁厂、化工厂、纺织厂也被德军占领。要拆迁或重建工厂又往往遇到资金、原料和交通的种种困难，一时无法适应战争的需要。

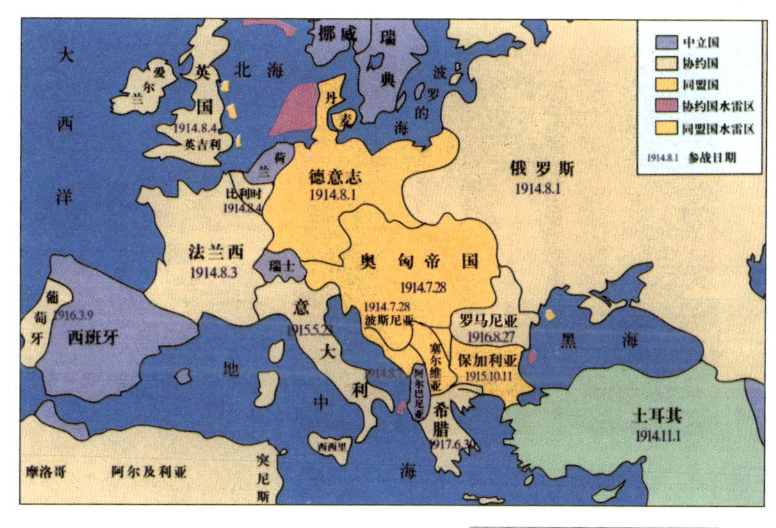

▲第一次世界大战形势图

财政状况也很困难。庞大的军事费用，使 1914 年度预算赤字达 55 亿多法郎。政府只得向法兰西银行贷款，并同意银行发行货币，因此，货币流通量不断增加，1914 年第四季度信用流通量达 96 亿多法郎。1914 年 8 月 1 日，浮动债务高达 16 亿多法郎。国库空虚，入不敷出，甚至连结算兑现也不可能。为此，政府采取紧急措施，宣布钞票停止兑现，暂时渡过了“挤兑”的难关。但大战期间财政状况的恶化仍无法根本改变。

1914 年末，随着战线的稳定和巴黎危急状态的解除，政府迁回巴黎。为适应战争需要，法国全力组织战争经济，不断增加军事拨款，扩大军事生产，加强国家对经济的直接干预。战争的延续，给国内经济造成严重破坏，使人民生活日益困苦。于是，人民的厌战和不满情绪开始滋长，反战的“少数派”运动应运而生。

国民经济的军事化，造成了经济的畸形发展。在军事工业高度发展的同时，国民经济的其他部门，如轻纺工业每况愈下，棉毛织业生产规模缩小。农业的状况更为困难，由于男劳力被动员入伍，劳力严重不足，只能由妇女、少年、老年顶替。由于战场的扩大和东北 10 省被德军占领，1913—1918 年播种面积减少了近一半。

为应付与日俱增的军事开支，政府不断向法兰西银行透支，银行则大量发行货币，物价也随之高涨，国家内外债务俱增，国家财政困难。只是由于战争经济的实施，在国家的直接干预下，经济危机才处于潜在状态，延至战后才爆发。

1918 年 11 月，第一次世界大战结束。法国是大战的战胜国。可是，战争使法国付出了极惨重的代价。

战争期间，死亡的官兵达 131.5 万人，伤 280 万人，其中，60 万人变成了残废。战争使法国在物质上、财政上受到了严重损害。约 7% 的国土和大部分工业和富庶地区遭到德军占领和蹂躏。战争结束时，法国欠美国的债务达 39.91 亿美元，欠英国 30.3

▲巴黎和会

亿美元。法国从债权国沦为债务国。战争给法国带来了深重的灾难。

1919年1月，各战胜国在巴黎召开了分赃会议。法国在和会上扮演了主角。法国借口“安全问题”，决意严厉制裁德国，它不仅要求收复阿尔萨斯和洛林，而且要求取得盛产煤矿的萨尔区；要求莱茵河作为法国东方边界，在莱茵河左岸建立同德国分离的莱茵共和国；索取巨额的战争赔款，总数达2090亿金法郎。法国力图彻底削弱德国，重建在欧陆的霸权。英、美代表为维护自己利益，反对法国过于苛刻的要求，相互争吵不休，美国总统威尔逊甚至命令军舰载他回国，以示威胁。法国不得不作某些让步。6月28日，在凡尔赛明镜厅，即德国在1871年宣布帝国的地方，签订了《凡尔赛和约》，这是法国资产阶级民族复仇主义的一个表现。

《凡尔赛和约》的签订，尽管未能满足法国的一切要求，但对抑制和削弱德国、建立法国的欧陆霸业还是有利的。根据和约规定：法国收复了阿尔萨斯和洛林地区；萨尔区由国联代管15年，但煤矿转交法国作为补偿；莱茵河左岸由协约国占领5～15年，右岸50公里地带宣布为非军事区；德国承受赔损的一切责任，在赔款委员会确定赔款总数之前，于1921年5月1日前先交付200亿金马克，法应占一半；法国“托管”德国的殖民地喀麦隆、多哥，“托管”土耳其的殖民地叙利亚、黎巴嫩。

《凡尔赛和约》“不过是强盗和掠夺者的条约”。它的签订并没有消除帝国主义间的矛盾和斗争。“靠《凡尔赛和约》来维系的整个国际体系、国际秩序是建立在火山上的”。

虽然第一次世界大战也使作为战胜国的法国遍体鳞伤，代价惨重，但其作为主要战胜国之一，在战后的一段时间里，不光是欧洲大陆上的霸主，同时也属于世界上的一个强国。具体而言，尽管在战火消弭之后，法国在大战当中的两个最主要的盟国英国和美国均不希望看到法国的势力过度膨胀，对其力图独霸欧洲、称雄世界的行径深感不快，并为此而联手抑制法国，但法国还是凭借着它强大的综合国力与军事战略优势，尤其是战后初期远远强大于任何其他国家的陆军，成功地在欧洲大陆重新建立起了自己的霸业。不仅如此，它似乎还可以在发挥全球性影响的过程中傲视另外两个世界上的一流强国——英国与美国。

经济危机 毫无疑问，独霸欧洲、称雄世界使“一战”后的法兰西大国形象显得空前强大、辉煌，但是，正如一些法国的有识之士已敏锐地觉察到的那样，

▼反映“一战”期间各国国内阶级矛盾的绘画

▲经济危机期间的街头乞丐在乞讨

在这些或真实或虚幻的辉煌背后，亦存在着片片阴影。换言之，许多将导致法国很快走向衰落的隐患或因素在这一时期就已然存在。在两次世界大战之间，正是这些隐患和因素在不断地侵蚀着法国的肌体，使法国不断地趋于衰落。而发生于20世纪30年代初的那场经济大危机则更进一步把法国推向了灾难的深渊。

1929年10月29日，纽约华尔街股票市场的崩溃，引发了一次世界规模的经济大危机。然而，在法国，1929年、1930年却是两次世界大战期间“繁荣时期”的最好年份。国家财政预算基本平衡、法兰西银行的黄金储备雄厚，金额不断增加，从1929年5月的290亿法郎增至1930年5月的550亿法郎，财政状况良好。除农业外，绝大多数经济部门仍在持续发展。煤、铁矿和铝的产量创造了两次大战期间的最高纪录。连技术落后的纺织业也因美国等国家的危机一度获利。1928年，法郎大幅度贬值之后使法国产品在世界市场上的竞争能力大大增强。外贸方面传统的不平衡虽仍存在，但通过旅游业的发展和海外投资的利润得到很大补偿。失业问题并不严重。

这些现象导致法国朝野盲目乐观。1929年11月7日，第一次担任政府总理的塔迪厄在议院大胆地提出了为期5年的“国民装备计划”，要求国库拨款50亿法郎。在世界经济危机开始后仍提出这一耗费巨大的“繁荣政策”，足以反映塔迪厄政府的乐观情绪。有人甚至得意地宣称：我们国家的相对平衡证明，法国的方式虽然是折衷的，但始终是审慎的，它是最佳良策，是民族智慧的反映。这种乐观情绪在一般群众中也广为流行。

其实，这是一种盲目的乐观。法国受这次大危机的影响虽然要晚于其他资本主义国家，但它仍难幸免。只是由于法国传统的历史条件，特别是“一战”后社会经济发展的特殊条件使危机推迟发生。法国工业在资本主义发达国家中相对落后，使工业、农业相对平衡，构成法国经济总体上的平衡性；外贸在法国经济中所占比重不大，因而国际市场的冲击也相对较小；此外，破坏地区的重建、各种规模浩大的公共工程、“普恩加莱法郎”带来的法郎稳定和法国产品竞争力的加强、农村人口仍然众多及政府对农业的保护主义政策等因素都有利于推延危机在法国的爆发。

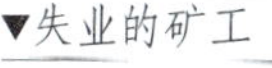

▼失业的矿工

1930年11月，法国乌斯特里克银行宣告破产，标志着法国经济危机的开始。接着，大批银行与企业纷纷倒闭、破产，生产下降，失业人数激增。物价暴跌，资本输出锐减，对外贸易萎缩。

▲1940年，德军侵入巴黎

1931年，经济危机波及到整个工业部门，这次危机大约使法国的工业倒退到1911年的水平。

危机也沉重地打击了长期处于慢性危机的法国农业。农业危机在1932年和1935年表现得特别严重。农产品大量过剩导致价格暴跌。下跌最厉害的是主要农产品小麦与葡萄酒的价格。危机期间，工农业产品之间的剪刀差更加扩大。危机使法国的对外贸易陷于困境。危机使1928年法郎贬值后一度稳定的法国财政再次处于混乱状况。

法国这次经济危机的特点是爆发较迟而持续时间较长。危机冲击着法国社会，影响到社会生活的各个方面，其中主要有三个方面：第一，危机引起广大人民群众和中小资产阶级经济状况严重恶化和生活水平普遍降低。第二，为数极少的垄断资本家利用危机加强了自己的实力和地位。第三，危机激化了法国的阶级矛盾，使斗争日趋激烈。重大的经济危机往往导致政治危机。法国因危机而使政局动荡，内阁频频更迭。

共和国覆灭 如果说使法国从普法战争的失败者重新成为“伟大的法兰西”，并在“一战”中成功地实现了对德复仇，那么令人感慨万千的是，法国的衰败同样与这对宿敌世仇在第二次世界大战中的再度厮杀休戚相关。让当今的许多法国人不愿提及或羞于启齿的是，由于在第二次世界大战中遭受“奇异的溃败”，法德之间的再度厮杀以法国方面被迫弃战求和、蒙受国耻告一段落。虽然戴高乐及其领导的抵抗运动使法国在一定程度上得以雪耻，但对第二次世界大战史稍有了解的人都知道，若没有美英盟军的参战，法国的光复将遥遥无期。

第二次世界大战爆发后，法国宣战，总理达拉第即发布《致国民号召书》，号召人民“奋起反抗”，“履行诺言”，“为保卫我们的土地、我们的家园、我们的自由而斗争”。

事实上，法国却宣而不战。从1939年9月8日到1940年5月10日德军在西线发动全面进攻止，西线并没有像样的军事活动。西方报纸几乎天天报道“西线无战事”的消息。对于这种奇特的军事局面，当时法国人称之为“奇怪的战争”。

▼敦刻尔克撤退的一幕

在这段时期里，法国在军事上公然违背对波兰的保证，在德军大举进攻波兰两天后，才迟迟宣战。宣战6天后，法国才出动一些先头部队渗入德国领土，同前沿德军有所接触。但深入德国领土不过18公里，法军指挥部又发出停止进攻的密令。德军首次出击，法军随即撤回到原来阵地，连象征性的进攻也

▲满载英法盟军士兵的船，从敦刻尔克撤退途中被德军飞机击沉

停止了。英、法军队静守在马其诺防线钢筋水泥工事后面，警戒的哨兵面对德军阵地，眼看他们装卸辎重枪炮、挖工事，也丝毫不去打扰他们。守兵既不进行军事训练，又不挖战壕，而是躲在工事里听音乐、下棋、写家信或情书。同时，法国还特别害怕德国的空中优势，从战争一开始就要求英国空军不去轰炸德国境内的目标，生怕引起德国报复性的打击。偶尔起飞，也只投下成吨的传单。这种军事史上的咄咄怪事，解除了德国的后顾之忧，助长了德军的反动气焰。

“奇怪战争”期间，法国在外交上处于孤立地位。法国盟国波兰，在希特勒打击下，3 星期内即遭覆亡。“小协约国”罗、捷、南实际上已经瓦解，法国同他们的盟国关系也早已破灭。1939 年 8 月苏德条约的签订，使法苏互助条约宣告废除，法国直接受到德国进攻的威胁。法国的北邻比利时，名义上是“中立国”，实际上对法国心有戒备。为避免德军的进攻，迟迟不向英法提出军事援助，不让盟军事先进驻比境。英国虽然与法国早结军事同盟，可是却松散无力。英法对德宣战后，既无共同的作战参谋部，又无统一的作战计划。美国对欧洲事务仍坚持孤立主义政策，法国很难指望得到美国的援助。

1940 年 5 月 10 日，德军在西线发动全面进攻，“奇怪战争”被迫中止。1940 年 5 月 20 日，德军装甲师向阿拉斯加莱袋形地带推进。5 月 28 日，比利时无条件投降。英法盟军被压缩到敦刻尔克三角地带。在这个不到 50 公里的狭窄地域，德军在数量上，特别是坦克和飞机的数量上占绝对优势。5 月 26 日至 6 月 4 日，英军执行“发电机”计划，实行了敦刻尔克大撤退，33.8 万多盟军（英军 20 万、法军 13 万）撤到英伦三岛。4 万多法军遗弃海边，被德军俘虏。剩下的北路法军被迫向南实行了“一次灾难性撤退”。

正当大军压境的严重关头，法国统治集团惊恐异常。雷诺于 1940 年 5 月 19 日委任贝当、魏刚分别任副总理和总司令。又借口领导战事不力，撤了甘末林的总司令职务。魏刚接任后，加强了法境的防御，修筑了长达 270 多公里的“魏刚防线”，同马其诺的临时防线相接。魏刚还从东部、东南部抽调兵力充实此线，企图对抗德军的进攻。

针对法军的弱点，德军从沿海、

▼德军绕过马其诺防线后，乘胜向法国挺进，1940 年 6 月，法军首领贝当元帅向德军求和，德军轻松占领了法国；图为德军列队在巴黎香榭丽舍大街向凯旋门行进

中央、东方三个区域发动攻势。6月5日，德军在进占敦刻尔克后，即转锋南下，展开进攻，开始了“法兰西战役”。那天拂晓，德军先出动大批轰炸机猛袭巴黎周围的法空军基地，随后分兵二路，强渡索姆河和瓦兹—埃纳河，猛攻法军防线。

▲戴高乐将军与罗吉在阿尔及尔相会

德军越过索姆河后，法军被迫退守第二道防线。当天，法内阁再次改组，踢开了达拉第，总理雷诺兼任外长、国防部长，任命戴高乐为国防部副部长。德军继续猛攻，“魏刚防线”在瓦兹河与索姆河的分水岭处被切断，开始全线崩溃。

在德军兵临城下的危急关头，当魏刚向雷诺报告法军的瓦解只是时间问题时，总理雷诺坚定地表示：他决不离开巴黎，“要在巴黎的前方、在巴黎城内、巴黎的后方继续战斗”。可是，政府还是撤离了巴黎。10日，魏刚宣布巴黎为“不设防城市”。政府的迁离，军队的南撤，使法国处于惊慌失措之中，出现了民众大逃难的惨状。成千上万的逃难者，包括军队中的官兵和社会各阶层的人们，他们扶老携幼，用小轿车、卡车、手推独轮车、儿童车，乃至步行，充塞于公路，汇成了潮涌似的“人流”，严重地阻塞了交通，妨碍着军事行动。

雷诺为摆脱面临的军事败局，在两个多月内，三次改组内阁，并对贝当、魏刚委以重任，企图以此振作军心，结果反而助长了失败主义者的投降活动。特别是政府迁到波尔多之后，主战派与主和派展开了公开的、激烈的斗争。以贝当、魏刚为首的主和派认为“败局已定，必须立即停止战争”，主和派在内阁中占了多数，并进行了一系列破坏活动，他们一再散布失败主义的悲观情绪，擅自宣布巴黎以及许多中小城市为“不设防的城市”。

1940年6月14日，巴黎卫戍司令邓兹不战而降，拱手交出了首都，还无耻地宣布：凡从事抵抗者格杀勿论。

巴黎陷落后，马其诺防线的后路被切断。6月15日，德军突破马其诺防线。50万守军大部投降，只有少数人逃入瑞士境内。军事上的大溃败，直接决定了法国的灭亡。

▼1958年，戴高乐重返政坛

1940年法国的溃败，是一个历史性的悲剧。30年代以来，法国经济的停滞衰退，政治上的分裂混乱，军事策略上的迷信“阵地战”，以及精神思想上的畏战、厌战，早已埋下了法国失败的根子。战争期间，以贝当、魏刚为首的投降主义者逐渐在政治上占了上风，推行失败主义路线，他们打击抵抗派，散布“再战必败”的悲观论调，更直接导致了军事上的溃败，而法国在外交上的孤立和国际上的寡助，以及英、法盟军缺乏必要的密切

配合，更加速了法国的覆亡。

▲戴高乐总统在乌克兰基辅进行访问

战后的法国 法国在“二战”中的溃败，以及大好河山被纳粹德国或直接占领或间接统治，明确地意味着法国已不再是一个独立自主的国家，更谈不上是一个能在欧洲举足轻重，并在整个世界具有影响的大国。这一切，无疑极大地刺痛了不少法国人。因为法国人向来自尊自大，而且好像比世界上的其他民族更强烈地把本国视为世界之“肚脐眼”。在这些痛心疾首的人当中，首屈一指者当推曾反复公开宣称“法国如果不伟大，就不成其为法国”，并在大战期间和战后不懈追求实现法兰西的伟大与独立的戴高乐。也正因为如此，恢复法国的大国地位，不仅成了在1944年2月将以他为首的民族解放委员会改称临时政府的戴高乐的当务之急，而且也是他时隔多年后东山再起，创建法兰西第五共和国时的重要目标。

如果说法国在其漫长的兴衰历程当中不乏在短暂的衰落后即迅速振兴，重新成为世界一流大国的先例，那么，它在“二战”之后将不再出现同样的幸运。这并非是由于法国已不具备东山再起的愿望与能力，而是因为在战后世界形成的一流大国已是法国所不可能企及的“超级大国”。事实上，虽然戴高乐等领导人为恢复法国的大国地位使出了浑身解数，而法国战后在发展社会经济方面出现的“辉煌的30年”亦使法国的综合国力较之以往大大增强，但对于战后法国来说，重新成为一流大国始终是一个可望而不可即的目标。

然而，多少世纪以来，法国人似乎早已习惯于把自己的国家视为一流强国。因此，其他国家的人们便经常能看到很有意思的一幕，即直至当今，法国不仅仍经常对原先的两大超级大国之一、当今唯一的超级大国美国说“不”，而且还继续竭力以二流国家的实力在国际事务中扮演一流大国的角色。这一切表明，法国的“大国梦”依然在延续。

▼1962年，戴高乐发表演说，禁止英国进入欧洲共同市场

不过，随着时代的发展，国际格局的演变，法国人在战后的“大国梦”近些年来也出现了一些新的特点，其中之一就是越来越能正视自己在“硬国力”方面与美国以及统一后的德国等国家的差距，转而更加强调和倚重所谓的“软国力”。此外，由于长期“心有余而力不足”使然，一些怀有“大国梦”的法国人已经能够平静地接受法国就是一个二流国家的现实。

第六讲

俄罗斯帝国的威力

公元 1453 年，地跨欧亚，享国千年之久的拜占庭帝国在奥斯曼土耳其的凌厉攻势下终告灭亡。公主索非亚帕列奥洛格投靠罗马教皇，后在教廷策划的政治联姻中嫁给了莫斯科大公伊凡三世。赴莫斯科时，索非亚佩戴了象征拜占庭帝国的双头鹰徽章。而狂妄地以拜占庭皇帝与东正教首领当然继承人自居的伊凡在 1497 年将双头鹰图案刻在国玺上，并以此作为国徽。

俄罗斯，无论如何是不能被人忽视的。无论是近代历史上的俄罗斯帝国，还是现代历史上的红色苏联，以至今天仍雄踞欧洲半壁江山的俄罗斯联邦，都以其博大声势令人瞩目。它的国际影响的陡然上升，它的经济地位的骤然下降，它的兴盛，它的衰弱，都曾引发世界的连锁地震。它的迅速强大，它的突然衰弱，它的昨天，它的今天，它的明天，都给我们留下了一连串未解之谜。

俄罗斯的形成

莫斯科公国的兴起 在公元初，东斯拉夫人还保留着氏族制，每个部落由几个氏族组成。他们砍伐森林，平整土地，从事耕作，集体饲养牲畜、狩猎和打渔。一切问题由氏族大会解决。

随着家庭所有制的产生，东斯拉夫人中出现了财产的不平衡，逐渐形成了封建关系。公元 6 世纪，一些东斯拉夫人的部落联合成立了基辅公国。到 9 世纪初，基辅罗斯联合了几乎一半的东斯拉夫部落，成为一个大国。

基辅罗斯存在了 300 多年，它是古罗斯民族的摇篮，后来形成了俄罗斯、乌克兰和白俄罗斯三个民族。

封建关系的加剧导致了基辅罗斯的解体。基辅大公已经无法统治庞大的国家，地方封建主们需要建立更加维护自己利益的政权，以便于对农民和市民的统治。到 12 世纪中叶，基辅罗斯彻底解体，一批小公国取而代之。从 12 世纪下半叶到 13 世纪初，是这些小的封建国家经济和文化繁荣时期。

1227 年成吉思汗去世。他的孙子拔都于 1236 年率部远征欧洲，首先经乌拉尔向罗斯进攻，征服了罗斯全境、波兰和匈牙利。进攻捷克受挫后返回罗斯，建立了“金帐汗国”。从 1240 年到 1480 年，蒙古鞑靼人统治罗斯各公国达 240 年之久，致使罗斯的经济和文化远远落后于西欧。

莫斯科建于 1147 年，弗拉基米尔大公尤里 · 多尔戈鲁基是其奠基人。他头戴战盔、身披铁甲、左手持盾、双腿跨马的纪念像一直矗立在莫斯科市中心特维尔大街中段莫斯科市政府前面的广场上。

莫斯科原系一个十分偏僻的小村庄，属苏兹达尔公国。1147 年开始建城，13 世纪末成为拥有封土的公国。它地处奥卡河和伏尔加河的商业要道上，又位于东北罗斯的中心，受外族的侵害较少，因此发展较快。13 世纪后期臣属“金帐汗国”。

蒙古统治者为了达到“以夷制夷”的目的，在俄罗斯王公中选拔一人为“弗拉基米尔及全俄罗斯大公”，由他代表蒙古人在俄罗斯各地征收贡赋，代价是大公有权把弗拉基米尔城及其周围的土地并入他自己的领地。获得这一称号的王公，不仅可以从征贡中获得经济上的利益，而且自认为十分荣耀。莫斯科公国为了夺取这一称号，千方百计取媚蒙古

◀公元 860 年，基辅罗斯人第一次进攻君士坦丁堡，与拜占庭人发生对抗，争夺贸易权，图为与拜占庭人抗衡的情景

▲基辅的教堂是俄罗斯的发祥地，图为公元6世纪基辅的教堂

▲基辅罗斯的红太阳弗拉基米尔接受基督教的洗礼

可汗。他们主动帮助蒙古人镇压人民起义，用金帛向可汗的妻妾、近臣行贿。

伊凡一世就是通过这些手段，取得了这一称号。以后他便利用享受这一称号的特权，到处搜刮民财，镇压异己，并把全俄主教区迁至莫斯科，借以提高自己的地位。

15世纪后期，莫斯科公国又先后占领了雅罗斯拉夫和罗斯托夫等公国。这时，"金帐汗国"已四分五裂，十分衰弱，莫斯科公国遂趁机于1480年摆脱了蒙古的统治。至此，莫斯科公国已成为俄罗斯最强大的国家。16世纪初，它又兼并了特维尔、普斯科夫和里亚赞等地，并从立陶宛手中收复了斯摩棱斯克，统一的俄罗斯国家基本形成。

伊凡雷帝称"沙皇" 俄罗斯统一初期，国内经济联系非常薄弱，大贵族的势力十分强大。伊凡四世即位时年仅3岁，大贵族乘机争权夺利，互相倾轧，使俄国重新出现分裂局面。

1547年，伊凡四世成年加冕，开始用"沙皇"称号。为了加强王权，实现统一和打击大贵族，他在中小贵族支持下，于1550至1556年进行了一系列改革。

在司法方面，公布了惩治贪污条例，统一全国法律，在各地设立司法机关，任用中小地主担任各级法官；在行政上，废除总督制，提拔中小贵族充任国家官吏；在军事上，颁布了军役法，规定封建主每150俄亩的土地必须出一名全副武装的骑兵，从而取消了大贵族在这方面的特权，并使国家的骑兵人数大大增加。在步兵中加备了火器，增强了炮兵组织，因而提高了军队的战斗力。

▼沙皇伊凡四世像

以上改革虽然有利于加强皇权，但大贵族仍有大片土地，构成了对皇权潜在的威胁。而中小地主对土地的要求又非常强烈。为了摧毁大地主反抗中央的经济基础，1565年伊凡四世又采取了新的重大措施。他把全国土地划分为由"杜马"管理的普通区和由沙皇直接管理的特辖区两部分。特辖区包括土地富饶、工商业发达的中部地区和军事要地。凡在特辖区内原属大贵族的土地一律

▲伊凡四世战胜了喀山汗国之后在莫斯科郊外建造了圣巴西勒大教堂

收归国有，然后由沙皇分给服军役的中小贵族，作为军事采邑。国家以边远的普通区的土地补给被剥夺土地的大贵族。

这一措施，遭到大贵族的强烈反抗，但沙皇利用获得好处的中小贵族组成的特辖军团，镇压了反抗的大贵族，大批大贵族被杀。所以，人们称伊凡四世为“恐怖的伊凡”“伊凡雷帝”。通过以上措施，沙皇专制政体牢固地树立起来。

伊凡四世在巩固了国内统治以后，便积极向周围各少数民族地区扩张。

伊凡四世统治时期，沙皇俄国还是一个内陆国家，国土只占东欧的一隅，面积约280万平方公里。为了取得波罗的海的出海口，1558年1月，伊凡四世借口立窝尼亚骑士团和立陶宛联合反对俄罗斯而挑起战争。立窝尼亚在波罗的海沿岸，具有重要的战略价值，沙俄的侵略威胁波罗的海沿岸各国的安全。因此，波兰、立陶宛、瑞典、丹麦都参加了反对沙俄的战争，使战争具有了国际性质。

1582年俄国被迫和波兰签订10年停战条约，次年又和瑞典签署停战协定，各国疆域维持原状。历时25年的立窝尼亚战争最后以沙俄的失败而结束。伊凡四世夺取西部出海口的计划未能得逞。伊凡四世火冒三丈，一气之下用手杖击毙太子。

在南方，从16世纪中叶起，伊凡四世为夺取黑海的出海口，通过阿斯特拉罕，不断染指高加索。1557年，沙俄在北高加索的中心要地松孟河与捷列克河的汇合处，设立哥萨克军屯，并觊觎格鲁吉亚。它又利用北高加索各部落之间的矛盾，策动一些部落上层人物提出“自愿归并”俄国或隶属俄国的主张。1595年3月，沙皇自行颁布诏书，宣布哈萨克归属俄罗斯。

在东方，1581年哥萨克惯匪叶尔马克秉承沙皇伊凡四世的旨意，纠集了840名侵略军，首先侵入失必儿汗国，他们杀人掠地，无所不用其极。因此，叶尔马克被沙皇召见，并赐重赏，誉为英雄。然而，侵略者遭到失必儿汗国军民的坚决抵抗。1584年，入侵者一度被打败，叶尔马克也在逃跑中掉进河里淹死。失必儿汗国坚持斗争17年，到1598年最后失败。

16世纪中期，伊凡四世经两次用兵消灭了喀山汗国。不久，兼并了阿斯特拉罕汗国，占领了整个伏尔加河流域，使这里的鞑靼人、玛里人、楚瓦什人、乌德摩尔特人、巴什基人、摩尔多瓦人全部臣服于俄国。从此俄罗斯开始形成为多民族国家。

▼俄国的贵族

俄罗斯帝国的无限扩张

▲曾陪同彼得一世出访西欧的戈治文伯爵

罗曼诺夫开启新朝 从1584年3月18日伊凡四世病死，到1613年罗曼诺夫王朝建立，将近30年间俄罗斯处于混乱时期。贵族争权、政变频繁，外敌入侵，人祸天灾，国家处于极度动荡之中。

在俄罗斯1000多年的历史上，除了240年的鞑靼统治以外，只有两个王朝。第一个王朝是留利克王朝，建于公元9世纪。上述基辅罗斯时期，就是留利克王朝开始。1584年伊凡雷帝去世后，8岁的皇太子德米特里在乌格利奇市的教堂里遇害，外戚大贵族鲍里斯·戈杜诺夫专权，统治俄国700多年的留利克王朝从此覆灭。

1605年，戈杜诺夫突然死亡，俄罗斯天下大乱，进入一个“混乱时代”。直到下诺夫哥罗德的米宁和波扎尔斯基率领民兵把波兰侵略军赶出莫斯科以后，这一动荡时期才终于结束。1613年贵族们推举伊凡四世的亲戚、16岁的米哈伊尔·罗曼诺夫为新沙皇，建立了罗曼诺夫王朝。这个王朝经历18个沙皇的统治，末代沙皇尼古拉二世1917年2月被资产阶级革命推翻。

罗曼诺夫王朝统治初期也进行了一系列的对外扩张。

1648年春，乌克兰人民在波格丹·赫米尔尼茨基的领导下，掀起反对波兰统治者的斗争。1653年，沙俄应赫米尔尼茨基的请求，以“保护和支持乌克兰”为名，向波兰宣战。

1667年，沙俄策划并支持了乌克兰愿意接受沙俄统治，“自愿归并”俄国的活动。在没有乌克兰代表参加的情况下，沙俄和波兰签定的《安德鲁索沃条约》中规定：白俄罗斯的一部分，斯摩棱斯克和第聂伯河东岸的乌克兰土地划归俄国。1686年又把基辅也划了过去。这样，乌克兰便与沙俄合并了。

沙皇俄国扩张的另一种手段是用“探险”“考察”“行”等名义进行“地理发现”，所到之处就宣布为俄国的领土。当时西伯利亚的许多民族尚处于氏族公社阶段，互相之间联系很少，不利于反抗沙俄的扩张。1601年，康德拉特、库罗奇金沿着叶尼塞河下游驶至大海，侵占了皮亚辛河河口一带。1633年，伊凡·勒布罗夫和伊里亚·彼尔菲列夫沿勒拿河顺流而下抵达北冰洋。在11年中，完成了对西伯利亚北部沿海一带的扩张。1632年，为了继续向东方侵略，沙俄在雅库次克建立城堡作为根据地，然后不断向东方侵犯，把魔爪伸到鄂霍次克海一带。随后更把扩张矛头指向中国黑龙江流域。

▲俄国皇冠、金球、权杖及勋章

俄罗斯帝国的创立者 17世纪下半叶，沙皇俄国和英法等欧洲国家相比，在政治、经济和文化等各方面都

▶微服出访的彼得大帝

很落后。国内阶级矛盾尖锐，农民起义和城市贫民暴动不断发生。在这种形势下，地主阶级和新兴商人要求加强国内统治和扩大对外侵略。彼得一世在 1689 年掌握实权后，适应他们的要求，决心效法西方，实行改革。

1697 年，彼得一世派遣使团赴西欧考察和进行外交活动。他自己也以下士身份化名彼得·米哈伊洛夫随使团秘密出国。在国外，他考察了西欧国家的政治、经济、文化和科学技术。回国后，彼得进行了一系列改革，史称“彼得改革”。

在政治制度方面，彼得针对俄国政务机构混乱，职权不清的状况，调整和加强了中央集权的统治机构，废除了经常干预沙皇权力的大贵族杜马，建立由沙皇任命的 9 个大臣组成的参政院，作为政府最高机关，负责拟定法令，监督行政、司法、外交、军事和工商等事务；把全国分成 50 个省，省长直接隶属中央；罢黜了反对改革、干预皇权的大教长，废除了主教制度，设立宗教部，把教会直接置于皇帝权力之下。这样，就把中央和地方、行政和宗教的权力都集中于一身。1721 年，彼得宣布俄罗斯为帝国，自称皇帝，沙皇专制制度空前加强了。

为培植一批效忠沙皇政府的新贵族阶层，彼得废除了旧贵族的“门第特权”。1722 年颁布“职官等级表”，把文武官员分成 14 等，不以出身晋升等级，而按知识水平、能力大小、贡献多少赐予俸禄和职位，用彼得的话说：“官衔应赐给服役的人，而不是赐给炫耀门第的无赖汉和寄生虫”，使一批饱食终日、无所用心、不称职的官僚、旧贵族失去了官职。

在军事上，彼得从 1698 年开始按西欧国家军队的模样改组陆军，建立海军，取消雇佣制和贵族军队，实行按农户征兵制，强征农民入伍。为了培养军事骨干，彼得创办了炮兵、军事工程、航海等各种军事学校，并派贵族子弟到西欧国家学习军事。彼得还建立了军衔制度，根据军功任用军官。彼得规定，贵族青年服兵役必须从士兵开始，

▼彼得一世的马车

然后逐级升为军官。为供应庞大的军需，彼得大力兴办军需工场和造船场。军事改革是彼得改革的重点内容，到彼得晚年，俄国已建成一支庞大的常备军，拥有20万陆军、48艘军舰和800只小型战船组成的海军。

在经济上，彼得兴办工场，鼓励商人和外国人投资工矿，给予贷款和免税等特权；把政府创办的工场，以特惠条件转为商营。彼得还下令允许工场主买进整村农奴到工场做工，以使工场主得到终身做工的劳动力。此外，彼得还采取发放贷款、聘请外国专家、派人到国外学习生产技术等措施，给工业发展创造有利条件。彼得为保护本国工商业发展，还实行保护关税政策。凡国内能生产的商品，极力限制进口。在彼得统治时期，全国先后建立起纺织、制革、冶金、造船、造纸、军工等240多个手工工场，为以后俄国的工业发展奠定了基础。

在文化教育方面，彼得创办科学院，设立医学、数学和航海等学校；开办剧院；翻译出版西欧书籍、出版报纸、简化俄文字母、采用欧洲新历。

彼得一世的改革是俄国近代化的开端，对俄国的发展具有进步作用，它促进了俄国经济和文化的发展，改变了俄国的落后状况，使俄国从一个内陆国家扩张成为濒临海洋的强大帝国；改革巩固并加强了地主和商人阶级的政权。但是，彼得一世的改革是在封建的农奴制基础上靠残酷的剥削农奴进行的，俄国仍然是落后的农奴制国家。

彼得一世为适应俄国大农奴主和大商人对外掠夺新土地和财富的需要，进一步侵略扩张，争夺世界霸权。为此，他加强军事官僚机器，大力发展军事工业，加强陆军，新建海军，把俄国变成一个穷兵黩武的国家。在他统治的26年里，发动了一系列侵略战争，几乎所有的邻国都遭受到他的侵略和蹂躏。

彼得把征服欧洲作为实现世界霸权的战

▲彼得一世及其随从

▲俄国人剪胡子运动

▲彼得大帝在英国考察

略重点。17世纪末，俄国基本上是一个内陆国家。彼得认为要达到俄国称霸欧洲，“需要的是水域”，必须打开俄国通往欧洲的两扇门户，一扇是北部大门，即夺取波罗的海的出海口，以便俄国通向大西洋；一扇是南方大门，即夺取黑海出海口，以便由此进入地中海。彼得为夺取黑海出海口，先后两次发动对土耳其的战争。

1695年春，他亲率3万军队，沿奥卡河，直下伏尔加河，转入顿河，进攻亚速夫。因缺乏舰队，第一次远征失败。1696年再次出征亚速夫，战胜了土耳其军队。1700年，迫使土耳其签订和约，俄国夺得了亚速夫地区。但黑海仍被土耳其控制。

为了进一步夺取黑海出海口，曾企图与奥地利和波兰建立反土同盟，但未成功。为了从瑞典手里夺取波罗的海出海口，彼得拉拢丹麦、波兰等国于1699年秘密结成反对瑞典的“北方同盟”，并于1700年发动了大规模反瑞典的“北方战争”，这次战争历时21年。1701年，俄军在波罗的海东岸向瑞典发动进攻，到1704年底，除里加等少数大城市外，俄军几乎占领了涅瓦河沿岸、英格里亚、爱斯特兰和立弗兰等全部地区，彼得下令在尼思尚茨堡建立彼得堡。1712年，彼得下令把首都从莫斯科迁到彼得堡，表示征服欧洲的野心。1714—1720年，俄国海军消灭了瑞典的芬兰湾舰队，并攻至瑞典首都斯德哥尔摩。1721年，瑞典被迫求和。俄国占领芬兰湾、里加湾、卡累利阿、爱沙尼亚以及拉脱维亚等波罗的海沿岸地区。至此，俄国夺得了波罗的海出海口，实现了历代沙皇夺取出海口的野心，俄国从一个内陆国家变成濒海国家。1721年10月，俄国枢密院尊称彼得为“大帝”和“祖国之父”，俄国也正式改称“俄罗斯帝国。”从此，俄国成了欧洲强国之一。

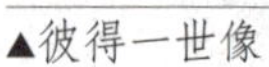
▲彼得一世像

“开明专制”：叶卡捷琳娜二世 叶卡捷琳娜二世原名索菲娅·奥古斯特，出生于普鲁士的一个败落贵族家庭。她从小接受过较好的欧洲式教育，她还曾随母亲游历欧洲各城市，拜会各国宫廷和诸侯大公。1744年被俄国沙皇伊丽莎白钦定为俄国未来的皇位继承人彼得三世的未婚妻，后成为他的妻子。

1762年伊丽莎白女皇去世，彼得三世继位。幼年在德国长大的彼得三世对祖国毫

▼古都圣彼得堡

无感情，他的对内政策遭到了俄国社会各界的强烈反对，对外政策也遭到了俄国军界和传统盟国的强烈不满。法国驻彼得堡外交使节麦尔西伯爵在发回巴黎的信中谈道：“宫廷革命将是俄国的幸福，特别是它的盟国的幸福。叶卡捷琳娜皇后在某种程度是俄国的救星，也是欧洲的救星。”因此，叶卡捷琳娜发动政变、夺取皇位的时机已经成熟。

1762 年 7 月 8 日夜里，叶卡捷琳娜二世在近卫军的拥戴下，发动宫廷政变，推翻彼得三世的统治。普鲁士国王腓特烈二世在听到这个消息后，评论说：“彼得就像被打发上床睡觉的孩子一样，轻易地让人家把他赶下了皇位。”

18 世纪的欧洲大陆风行“开明专制”的政治思潮，欧洲许多宫廷都曾标新立异，宣布实行“开明专制”。叶卡捷琳娜二世上台后，在俄国也实行了“开明专制”，这既是受欧洲宫廷的政治风气影响，也是受法国启蒙思想家的思想推动所致。

▲叶卡捷琳娜二世像

▲女王和她的宫室

叶卡捷琳娜二世与法国启蒙思想家们建立起了频繁的书信联系，并大量购买他们的著作。她甚至动用 16000 金币买下了法国启蒙思想家、百科全书派代表人物狄德罗的私人图书馆，聘任他为图书馆的馆长，并提前支付了 50 万卢布的薪水。后来又盛情邀请狄德罗来俄国，帮助她进行政治改革。叶卡捷琳娜二世不仅从思想家那里学来了华丽的词藻，而且形成自己的开明专制思想。

1767 年夏天召集新法典起草委员会会议，宣布女皇的训令，主张君主专制、严厉的法治主义、法律面前人人平等。她虽然想改善农奴制度，但是因贵族的反对而没有成功。此外她还修改地方行政制度、司法制度。

叶卡捷琳娜二世在行政方面的改革受到了贵族阶级和尚处于上升地位的资产阶级的欢迎，叶卡捷琳娜二世被称为“贵族女皇”，她执政的 37 年被称为贵族专政的黄金时代。叶卡捷琳娜二世执政时期是俄国专制制度演变的最重要的历史阶段之一，这一时期俄国专制制度的强势发展是与叶卡捷琳娜二世极力张扬的“开明专制”分不开的。

叶卡捷琳娜二世在位期间实施了 11 年的“开明专制”，她的政策在欧洲赢得了一片称誉之声。1767 年 8 月 10 日，新法典编纂委员会通过了授予叶卡捷琳娜二世“英明伟大的皇帝和国母”称号的建议，叶卡捷琳娜二世被尊称为“大帝”，在俄国历史上被授予“大帝”称号的只有彼得一世和叶卡捷琳娜二世。

叶卡捷琳娜二世的“开明专制”顺应了欧洲的政治潮流，在客观上促进了西方先进思想的传播，具有一定的进步意义。

▲瑞典将军指挥作战图

在实行“开明专制”期间，叶卡捷琳娜二世对资本主义工商业的发展采取鼓励的政策，并且取得了明显的成效。叶卡捷琳娜二世颁布法令，宣布工商业自由，取消对贸易的限制，鼓励向国外出口柏油、亚麻子、蜡、油脂、铁矿石、大麻、黑鱼子酱和钾碱。建立专门委员会负责监督流通于国外市场的货币铸造。政府鼓励向人口稀少的地区殖民以增加农业生产。国家对私人财产给予新的保障，并允许地主自由处理从他们土地上开采的矿产。在叶卡捷琳娜二世执政时期，俄国的工商业获得较为迅速的发展。俄国工商业的迅速发展，不仅增强了俄国的国力，特别是军事实力，而且提高了俄国的国际地位及影响。

叶卡捷琳娜二世不仅是一个封建专制暴君，而且是一个狂热的扩张主义者。她继承和加强推行彼得的侵略欧洲争霸世界的政策，她狂妄地叫嚣：“要是我能活到200岁，整个欧洲必将置于俄国统治之下。”在她执政时期，俄国在欧洲推行西进兼并波兰，打开通向西欧的走廊，南下侵略土耳其夺取黑海出海口的扩张政策。

叶卡捷琳娜二世先后于1768—1774年和1787—1791年对土耳其发动了两次大规模的战争，打败了土耳其，俄国迫使其签定《库楚克·开纳吉条约》和《雅西条约》。根据这两个条约，沙俄强占了黑海北岸从布格河到第涅斯特河之间的大片肥沃草原，取得在黑海海峡自由航行的权利，克里米亚正式并入俄国，沙俄夺取了黑海的出海口。接着叶卡捷琳娜建立了第二支舰队——黑海舰队，使俄国成为黑海的强国。

叶卡捷琳娜二世在发动侵略土耳其战争的同时，就着手侵吞波兰。她伙同奥地利、普鲁士，于1772年、1793年和1795年3次瓜分波兰。俄国占领了波兰的立陶宛、库尔兰、白俄罗斯和西乌克兰等广大地区，

▶爱骑马的叶卡捷琳娜二世

至此，沙俄已把它的三个邻国瑞典、土耳其和波兰打败，打开了通往欧洲的南、北两扇大门和通向欧洲大陆的走廊，奠定了进一步争夺欧洲霸权的基础。

▲尼古拉一世

叶卡捷琳娜二世执政时期是俄国专制制度的黄金时代和巅峰时期，而“开明专制”的尝试为俄国专制制度增加了许多新的内容，“开明专制”强化了俄国专制制度和君主制度在新的国际和国内条件下的适应能力。“开明专制”的历史还表明，君主制度和国家政权在一定程度上具有自身独立性，即在特定的历史时期，它可以自主寻找发展方向和寻找统治所依靠的社会基础。而且从俄国现代化的纵深角度来看，叶卡捷琳娜二世开创的制度实际上为俄国的政治现代化推开了一道门缝。

屠刀高悬：充当“欧洲宪兵” 十九世纪中叶，沙皇俄国为了维护欧洲的封建秩序和它的霸主地位，充当了国际宪兵的总头目，对东南欧的民族解放运动进行了疯狂的镇压。

1848 年巴黎二月革命的消息传到俄国后，沙皇尼古拉一世为了阻止革命烈火的蔓延，立即在国内实行紧急军事动员，把 40 万大军陈兵西部边境。由于法国革命形势的迅速发展，出兵法国的计划没有实现。但尼古拉一世认为，匈牙利革命的胜利，会使奥地利帝国崩溃，并将导致欧洲革命运动的进一步高涨，威胁俄国在波兰等国和巴尔干的利益。同年 5 月 27 日，尼古拉一世调动 14 万俄军分两路进攻匈牙利。7 月中旬，俄国占领了匈牙利的东部和东北部地区后，开始向首都佩斯推进。虽然匈牙利军队一度转败为胜，但由于军队司令戈尔盖向俄军投降，出卖了匈牙利革命，致使革命被俄军镇压。

在 1848—1849 年，沙皇俄国对罗马尼亚诸公国的革命也进行了残暴镇压。1848 年 6 月 28 日，俄国为了维护自己在摩尔多瓦的统治，出兵占领了雅西。刚刚兴起的摩尔多瓦雅西三月革命，被俄国残酷地镇压下去。1848 年 9 月 15 日，俄军又侵入瓦拉几亚，残酷镇压了瓦拉几亚革命。1849 年 6 月，沙皇又派军与奥军同时侵入特兰西瓦尼亚。特兰西瓦尼亚革命也同样被沙皇所绞杀。

▼在圣彼得堡皇宫前举行的阅兵式

帝国斜阳

▲俄国沙皇亚历山大二世

欲壑难填：19 世纪无休止的扩张 19 世纪 20 年代，在沙俄的策划和支持下，神圣同盟镇压了西班牙和意大利革命。30 年代，沙皇派出 12 万大军镇压波兰起义。沙皇俄国力图建立一个世界帝国。首先是向东南推进，吞并土耳其帝国，夺取巴尔干半岛和中东地区，把土耳其首都君士坦丁堡变为“沙皇格勒”。在 1828—1829 年对土耳其的战争中，占领了克里米亚、多瑙河口和高加索的大片土地。在北方，沙皇从瑞典手中夺取了芬兰。在西方攫取了华沙公国的大部分土地，又从罗马尼亚割走了比萨拉比亚。

1853—1856 年，沙俄同英、法为争夺巴尔干爆发了克里米亚战争，俄国在这次战争中遭到了惨败，被迫退出比萨拉比亚，挫败了它争霸欧洲的企图。但是一贯坚持侵略政策的沙皇政府是不甘心失败的，它在近东的侵略政策遭到打击之后，在东方展开了积极的侵略活动，并把侵略矛头主要指向中国。

1857 年，英法联军发动侵华战争，沙俄利用这个机会开始参加瓜分中国的活动。1858 年 5 月，强迫清政府订立不平等的《瑷珲条约》，侵占中国黑龙江以北、外兴安岭以南 60 多万平方公里的土地。它还强迫中国答应在乌苏里江以东原属中国的约 40 万平方公里的土地上实行“中俄共管”，同时还夺取了乌苏里江的航行权。1860 年 11 月又强迫中国政府签订《中俄北京条约》，以此强夺了乌苏里江以东约 40 万平方公里的土地。

沙皇俄国不但侵占中国东北大片土地，而且又加紧侵犯中国新疆地区。它强迫清政府于 1864 年签订《中俄勘分西北界约纪》，1881 年又强迫清政府签订了《中俄伊犁条约》等一系列不平等条约，在 19 世纪 60 ~ 80 年代，侵占巴尔喀什湖以东和以南的中国领土达 50 多万平方公里。

从 19 世纪 50 年代起到 19 世纪末，不到半个世纪内，沙皇俄国总共从中国夺去 150 多万平方公里的土地，约相当于 3 个法国或中国的 10 个山东省大。

▼表现列强殖民亚洲的漫画

俄国在侵略中国领土同时，还对中国进行大规模的经济掠夺。通过 1858 年的《天津条约》，沙俄从中国取得了开放商埠、停泊军舰、传教自由、领事裁判权和最惠国待遇等侵华权益。

俄国强盗在中国的侵略罪行，引起了中国各族人民的英勇反击，中国东北边疆人民一再起来展开反对沙俄侵略的斗争。被沙俄强占的乌苏里江以东滨海地区人民也不断奋起反抗沙俄的残暴统治。

19 世纪中叶，沙俄又完成了对中亚细亚的征服。19 世纪前半期，中亚细亚有 3

个汗国——布哈拉汗国、浩罕汗国、希瓦汗国以及半独立的白克领地和许多独立的部落。这里的居民是乌兹别克人、土库曼人、塔吉克人，哈萨克人、吉尔吉斯人和卡拉卡尔巴克人。他们从事农业和牧畜业，广大劳动农民受封建主的剥削。封建主之间经常发生混战，给予英、俄侵略中亚以可乘之机。

1864年，俄国侵略军大举入侵中亚。翌年侵略军占领塔什干，1867年，布哈拉汗国和浩罕汗国被迫并入俄国版图，成立了土尔克斯坦总督领地，以塔什干为首府。

1873年，沙皇侵略军又大举进攻希瓦汗国。当年签订了希瓦为俄国藩属的条约。沙俄在吞并中亚诸国时与英国相勾结，进行了划分“势力范围”的谈判，并达成了一项协议：沙皇政府承认英国在阿富汗的优势地位，英国则承认俄国在希瓦的“特殊权益”。沙皇俄国通过侵略吞并了中亚细亚以后，在中亚细亚实行极端残暴的殖民统治。在中亚细亚领地，军政大权操纵在总督手中，第一任总督是考夫曼将军，他在这里建立一整套殖民行政制度，用高压手段统治殖民地人民。中亚细亚变成了俄国的商品市场和原料供应地。当地手工业因俄国商品的竞争而迅速衰落，俄国殖民当局还强迫当地农民种植棉花，以供俄国棉纺织业生产的需要，造成粮食生产大量减少，中亚细亚人民在沙俄掠夺和压迫下过着饥饿和贫困的生活。

沙皇俄国通过几个世纪的侵略扩张，到20世纪初，已经成为拥有2200多万平方公里土地的殖民大帝国，成为俄国各民族的牢狱。

▲俄国海军在中国旅顺港被日本人击败

双头鹰折翼远东 俄罗斯在欧洲的一路高歌猛进，最终使这个老大帝国陷入与英法等老牌殖民强国的苦斗当中。19世纪的百年间，俄罗斯几起几落，尝尽兴衰荣辱。顺时，居然能够以“欧洲宪兵”的身份镇压1848年大革命；同时，横遭克里米亚战争的惨败。

在德意志统一并迅速强大以前，英俄矛盾一直是当时国际关系的主要矛盾。双方围绕所谓的“东方问题”明争暗斗，并日趋白热化。此时的俄罗斯实在抽不出更多精力来经营远东，只能跟随列强趁火打劫一番，以保证维持一定的远东殖民利益。第二次鸦片战争中，俄罗斯挟英法之余威，逼迫清政府签订《瑷珲条约》和《北京条约》，割走共100余万平方公里的中国土地。而在19世纪末列强瓜分中国的狂潮中，俄又强租旅顺和大连港地区，并将长城以北和新疆地区纳入势力范围。

▲俄军军舰被日本鱼雷击沉场面

在日本，俄罗斯抓住幕府突遭黑船叩关，风声鹤唳，以及对于白种人充满畏惧的心理弱点，于1855年逼迫签订《日俄修好条约》。日本对俄开放箱馆、下田、长崎三港，给予俄最惠国待遇，互相承认领事裁判权。最重要的是划定北方国界：库页岛维持现状，千岛群岛以择捉、得抚岛为界，择捉归还日本，得抚以北岛屿悉归俄罗斯。

俄罗斯在日本同样遭遇了英法的阻挠与掣肘。出于全面遏制俄罗斯战略的考虑，英国有意识地扶植日本，而日本人也显然有效地利用了这一点，1861 年的“对马事件”就是典型事例。但无论是英国还是俄罗斯，都远远低估了日本的潜力。日本在羽翼渐丰后于 1875 年与俄签订《库页岛千岛交换条约》，以让出南库页换回北千岛群岛，从而暂时解决了北方领土问题。但在朝鲜，双方发生了新的利益冲突。1891 年发生的日本警察刺杀访日的俄皇太子尼古拉未遂的“大津事件”就是敌对情绪的恶性爆发。随着甲午战争后中国势力的退出，双方对朝鲜半岛以及中国东北地区的争夺更加激化和表面化，19 世纪末期朝鲜的屡次宫廷政变即是明证。正所谓一山难容二虎，战争爆发只是时间问题了。

俄罗斯最终在 1904—1905 年日俄战争中败北，原本希图借助军事胜利来缓解国内矛盾的如意算盘落空。不久，国内发生了革命，几乎断送了沙皇的国运。尽管侥幸得以苟延残喘，但此时的帝国已经失去了往日的荣耀。元气大伤的俄罗斯被迫承认日本在朝鲜和中国东北的利益，并转而与对手握手言和，缔结军事联盟，以此来保障远东地区的安全。之后，四面楚歌、内忧外患的沙俄帝国除了在 1911 年策动过外蒙古独立之外，就再也没有大动作。几年后，又卷入“一战”当中，最终在 1917 年的革命风暴中寿终正寝。

普加乔夫起义 彼得死后，他的继承者为了加强君主专制制度的统治，一再强化农奴制。沙皇政府为取得贵族的支持，一再扩大贵族的政治特权，陆续把大量土地和农民赏赐给贵族。1762 年，沙皇颁布“赐于俄国所有贵族特权和自由”法令，允许贵族不服兵役。叶卡捷琳娜二世统治时期，给贵族的农奴达 88 万人，贵族的领地和农奴不断增加。这个时期，还把农奴制度扩展到乌克兰、顿河和伏尔加河流域以及南方各省，在俄国全境普遍建立起农奴制度。同时，沙皇政府和地主对农奴的压迫和剥削也大大加强。农奴除了向政府服兵役、徭役、交纳人丁税和各种苛捐杂税外，为地主服劳役或缴代役租都增加了，俄国的农奴实际上已奴隶化了。

农奴制的加强和封建贵族地主对农奴的残酷压迫剥削，加上连年对外战争造成的严重破坏，使阶级矛盾空前尖锐。俄国各族农民的反抗斗争连续不断。1873 年终于爆发了震撼全俄的普加乔夫领导的农民起义。

普加乔夫，出生在顿河沿岸齐莫维斯克镇，少年时即开始劳动，18 岁开始服兵役，参加过 7 年战争，退伍回家后，

▼生活十分贫困的俄国农民

到处流浪，走遍了顿河、伏尔加河和叶克河流域的广大地区，饱经人世辛酸，深知人民群众的疾苦和要求，决心反抗沙皇专制制度和农奴制度。

▲身着俄国传统服装的叶卡捷琳娜二世

1773 年 9 月，普加乔夫集结了一支 80 人的哥萨克队伍，从托尔卡齐村出发，攻打雅伊克城，揭开了一场伟大的农民战争。

普加乔夫领导的这次起义，开始就具有鲜明的反抗封建的农奴制的性质。普加乔夫连续发布文告和宣言，提出“土地与自由”的口号；宣布解放农奴，号召农民起来无情地消灭“恶贯满盈的贵族地主”与“贪污受贿的法官”。普加乔夫的起义获得了各族人民的热烈拥护和支持，俄罗斯人、巴什基尔人、鞑靼人、哈萨克和玛里等族人民，以及乌拉尔工场的工人都纷纷参加了起义，很快形成了一支强大的队伍。

起义领导者提出了明确的反农奴制的纲领，普加乔夫颁布了《全民告谕》和呼吁书，尖锐地指出贵族地主的剥削是造成农民贫困的根源，进一步提出把地主的土地、森林、牧场、捕鱼场等分给农民，免除兵役，取消一切赋税和地租的负担。这些纲领性规定体现了广大农民的根本要求。

▲1812 年 9 月，俄国人在拿破仑入侵时，撤退中焚烧莫斯科的情景

1773 年底，起义军队伍扩大到 3 万多人。声势浩大，打击和震动了沙皇叶卡捷琳娜二世的统治。为了挽救封建政权，沙皇政府迅速结束了第一次俄土战争，调集大军前来镇压起义。1774 年 9 月 14 日，普加乔夫被叛徒出卖，送交沙皇政府。次年 1 月，普加乔夫在莫斯科就义。贵族统治集团对起义参加者进行了野蛮的报复，国内绞架林立，成千上万的起义者被屠杀、流放或服苦役。

普加乔夫领导的农民起义是俄国历史上规模最大的一次农民战争，虽然在沙皇政府的血腥镇压下失败了，但它有重要的历史意义，它有力地打击了沙皇统治阶级，促进了农奴制的瓦解，推动了俄国历史的前进。

▲俄罗斯贵族与他的农奴们

农奴制改革　19 世纪初，俄罗斯仍然是封建国家，但新的资本主义经营方式已经出现，工业和商业发展起来。到 1850 年，俄罗斯已有 2800 家大工业企业，80 万名工人。由于多数工人是农奴，工业发展受到严重限制。

封建主对农奴的残酷压迫和剥削，激起了农奴的强烈反抗，1774 年在伏尔加河南部地区爆发了普加乔夫大起义。1812 年俄国虽然战胜了拿破仑军队的入侵，但封建专制的许多弊病已入膏肓。1825 年 12 月，一批贵族出身、参加过卫国战争的军官，在彼得堡参政院广场向沙皇发动兵谏，要求改变专制政体，实行立宪，废除农奴制。尼古拉一世命令军队开炮，逮捕了 579 名“十二月党人”，把他们绞死、流放到西伯利亚或者送到高加索充军。

▲拿破仑与亚历山大一世会谈图

▲亚历山大一世统治时的莫斯科

十二月革命党人起义，加速了农奴制的灭亡。

从19世纪上半期起，俄国专制制度也开始显现出危机的迹象。随后以赫尔岑、别林斯基、车尔尼雪夫斯基等为代表的革命民主主义者在俄国展开了政治宣传，将斗争的目标直指沙皇专制制度和农奴制度。1826—1861年，俄国的农民运动蓬勃发展。当时的诗人形容：“现在脚底下已经没有先前那样牢固而不可动摇的土壤了……有朝一日，醒来一看，自己已处在远离海岸的冰块上。”

1855年，俄国冒险与英国、法国和土耳其之间爆发了克里木战争，起因是争夺黑海和巴尔干的控制权。1856年，俄国沙皇尼古拉一世在前线俄军连败下自杀，亚历山大二世匆忙继位。

俄国在克里木战争中的失败加剧了俄国专制制度的统治危机。“克里木战争暴露了农奴制俄罗斯的腐败和衰弱。俄罗斯好像从睡梦中醒了过来……人人都感觉有一根神经破裂了，回到旧时代的道路已经封锁。这是由几个世纪所造成的历史时机之一，而且这些时机像山中的雪崩，像赤道附近的骤雨一样不可避免的……人人都觉醒了，人人都开始思索，人人都充满着批判精神”。

亚历山大二世在少年和青年时代，曾经从他的老师茹科夫斯基和斯佩兰斯基那里接受了一些欧洲的自由主义思想，后来又游历了欧洲一些资产阶级政治制度的国家，青少年时代的思想印迹为他执政后的改革打下了一定的基础。

1861年3月3日，亚历山大二世批准废除农奴制度的法令和宣言。《关于脱离农奴依附关系的农民一般法令》规定：农民有人身自由和一般公民权，地主不能买卖和交换农民，农民有权拥有财产、担任公职进行诉讼和从事工商业活动。在全部土地归地主所有的前提下，农民可以使用一定数量的土地，但必须向地主缴纳赎金。农民在签订赎买契约之前还要为地主服劳役或缴纳代役租。《地方法令》规定，当农民使用的土地超过法令规定的数额时，或者分给农民土地以后，地主剩下的好地不到全部土地的1/3时，地主有权向农民割地，即剥夺农民原种地的1/5～2/5。为管理改革后的农民，设置了地方贵族控制的村社和乡组织，并建立了监督农民的连环保制度。

农奴制改革是一场资产阶级性质的改良运动，加速了俄国资本主义经济的发展。农奴制的废除是俄国现代化进程中的重大里程碑，它直接地影响到俄国历史的发展。19世纪以来，封建农奴制生产关系开始瓦解，商品经济得以发展，农村中代役租形式和雇佣生产方式出现，资本主义生产关系在农村中萌芽，先进的生产技术得以逐渐应用，专制制度的统治也显现了危机的迹象。农奴制改革为俄国资本主义工业的发展提供了大量的劳动力、广阔的市场，使俄国农民走上普鲁士式的资本主义农业发展道路。

▲克里木战争中的英法联军攻占俄军要塞

二月革命 二月革命前的俄国，是一个经济上落后、政治上反动的军事封建帝国主义国家，国内充满尖锐复杂的矛盾。处于饥寒交迫之中的人民再也无法忍受沉重的压迫，群众斗争此起彼伏，连绵不断。

沙皇尼古拉二世虽然平庸无能，却是镇压革命的老手，人民称他为“血腥的沙皇”。1905—1907年的俄国第一次资产阶级民主革命就是被他扼杀的，为了转移人民斗争的视线，也为了对外掠夺，尼古拉二世把俄国拖入了第一次世界大战。结果俄国军队屡遭失败，本来就很落后的经济遭到了极大的破坏，战争的灾难引起了广大人民的强烈不满。

1917年1月，俄国各地爆发了大规模罢工和示威，纪念1905年的“流血星期日”。首都彼得格勒工人响应布尔什维克党的号召，举行罢工和示威游行，他们高呼“不要战争！”“打倒沙皇！”的口号。这次行动成为二月革命的前奏。

1917年3月8日是“三八”国际妇女节，彼得格勒50家工厂约13万男女工人举行罢工和游行，拉开了二月革命的序幕。第二天，参加罢工示威的群众增加到20万。

在布尔什维克党领导下，首都各大工厂举行了有30万人参加的联合总罢工。革命风暴吓坏了沙皇尼古拉二世，他下令不惜采取任何措施，迅速恢复首都秩序。布尔什维克彼得格勒委员会的各领导人和其他100多名革命积极分子被逮捕，激起了群众的极大愤怒。他们上街游行，抗议政府暴行，但遭到更野蛮的镇压。于是领导罢工的维堡区党委决定将总罢工转变为武装起义，推翻沙皇政府；工人们立即行动起来，攻占军火库，夺取枪支弹药，筑起街垒，与反动军警展开战斗。同时工人们还积极开展争取军队的工作，在工人们的宣传、感召下，有数万名士兵公开站到革命的一边。他们同起义工人一起，占领了沙皇的巢穴冬宫和政府各部，逮捕了沙皇的大臣和将军。首都起义获得完全胜利。

尼古拉二世不甘心自己的失败，立即从前线调军队企图夺回首都，但沙皇军队在革命影响下也发生了兵变。尼古拉二世见大势已去，被迫于3月15日引退，让位给其弟米哈依尔。第二天，米哈依尔也宣布退位。这样，统治俄国达304年的罗曼诺夫王朝被二月革命冲垮了。俄国资产阶级民主革命获得了胜利。

▼俄国沙皇彼得堡冬宫

▲克里姆林宫

俄罗斯的重新选择

十月革命 二月革命是一次资产阶级民主革命，布尔什维克党原有可能把政权掌握在自己手里，但由于当时党的主要领导人和骨干大都因被捕入狱或流亡国外，加之无产阶级在政治上不够成熟和缺乏组织性，革命胜利果实被孟什维克和社会革命党篡夺，组成了资产阶级临时政府。但因布尔什维克党在群众中的影响，仍掌握了彼得格勒工农代表苏维埃，俄国出现了两个政权并存的复杂局面。

▶列宁像

俄国临时政府在英、法帝国主义策动、支持下，表示继续参加第一次世界大战，而以列宁为代表的布尔什维克党和广大工农群众和革命士兵则决心退出帝国主义战争，没收地主土地，一切权力归苏维埃。列宁的思想得到了群众广泛支持，布尔什维克党在群众中的威望大大增强。临时政府对革命力量增长十分害怕，1917 年 7 月 17 日以后，临时政府实行恐怖政策，宣布彼得格勒戒严，下令通缉列宁，布尔什维克党被迫转入地下状态。1917 年 8 月 8 日，布尔什维克党在彼得格勒召开第六次代表大会，会议确定了武装起义的方针。在此之后，布尔什维克党积极进行起义的宣传组织工作，到十月革命前，布尔什维克党已拥有党员 35 万人，掌握了大批武装力量。彼得格勒 4 万工人赤卫队和其他城市 20 万武装工人也做好了起义准备。彼得格勒卫戍部队 15 万人、波罗的海舰队 8 万水兵、700 艘战舰及辅助船只都转到布尔什维克党。

11 月 6 日凌晨，根据事态发展，布尔什维克党中央召开紧急会议，决定立即发动武装起义。赤卫队和革命士兵首先赶走了占据《工人之路》编辑部的反动士官生，控制涅瓦河桥梁，占领了电报局、电讯社和火车站，封锁了士官生学校，切断反动军队进入彼得格勒的通道，革命指挥部斯莫尔尼宫受到1500名革命士兵和赤卫队的严密保护。当晚，列宁来到斯莫尔尼宫，亲自领导起义。接着，革命武装又占领了国家银行、邮政总局和火车站。11月7日凌晨，列宁在《告俄国公民书》中宣布：临时政府已被推翻。

▲十月革命后，处死尼古拉二世和他的家人的情景

11月7日下午6时，革命队伍逼近临时政府所在地冬宫。“阿芙乐尔”号巡洋舰开炮轰击冬宫。11月8日，冬宫被攻克，武装工人和士兵逮捕了临时政府成员。列宁在攻击冬宫开始后不久召开的第二次全俄工农兵苏维埃会议上宣布：一切政权转归苏维埃！

被推翻的临时政府不甘心失败。逃亡的临时政府“总理”克伦斯基勾结原沙皇第三骑兵军军长克拉斯诺夫，企图反攻彼得格勒，隐藏在彼得格勒市内的士官生也趁机发动叛乱，企图颠覆革命政权，布尔什维克党沉着应战，迅速调集水兵和工人武装镇压叛乱，击溃叛军并活捉了克拉斯诺夫。

彼得格勒武装起义的消息传遍俄国后，前线俄军纷纷成立士兵委员会支持苏维埃政权。随后，俄国各地革命群众在布尔什维克党领导下纷纷举行起义。至1918年3月，全俄各地城乡都建立了革命政权。世界无产阶级革命首先在俄国取得了胜利。列宁把俄国这段时期的胜利，称为“苏维埃政权的胜利进军”。

苏维埃时期 1917年11月7日，俄国工人阶级联合贫苦农民、士兵在布尔什维克领导下取得了历史性的胜利，完成了历史上第一次成功的社会主义革命，宣告成立俄罗斯苏维埃联邦社会主义共和国。列宁担任了第一届苏维埃政府——人民委员会的主席。

十月革命胜利后，俄罗斯各地先后成立苏维埃自治共和国或自治省加入俄罗斯联邦。1918年3月，俄罗斯联邦的首都由彼得格勒迁到莫斯科。

▼列宁和斯大林像

1918—1920年，14个帝国主义国家对苏维埃俄国进行武装干涉，企图把新生的无产阶级政权扼杀在摇篮里。为防止经济崩溃并赢得国内战争，动员和集中一切人力和物力实行了战时共产主义政策，先后歼灭了国内残存的白军和外国武装干涉军。1921年开始，苏联开始全面恢复国民经济，开展社会主义建设，转而实行新经济政策，鼓励商品生产和流通，实行自由贸易。

▲美国、英国、苏联三国领导人罗斯福(中)、丘吉尔(右)、斯大林(左)在一起

1922年12月30日，俄罗斯苏维埃联邦社会主义共和国同乌克兰苏维埃社会主义共和国、白俄罗斯苏维埃社会主义共和国和高加索联邦社会主义共和国（包括阿塞拜疆、亚美尼亚和格鲁吉亚）一起签署了《苏维埃社会主义共和国联盟条约》，结成苏维埃社会主义共和国联盟，简称苏联。之后，哈萨克、乌兹别克、土库曼、塔吉克、吉尔吉斯相继建立苏维埃社会主义共和国并加入苏联。1940年，苏联从罗马尼亚手中收回比萨拉比亚，成立摩尔达维亚苏维埃社会主义共和国并加入苏联。同年，苏联进入立陶宛、拉脱维亚和爱沙尼亚，三国建立苏维埃政权，也并入苏联。至此，苏联成为一个由15个加盟共和国组成的世界第一大国，其领土有2240.3万平方公里。

▲苏联“和平号”航天站

1924年1月21日，列宁逝世，斯大林继任苏联领导人的职务，统治这个国家近30年，被称为“斯大林时代”。斯大林上台之初，百废待兴。在斯大林的领导下苏联开始了社会主义建设，推行社会主义工业化和农业集体化。第一、第二个五年计划的完成大大地加强了苏联的综合国力。同时，在国内政治斗争中斯大林残酷打击和消灭不同政见者，其中肃反运动的恶劣影响尤其严重。

1941年6月22日，德国法西斯突袭苏联，迅速占领了苏联的大片领土，苏联卷入第二次世界大战。苏联人民进行了艰苦卓绝的卫国战争。1941年12月，莫斯科保卫战消灭德军50多万人，其胜利粉碎了德军“不可战胜”的神话。1942年斯大林格勒保卫战的胜利成为苏德战争乃至整个第二次世界大战的转折点，法西斯德国

▲苏联宇航员捷列什科娃

▼苏联宇航员尤里·加加林

受到致命打击，从此一蹶不振。苏军开始了战略反攻。直到 1945 年 4 月 30 日，苏军攻占柏林，德国投降。8 月，苏联对日宣战，进攻日本关东军。日本投降，第二次世界大战结束。

苏联在第二次世界大战中所取得的胜利彻底改变了世界的总格局。苏联的国际地位和威信空前提高。东欧社会主义国家的出现，结束了苏联在国际社会上“孤军奋战”的局面，形成了社会主义阵营。

▲人造卫星二号

战后，苏联百业齐举，经济复苏，进入了飞速发展的阶段。1950 年，苏联的第四个五年计划提前完成。1949 年苏联成功试爆原子弹，打破了美国的核武器垄断。

1953 年斯大林去世后，赫鲁晓夫上台。赫鲁晓夫提出了“和平共处”“和平竞赛”“和平过渡”的理论，作为对世界共产主义运动和苏联内外政策的战略指导思想；重申优先发展重工业和开垦荒地；表示中央委员会决心为过去蒙冤受害者恢复名誉；批判“个人崇拜”，强调恢复和加强集体领导原则。经过一系列党内斗争，他集党政大权于一身，对传统的管理模式进行了改革，取得一定的成绩。1957 年，苏联研制的人类历史上第一颗人造地球卫星上天。1961 年，第一个载人宇宙飞船升空。

赫鲁晓夫执政时期，其内外政策上也犯了一系列的严重错误。他将苏共分为工业党、农业党，造成管理上的混乱；大片开垦荒地造成生态环境的严重恶化并严重影响农业生产；外交政策上，对美关系因古巴导弹危机一度濒临战争边缘，中苏关系出现裂痕并开始恶化。这一系列的错误导致了他 1964 年 10 月的下台。

勃列日涅夫上台后，苏联的综合国力大大增强，终于成为与美国平起平坐

▶1991 年，叶利钦的支持者在红场集会，同年 12 月，苏联解体

▲1991年的叶利钦与戈尔巴乔夫

▲苏联的解体使许多士兵变得迷惘，作为军人，他们不知道自己的职责是什么

的超级大国。苏联在全国战略上采用进攻态度，1968年出兵捷克斯洛伐克，制造了布拉格事件；在中国的珍宝岛制造事端；1979年又出兵阿富汗。与此同时，国内高度集中的管理模式更加保守和僵化，使苏联陷入“停滞”时期。勃列日涅夫去世后，安德罗波夫和契尔年科先后担任了苏共总书记，开始了一定程度的改革，但均因年岁过高，执政一年多就去世了。

苏联解体 在苏联时期，国家经济和社会发展取得了重大的成就，同时也犯了许多错误，在与西方竞赛中逐渐落伍，引起苏联人民的不满。

1991年3月17日，苏联就“是否保留和革新联盟”的问题举行全民公决。在全苏2.8亿人口中，享有表决权的人中80%的人参加了投票。在投票者中，76.4%的人投票赞成保留苏联。因此，苏联10个加盟共和国开始就新联盟条约——《主权国家联盟条约》进行谈判。

8月19日，就在签约前夕，苏联副总统亚纳耶夫、最高苏维埃主席卢基扬诺夫、总理帕夫洛夫、国防部长亚佐夫、内务部长普戈、国家安全委员会主席克留奇科夫等8人趁苏联总统戈尔巴乔夫在克里米亚休假之机，成立紧急状态委员会，发表《告苏联人民书》，宣布由亚纳耶夫代行总统职责，在苏联部分地区实行紧急状态。他们认为，只有这样，才能使苏联避免分裂。

这一“特殊行动”在3天后即宣告失败，从此苏联解体的过程骤然加速。

1991年12月8日，俄罗斯总统叶利钦、乌克兰总统克拉夫丘克和白俄罗斯最高苏维埃主席舒什克维奇在白俄罗斯名城布列斯特附近的“别洛韦日”森林别墅举行会晤，宣布成立“独立国家联合体”（简称独联体），宣判了苏联的“终结”。

12月21日，除了波罗的海三国和格鲁吉亚

▼随着苏联的解体，列宁的雕像也被拆卸

领导人以外，苏联其他11国领导人云集哈萨克斯坦首都阿拉木图。中亚5国、亚美尼亚、阿塞拜疆和摩尔达维亚表示，同意以“与俄罗斯、乌克兰和白俄罗斯平等和共同的创始国身份”加入独联体，并正式宣布“苏维埃社会主义共和国联盟停止存在”。

12月25日19时，戈尔巴乔夫发表电视讲话：“鉴于独立国家联合体成立后形成的局势，我停止自己作为苏联总统职务的活动。”19时38分，苏联国旗从克里姆林宫顶上缓缓降落，俄罗斯的白蓝红三色旗取而代之。

苏联解体的原因复杂而深刻，其中有历史的和现时的，政治的和经济的，民族的和军事的，国内的和国际的，苏共党内的和党外的等多方面原因。苏联解体后，俄罗斯在国际上成为苏联的继承者。

俄罗斯进入普京时代

2008年5月7日，新任总统梅德韦杰夫宣誓就任俄罗斯第三任总统。俄罗斯原总统普京让出了已经坐了八年的总统宝座，虽然普京的位置站到了梅德韦杰夫后排，但谁都知道，“影子普京”还在掌控着俄罗斯。

▲俄罗斯总统——普京

2000年3月6日，普京当选了第二任俄罗斯总统。从此俄罗斯联邦进入了普京时代。这个时期的俄罗斯，经济状况十分差，1990年～2000年，俄罗斯国内生产总值减少了一半，国家工业部门发展潜力全部萎缩。与此同时社会贫富差别急剧扩大，4000万穷人衣食无着，暴敛国家资产的20多位亿万富翁却上了全球首富排行榜。原有的社会保障体系被打破以后，新的替代体系迟迟没有建立起来，由此引发的社会问题甚至威胁到整个民族的生存。俄罗斯人口较苏联时期大幅减少，人均寿命不足66岁，全欧洲倒数第一。生存环境的恶化和精神世界的危机导致吸毒者近10倍地增长，每年自杀者总数由1990年的2.6万人攀升至2001年的3.97万人。

普京执政之初就对俄罗斯的局势有着清醒的认识。普京认为：目前俄罗斯经济和社会所遇到的困境，在很大程度上是由于继承了苏联式的经济所付出的代价。要知道，在改革开始之前该国没有其他的经济。他们不得在完全不同的基础上，而且有着笨重和畸形结构体制中实施市场机制。这不能不对改革进程产生影响。正因为普京胸怀强烈的危机感和使命感，使普京执政短短几年便取得了巨大成就。他当机立断发起反车臣恐怖集团的军事行动，加强联邦中央对地方的治理和监督，大刀阔斧扭转混乱的经济状况，清除寡头干政的势力。在外交上，反对美国的导弹防御体系，反对北约东扩，加强与亚洲国家的联系，与中国签订《中俄睦邻友好合作条约》……这一切使俄罗斯向好的方向变化。

▲美国人登上月球

第七讲
超级大国：美国

美国人，他们是什么人?

他们是从其他国家涌入的移民。美国，这个在当今独步全球的超级大国，在可预见的未来，它仍将是世界舞台的重要主角。300 多年的沧海桑田、旖旎风光、风云变幻……

在地球中生代末期灭绝的恐龙，曾经是地球上几千万年前的所有生物的主宰。美国崛起不到百年，这条披着星条旗的恐龙，已拥有资本主义世界 70%的黄金储备。虽然美国的人口仅占世界人口的 5%，但其国民生产总值却占全世界的 1/4。美国的经济总量与人均收入都稳居世界前列。华尔街的金融大鳄，出没于世界经济丛林中的空前强大的金融资本，在全球金融界掀起阵阵波澜。美国在关贸总协定里，充当着掌门人和裁判长的角色。美国庞大的经济实力，支撑着它不断膨胀的野心，美国的网络经济、军火生产、科技霸权、外交军事单边主义……无不显示其独一无二的傲慢姿态。在整个 20 世纪，美国一直是世界第一的强国，冷战结束后，更是独步全球的唯一超级大国，夸张一点说，了解了美国，就了解了世界的一小半。美国经济发达，但贫富差距也很悬殊；美国法制很健全，但犯罪率却居高不下；美国倡导民主，但对外耀武扬威，横行霸道……真是矛盾重重，扑朔迷离。

▲波士顿的工匠们在英国殖民者和税务官的压榨下辛勤劳作

独立与初步繁荣

美利坚合众国的诞生：独立战争 美洲最早的居民是印第安人，16～18世纪，正在进行资本原始积累的西欧各国相继入侵北美洲。法国人建立了新法兰西；西班牙人建立了新西班牙。1607年，英国建立了第一个殖民据点，此后在大西洋沿岸陆续建立了13个殖民地。到达殖民地的大多数是西欧贫苦的劳动人民，也有贵族、地主、资产阶级，其中以英国人、爱尔兰人、德意志人和荷兰人最多。移民中有逃避战祸和宗教迫害者，有自愿和非自愿的“契约奴”以及乞丐、罪犯；还有从非洲被贩运来的黑人。

这些从欧洲来的移民同当地土著人共同开发，经过100多年的开拓、各地经济往来与交流，北美13个殖民地资本主义经济开始发展，特别是北部资本主义工商业比较发达，造船工业成为主要的工业部门。南部种植园经济，主要种植烟草、蓝靛、甘蔗等以商品为主的经济作物，主要供应欧洲市场。

同时，这些移民经过长期开拓和经济的频繁交流，初步形成了统一市场，英语成为统一的语言，这样由来自欧洲的移民融合的新民族——美利坚民族形成了。

英法为争夺海上霸权和掠夺殖民地而进行的7年战争，以英国胜利告终。英国在北美接管了加拿大，控制了密西西比河以东的新法兰西，对北美殖民地全面加强控制，宣告阿巴拉契亚山脉以西为王室产业，禁止殖民地人民染指；并征收重税，严厉缉私，限制经济活动，严重损害了殖民地各阶层人民的经济利益。从1619年弗吉尼亚建立议会起，各殖民地相继成立议会，与英国相抗衡，1765年9个殖民地举行抗议印花税大会，掀起反抗怒潮。

英国政府面对着北美人民的反抗采取了严厉的高压政策，对北美人民的反抗斗争，派军队武力镇压。北美人民在忍无可忍的情况下，组织起来准备武装斗争。

▲1773 年的波士顿倾茶事件，北美人民反对英国殖民者的茶叶专卖制度，将英国东印度公司停在波士顿的茶叶全部倒入海中

北美殖民地人民，对英国竭力压制北美经济发展和永远把北美 13 个殖民地作为它的原料产地和商品市场表示极大不满，反抗斗争日益高涨。18 世纪 70 年代英国进一步执行高压政策，1770 年波士顿惨案发生。1773 年通过了茶税法，引发波士顿倾茶事件。北美人民的反英怒火，到了一触即发的时刻了。这样，波士顿的倾茶事件就成了美国独立战争的导火线。

1772—1774 年，各殖民地普遍成立通讯委员会，领导抗英斗争。1774 年 9 月 5 日，除佐治亚外的各殖民地代表在费城召开了第一届大陆会议，通过了和英国断绝一切贸易关系的决议，继而通过“关于殖民地权利和怨恨的宣言”，向英王呈递请愿书。

1775 年 4 月 18 日，在波士顿附近的来克星顿和康科德，殖民地爱国者打响了反抗的枪声，揭开了独立战争的序幕。独立战争爆发后，1775 年 5 月在费城召开了第二届大陆会议。会议决定建立大陆军，任命华盛顿为大陆军总司令。次年 7 月大陆会议通过杰弗逊起草的《独立宣言》，宣布 13 个殖民地脱离英国独立。

美国的独立战争推翻了英国的殖民统治，使美国赢得了独立；有利于美国的资本主义发展，为资本主义经济发展开辟了道路；对欧洲和拉丁美洲的革命起了推动作用。

▼大陆会议批准杰弗逊起草的《独立宣言》

▲富兰克林、亚当斯和杰弗逊在起草《独立宣言》，马克思称它是第一个人权宣言

美国独立战争具有双重性质，这是美国独立战争的突出特点。

美国是世界上的重要国家，综合国力强大。它为什么能够在短短300多年的时间内有如此迅速的发展？要找到答案，就需要从美国的起点入手。而独立战争正是美国的起点，极大地促进美国资本主义的发展。

西进运动：大陆扩张 独立战争以后，美国建立了资产阶级和种植园主的联合政权。美国政府为了满足资产阶级和种植园主的利益走上了大规模扩张领土和对外侵略的道路。

当时美国的领土位于大西洋沿岸和阿巴拉契亚山脉之间，到1790年面积大约200万平方公里，人口约390万人。1803年，美国利用拿破仑的困难处境用1500万美元从法国购买了面积为120万平方公里的土地，这片土地东起密西西比河，西至落基山山脉，南濒墨西哥湾，北达加拿大的广大平原，称路易斯安那。1811年，美国又占领了西属佛罗里达半岛，并在1919年迫使西班牙政府以500万美元把这个半岛卖给美国。美国还利用英、法对峙的有利形势向北方扩张，夺取加拿大，英美双方不断发生冲突，终于在1812年爆发了战争，双方在北美大陆和海上进行了多次激战。1814年在根特签订和约，英国重新确认美国独立，历史上称这次战争为美国第二次独立战争。但是，美国向北方扩张的企图也遭到了失败。

随着美国经济的迅速发展，向外扩张的野心也不断增强。1823年12月2日，美国总统门罗在致国会咨文中说：“任何欧洲列强都不得干涉西半球的事务，否则就是对美国安全的威胁和不友好的行动。”这就是历史上的所谓“门罗主义”。门罗主义尽管起了反对“神圣同盟”干涉拉丁美洲革命的作用，但实质上是打着“美洲是美洲人的美洲”

▼开拓者西行装备

的幌子，把拉丁美洲看成美国的势力范围，在美洲建立霸权。

▲开拓者西行之路往往乘几辆马车结伴而行，晚上为防止印第安人袭击而围成一圈“车阵”

19世纪20～30年代，美国移民大量迁入墨西哥国境，并在那里制造事端。1835年，在美国政府策划下，使得克萨斯脱离墨西哥，成立了傀儡共和国，后来于1844年并入美国，成为美国的一州。1846年，美国又发动了侵略墨西哥的战争，两年后订立和约。美国从墨西哥掠夺了面积达250万平方公里的土地，只付给墨西哥2680万美元。

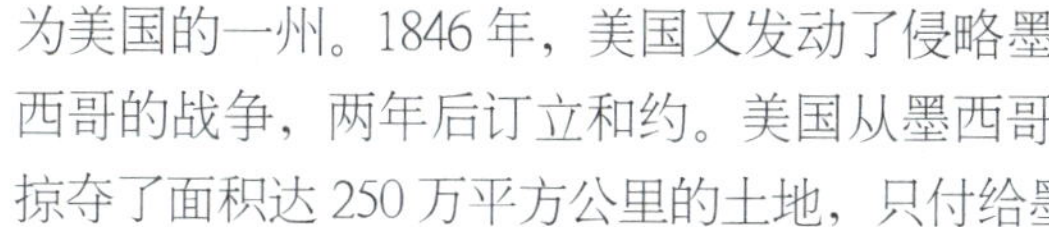

美国还向北美西部俄勒冈地区扩张，但是与英国发生争端。1846年，双方达成协议，签订条约，规定以北纬49度为俄勒冈和英属加拿大的分界线。这样，美国获得了现今俄勒冈、华盛顿、爱达荷、怀俄明诸州的土地。

1867年，美国向沙皇俄国购买了阿拉斯加。到19世纪中期，美国领土已从大西洋延伸到太平洋，约占北美大陆的一半，在这片辽阔的土地上有着丰富的资源，为美国资本主义发展，提供了有利条件。

美国领土扩张也是在屠杀、驱逐印第安人，占领他们世代生息的土地的过程中实现的。1812—1814年对英作战期间，美国对居住在密西西比河以东的印第安人诸部族进行了残酷的大规模“扫荡”，后来又多次派军队“剿灭”印第安人。那些幸存下来的印第安人都被驱往密西西比河以西的贫瘠山区，经过无数次的大屠杀，到19世纪末，印第安人由原来100多万人减少到24万人。

美国在向西部大陆扩张的同时，也把侵略势力伸到远东地区。在1840—1842年中英鸦片战争期间，美国派遣舰队为英国侵略中国助威。1844年强迫中国政府签订《望厦条约》，并且取得在华的“最惠国待遇”和“领事裁判权”。1851—1864年太平天国革命期间，美国参与镇压太平天国的罪恶勾当。1853年，美国更用炮舰打开了日本大门，次年又强迫日本签订不平等的《日美亲善条约》。

美国对外实行贪得无厌的侵略和领土扩张，以及对国内的印第安人进行灭绝种族的掠夺和屠杀，加速了美国资本主义的发展。

▶美国官员舍沃夫从俄国人手里购买阿拉斯加的漫画

内战与镀金时代

林肯的南北战争 美国独立以后，通过赎买、武装颠覆或发动战争等手段，大力进行领土扩张。19世纪中期，美国领土已从大西洋扩展到太平洋沿岸。在这段时期，许多人由东部移居西部，形成了美国历史上著名的“西进运动”。西进运动过程中，一方面，土著印第安人遭到血腥屠杀，或被赶往更为偏远、荒凉的地区；另一方面，西部的广大地区被开发，促进美国经济的发展。

美国独立以后，存在着两种经济形式，即北方的资本主义工商业经济和南方的奴隶制种植园经济。这两种经济形式虽然都属于资本主义经济，但在许多方面存在着很大差异。19世纪中期，美国南北方的经济以不同的方式迅速发展，但矛盾也随之日益显露而不断激化。北方工商业资本家要求保护国内市场和原料，扩大工业品出口，提高关税，限制工业品进口；希望废除奴隶制度，增加自由劳动力，在西部建立“自由州”。南方种植园主为了谋取高额利润，把棉花等原料大批运往英国，并从英国输入大量工业品。他们大力主张降低关税，扩大进口，扩充奴隶数量，在西部扩展奴隶制。双方矛盾的焦点是奴隶制的存废问题。

▶林肯总统像（1861—1865）

1810—1860年，美国北方工业发展迅速，美国工业总产值增长了近9倍，成为仅次于英、法、德的世界第四号工业国。南方种植园主使用黑人奴隶生产棉花、烟草等经济作物。由于当时英国纺织业发展迅猛，棉花需求量激增，南方种植园主为了追逐高额利润，大量生产棉花，其中80%以上销往英国，而美国北方新兴纺织业对棉花的需求却得不到满足。在领土扩张中，不断有新的州并入联邦，种植园主拼命增加“蓄奴州”数目，扩大黑人奴隶人数。内战爆发前夕，南方有黑奴400万，蓄奴州15个。

▼黑人奴隶时常被处以私刑

19世纪上半期，废奴运动高涨起来。废奴主义者积极呼吁废除奴隶制，并付诸行动，解救黑人奴隶，甚至发动武装起义。南北的矛盾日益尖锐。

1860年，美国举行总统选举。成立不久的共和党，代表北方资产阶级利益，击败代表南方种植园主利益的民主党，获得胜利。主张限制奴隶制的共和党候选人林肯当选为总统。

1861年，南方一些州宣布建立南部同盟，公开分裂国家。接着，南方军队挑起战争，美国内战爆发，史称“南北战争”。

南方种植园主决定在林肯就职以前发动叛乱，2月4日，南方7个州宣布成立另外一个名为“美利坚诸州同盟”的国家，定都里士满。林肯就职后，曾试图和解，避免分裂，遭到南方拒绝。4月，南方军队炮轰联邦军队要塞，内战开始。此后，南方又有4个州参加叛乱。

从双方的力量对比和人心向背来看，形势有利于北方。但是，在内战初期，南方蓄谋已久，准备充分；北方幻想妥协，战备松懈，节节失利。

为了摆脱困境，争取战争胜利，1862年，林肯政府陆续采取一些顺应民意的措施：首先，通过了《宅地法》，允许在西部无主土地上连续耕种5年以上的美国农民，缴付少量手续费就可获得一定面积的土地；接着，又颁布了《解放黑人奴隶宣言》，规定从1863年1月1日起叛乱各州的奴隶获得自由并可以参加联邦军队。

战场形势很快扭转。1863年，在葛底斯堡战役中，北方军队获得大胜，开始掌握战争主动权。1865年春，南方军队投降，美国内战结束。但是，南方奴隶主仍不甘心失败，战争刚结束，就派人刺杀了林肯。林肯为维护国家统一和解放黑人奴隶做出了重要贡献，受到后人的尊敬。

美国内战是美国历史上第二次资产阶级革命，它维护了国家统一，废除了奴隶制度，进一步扫除了资本主义发展的障碍，为美国资本主义经济的起飞铺平了道路。但是，内战并没有彻底消除种族歧视，黑人仍然受到不平等的待遇。

广揽英才：吸收移民 从1820年到1860年，美国迎来了第一次移民浪潮。

▲约翰·布朗成为美国废除奴隶制度的一面旗帜

▲负责制订黑奴解放宣言的内阁

▲南方经济很大程度上依赖黑奴

▲林肯遇刺

开始还是涓涓细流，后来便是大河滚滚。这一时期，大约有 500 万人移民美国。

这一时期，移民除了来自传统的西欧（英国超过 30 万）和北欧（斯堪的纳维亚等国）外，更多的来自爱尔兰和德国等中欧国家。爱尔兰移民在开始时很少，自 1830 年后人数迅速增加，几乎成一股洪流，不可遏止。爱尔兰人长期处在英国统治之下，加上当地地主的苛刻，普通爱尔兰人生活困苦，勉强为生。1845 年，一场神秘的病害使得爱尔兰人赖以为生的食物马铃薯歉收，随后几年在爱尔兰出现连续的饥荒，100 多万爱尔兰人饿死，另有 150 多万爱尔兰人背井离乡、远涉重洋来到美国。他们没有财产，没有技能，没有文化，有的只是生存的希望，他们对美国充满憧憬和向往，当时在爱尔兰便传唱一首流行曲“那地方（指美国）人人都有工作和面包，天上的太阳天天照”。

爱尔兰人是因压迫和饥荒而移民，同一时期德意志人是因革命和战乱而移民。此时德意志尚未统一，国内诸侯割据，四分五裂。1848 年德意志爆发一场资产阶级革命，希望实现国家统一，建立资产阶级政权。革命最终失败，大批德意志人逃亡美国，从 1850 年到 1860 年，移民美国的德意志人将近 100 万。

▲美国自由女神像

这一时期，美国出现移民高潮原因在于，一方面，美国独立战争后，摆脱英国政策的限制，能自己制定移民政策；同时，美国通过独立战争，获得西部大片土地，面积扩大一倍；加之，美国又从法国手中购买了路易斯安那，面积再次扩大一倍。土地的增加使得美国更显得地广人稀，劳动力更为缺乏，更需要大量移民。另一方面，此时的欧洲天灾人祸、混乱动荡，使得大批人被迫背井离乡，寻找新的生活机会。第三，是移民的示范作用，先来的移民在改善生活之后，通过书信向母国传达这一信息，使得大批的后继者蜂拥而至。

从 1860 年到 1920 年，美国又迎来移民的第二次高潮。这次移民潮波涛汹涌，影响持久深远，这期间，有 3000 多万移民来到美国。开始大多数移民来自传统的英格兰、爱尔兰、德国和斯堪的纳维亚，渐渐地来自东欧和南欧的移民成为主流，大量意大利人、斯拉夫人、犹太人移民美国。

这一时期，美国出现移民高潮的原因在于：第一，美国南北内战的结束，工业革命迅猛发展，使得美国出现大量劳动力短缺。这期间，美国财富增加了一倍，工人数量也增加了一倍。而其中很多劳动力便来自移民。美国对劳动力的迫切需要，是其广泛接受移民的最主要原因。在此期间，美国的工厂主、征募经纪人、职业介绍所在欧洲作了不遗余力的宣传，散发了大量手册，编造了各种诱人的故事，允诺提供了许多机会和条件。他们为贫困移民提供旅费资助，负责接待新来移民，并帮助他们寻找工作。1862 年通过的《宅地法》规定只要愿意成为美国公民的人在该地工作 5 年，便可获得 160 英亩 (64.75 公顷) 的土地，对移民产生巨大的吸引力。第二，移民自身的贫穷，所受的宗教迫害和政治压制，渴求一种更美好生活的希望，也使他们抛弃原有的生活，来到美国。

▲移民者托马斯 · 史密斯船长

1886 年，在第二次移民浪潮期间，纽约湾贝娄岛上竖起了一座巨大雕像，即举世闻名的自由女神像。它是法国政府为纪念美国独立 100 周年赠送的，法国著名雕塑家巴托尔迪历时 10 年雕塑而成。这座“照亮全世界的自由女神像”为千百万渴望来美国的移民指引着方向。雕像上刻着俄国犹太移民、女诗人埃玛 · 拉扎勒斯一首诗的最后五行：

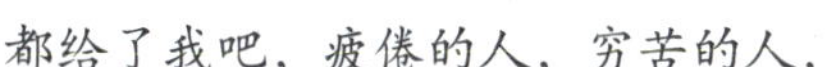

都给了我吧，疲倦的人，穷苦的人，
渴望自由呼吸的芸芸众生，
喧闹海边的可怜虫，
都送到这里来，无家可归，风吹雨打的人们。
在金门之旁，我高举明灯！

在相当长的时间内，这首诗表达了美国对移民欢迎和接纳的思想和信念，不少移民在船上望见这座自由女神像时，激动得热泪滚滚。

美国是一个移民国家。首先是移民创建了这个国家。在短短 200 余年间，美国由 300 万人口的孱弱小国发展到今天近 3 亿人口的大国；由地广人稀、经济落后的蛮荒之地发展成人才辈出、经济繁荣的超级大国，移民在其中起了不可或缺的作用。可以说美国靠移民而建，因移民而兴。移民为美国提供了源源不断的人力、物力，为之奉献了宝贵的财力和智力。移民丰富了美国文化，培育了其开放的心胸和创新精神。而美国不同时期不同的移民政策也为移民在美国走向超级大国的进程中发挥作用创造了条件。

▶载着欧洲移民来到新大陆的“五月花”号游轮

崛起与扩张

▲柯立芝

经济起飞：柯立芝繁荣 第一次世界大战后，美国的经济得到了飞速的发展。这一时期，恰巧在总统柯立芝任期之内，所以美国这一时期的经济繁荣又被称为“柯立芝繁荣”。

柯立芝执政时，共和党四分五裂，国家呈现无政府状态，联邦政府信誉扫地。他在总统任期内对政府进行了一些整顿，革除一些引起民愤的贪污渎职的官员，同时削减所得税税率，鼓励投资。柯立芝抓住国人渴求安定的心理特点，稳扎稳打，改变上述状态，取得一定成效，从而赢得了1924年的大选，获得连任。

柯立芝有一句名言：“美国的事情就是做生意。”当时，柯立芝采取自由放任的经济政策，不干涉工商业的发展。在具体的经济政策上，推行对内减税，对外采取高额关税。在外交政策上，继续顺应当时美国民众的要求，执行孤立主义政策，不卷入复杂的欧洲事务。1928年，当他的第二个总统任期到期后，拒绝再次参加总统竞选，自动隐退。

柯立芝在任内采取的一系列刺激经济发展的措施，使美国经济一度出现了繁荣。到1929年，美国在资本主义世界工业生产中的比重已达到48.5%，超过了当时英、德、法比重总和的79%。

建筑工业的迅猛发展是当时美国经济繁荣的重要标志。钢铁、电力等重工业部门的繁荣，使就业人数增加，社会购买力上升，推动了消费品生产部门，尤其是新兴工业部门的迅速发展。在新兴工业中，最令人瞩目的是汽车工业的兴起。与汽车工业相配套的加油站和道路建设等，也迅速发展起来。无线电工业、航空工业和电影业也获得较大发展。这就是史称的“柯立芝繁荣”。

那么，“柯立芝繁荣”的原因是什么呢？技术革命是“柯立芝繁荣”最基本、最重要的原因。其次就是美国在第一次世界大战中大发横财，扩张了经济实力，为“柯立芝繁荣”提供了物质基础。

▼美国工业家亨利·福特

大棒与金元：染指美洲 美西战争是美国由自由资本主义发展为垄断资本主义的一个重要标志，它已经跃升为世界头号工业强国，在瓜分世界中姗姗来迟的美国发动的一场帝国主义战争，标志着美国从此走上了海外扩张的道路。

美国的海外扩张，首先瞄准的自然是其近邻拉丁美洲。美国早在19世纪初羽翼未丰之时便将拉丁美洲视为自己的后院，不许他人染指。1823年美国政府提出了著名的“门罗主义”，其核心思想就是“美洲是美洲人的美洲”，不许欧洲国家在美洲建立殖民地，但其时美国实力有限，加之正忙于吞食北美大陆，并未能将拉丁美洲置于其掌握之下。到 19 世纪末，美国已长成“巨人”，此时在美国的眼里，美洲已不只是美洲人的美洲，也是“美国人的美洲”了。在拉丁美洲的扩张被美国看成是理所当然之举。

美国在拉丁美洲的扩张不同于其在北美大陆的扩张，它主要是一种经济扩张，而非领土扩张，是为美国垄断资本开拓海外市场，手法主要为两手，即“大棒”政策与金元外交。前者以美国总统西奥多·罗斯福的名言“说话温和，手持大棒”得名，后者得自罗斯福继任者塔夫脱对其外交的总结“金元代替枪弹”。美国一手持大棒，一手拿金元，或单独使用，或两手并用，或交替运用，以逼迫对方就范。这突出表现在巴拿马运河的修建上。

巴拿马原为哥伦比亚的一部分，早在 19 世纪中叶，美国就计划在这里修条运河，以缩短其由东海岸到西海岸或由西海岸到东海岸的海上航道，并和哥伦比亚政府签订条约。但由于英、法等国也想插手，相互掣肘，以及哥伦比亚对美国的侵略怀有戒心等原因，美国未能如愿。1879 年，曾在 10 年前成功修建苏伊士运河的法国从哥伦比亚政府获得开凿运河的让与权，并于次年开工，但工程进展很不顺利。

美国对被排斥在修筑运河之外深为不满。1880 年美国总统海斯明确宣布：“美国的政策在于把运河置于美国控制之下”，并详细阐述了该运河对美国的重要性。于是，美国利用法国公司的困境，加紧了对运河开凿权的争夺。一方面，美国派军舰长期驻扎在巴拿马各港口，对巴拿马实行军事占领；另一方面，首先同英国签约，迫使英国放弃对运河的争夺，承认美国独霸的权力，然后于 1903 年 1 月 22 日同哥伦比亚签约，迫使哥伦比亚同意法国公司对运河的一切权利转售给美国，租期为 99 年，美国则付给哥伦比亚 100 万美元以及每年 25 万美元的租金。美国和哥伦比亚的这个条约显然侵犯了哥伦比亚的主权和领土完整，激起了哥伦比亚民众强烈反对，哥伦比亚国会否决了该条约。

▲门罗召开内阁会议的情景

▼图中表现了将欧洲势力排斥出去的门罗主义

美国政府见不能通过合法手段获得巴拿马运河修筑权，便决心阴谋夺权。当时巴拿马人的独立情绪很浓，爆发了反对哥伦比亚政府的起义。于是美国政府便支持法国新巴拿马运河公司的代表密谋策划政变。经过几个月的精心策划，巴拿马发生政变，宣布独立。巴拿马独立后，美国迅速宣布承认。美国和巴拿马签订了关于修建巴拿马运河的条约。

▲正在建筑中的巴拿马运河下游闸门东段

条约规定巴拿马运河区宽10英里（16.09千米）的地带由美国“长期租借”并享有“就像它是该地区的主权国”一样的广泛权利；美国付给巴拿马1000万美元作为补偿，并每年支付25万美元租金。两国议会很快批准了条约。美国终于如愿以偿获得巴拿马运河的修筑权。

巴拿马运河的建成使美国东西海岸的航程缩短了上万公里，其带来的经济、军事利益难以计算。它不仅极大地促进了美国的海外贸易，也为美国的海外侵略打开了方便之门。

此外，对拉丁美洲其他国家，如尼加拉瓜、洪都拉斯、哥斯达黎加、危地马拉、海地等，美国利用其经济困难等局势，力图通过武力威胁、提供贷款等手段，控制该国关税，排挤英法等欧洲列强的经济势力，使这些国家变成美国垄断资本的市场。

“门户开放”：环太平洋地区的扩张 1898年美国通过对西班牙的战争夺取了菲律宾、关岛，并乘机吞并了夏威夷，实现了横跨太平洋的三级跳，为美国越过太平洋向中国及亚洲大陆的扩张建立了前哨阵地。其时美国的一些扩张主义分子鼓噪要把美国建成“太平洋帝国”，在他们看来太平洋是美国的“内湖”，菲律宾是“美国领土的一部分”，环太平洋地区皆应成为美国的势力范围，特别是中国地大物博，人口众多，是美国的“一个最辉煌的市场”和“天然的消费者”，于是很快便把扩张矛头指向了中国，提出了“门户开放”的对华政策。

1899年9月6日，美国向英、德、俄、日、意、法等国发出照会，要求各国在其势力范围内实行“门户开放”。在这个照会中美国提出了门户开放的政策，即承认列强在华的势力范围、各国不得干涉的同时，要求列强对进入本势力范围的一切货物均按本国的关税率由中国政府征收，对于各国船只征收的港口税及货物运费等费用不能高于本国船只及货物。这份照会发出后，各国都做出反应，程度不等地接受了这一政策。

▼巴拿马的古建筑

1900年7月3日，就在帝国主义列强组成臭名昭著的八国联军，在中华大地上血腥镇压义和团反帝爱国运动之际，美国又向列强发出了第二份关于门户开放的照会，重申了门户开放的原则，声称要“保全中国的领土

与行政完整，维护各友邦受条约与国际法所保障的一切权利，并保护全世界在中华帝国境内平等公正贸易的原则”。美国要求门户开放的对华政策最终确立。

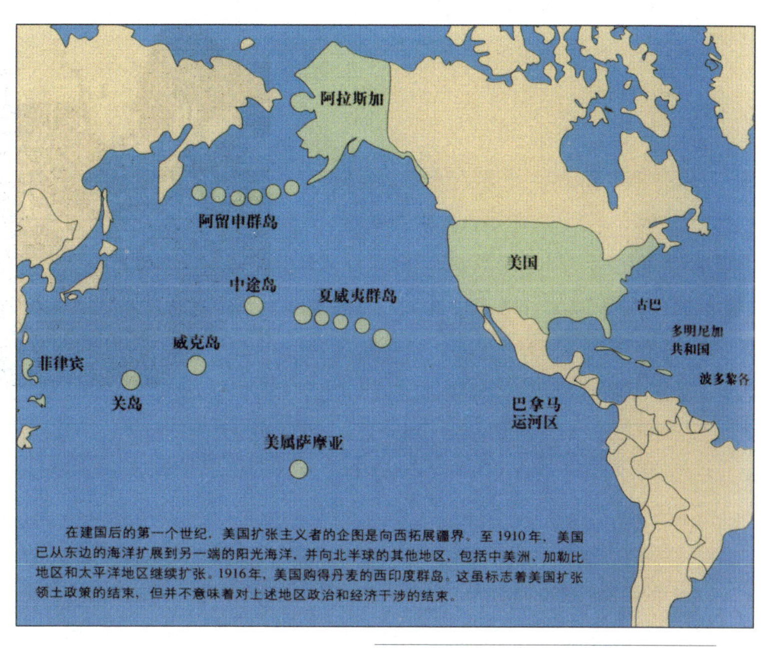

▲19 世纪末，美国在全球的扩张图

美国门户开放的对华政策是其海外扩张的产物。所谓“门户开放”政策，实质是美国在门户开放、自由贸易的旗帜下，企图凭借自身雄厚的经济实力排挤其他国家独占中国市场的政策。其实门户开放政策的发明者是英国而不是美国。英国在 19 世纪中期即提出在中国实行自由贸易的主张。1898 年英国曾两次主动向美国建议两国发表联合宣言共同倡导在中国实行贸易机会均等，但被美国婉拒。美国在此前的半个多世纪中由于羽翼未丰实力有限，在对华政策中只能跟在英法等列强后面做帮凶，干些趁火打劫的营生以取杯羹。现在美国已今非昔比、国力强盛，在国际事务中自然也不愿再甘当配角而要争当主角了。

美国在中国的扩张为什么没有采取军事进攻的方式而是提出了门户开放政策？美国政界和商界曾为扩张海外市场的手段和策略进行过辩论，即是通过占领别国土地并对其在政治上和经济上实行控制，还是通过寻求开放门户实现经济控制，辩论结果自由贸易政策获胜。这是因为门户开放、自由贸易政策最符合美国的国家利益。到 19 世纪末中国已被帝国主义列强分割将尽，这些国家皆是军事强国，美国虽然已跃升为经济强国，但仍是军事弱国，根本不是他们的对手，无力用军事手段争夺势力范围。相反，如果利用自身的经济优势，通过鼓吹门户开放自由贸易则可打入并逐渐占领中国市场，获得丰厚利润，同时也获得了维护中国领土和行政完整的好名声。因此，正如有学者所言，“门户开放政策在当时历史条件下是美国最聪明最有利可图的一种选择”。

门户开放政策为美国的海外经济扩张获取了巨大利益，它不仅为美国垄断资本打开了整个中国市场，也使其在“机会均等，利益均沾”的原则下分享列强从中国攫取的利益。正是由于这一利器的巨大效应，最初作为美国对华政策提出来的门户开放政策原则后来被美国推向全球，成为美国进行全球经济扩张的一个重要工具。

大发战争横财：“一战”中的美国 1914 年 6 月 28 日，欧洲两大帝国主义集团德奥同盟与英法俄协约国为重新瓜分势力范围，爆发了人类历史上的第一次世界大战。这场战争对全人类而言是场灾难，对美国来说却提供了一次极好的机遇，精明的美国政治家和垄断资本家自然不会错过，从而当战争结束之时，美国以一个新的面目出现在国际舞台上。

▲"一战"时，第一批美军到达法国

首先，美国利用其远离欧洲战场的地理优势，在战争的大部分时间里保持中立，和交战双方大做军火等生意，从而大发战争横财，使其经济更为迅速地增长，经济实力进一步增强。战争期间美国乘交战国忙于战争，经济困难之机，不仅大量收回其在美国的有价证券，而且发放巨额外债，加速资本输出。到1919年美国在国外的投资总额达70多亿美元，借给协约国的债达100亿美元。全世界有20个国家变成了美国的债户，其中号称"日不落帝国"的大英帝国欠美国的战债达41亿美元。美国从战前的债务国一跃上升为世界最大的债权国和最大的资本输出国。美国的黄金储备也急剧增加，把世界黄金储备量的40%掌握在自己手里。国际金融中心开始从伦敦转向纽约。与此同时，美国乘战争之机，加紧向拉丁美洲和东亚扩张。美国在拉美的投资和贸易迅速增长。

战争给美国垄断资本带来如此丰厚的意想不到的收益，使美国垄断资本欣喜若狂。美国总统威尔逊以按捺不住的兴奋之情说道："美国现在在世界金融和商业上所占地位和必须占有的地位，其规模是过去所未曾梦想到的。"

其次，美国在战争中乘机发展军事实力，开始向军事强国迈进。

大战期间美国保持中立没有参战，除了上述要利用中立地位和交战双方大做军火等生意以谋取高额利润的原因外，还有两个很重要的原因。一是美国自从建国以来便奉行孤立主义的对外政策，避免卷入欧洲的漩涡，以免惹火烧身，殃及自身利益。这是美国开国元勋华盛顿执政时确立下来的政策，之后成为传统，为历届美国政府奉行，直至"一战"。二是当时美国与协约国和同盟国都有矛盾，不愿参加任何一方。

▼第一次世界大战中的美国军队

美国参战后，其军事力量随之膨胀。1900年时美国仅有武装部队13万人，到1918年第一次世界大战结束时扩展到近500万人，成为最终击败德奥同盟的举足轻重的力量。美国是两洋国家，海军实力的大小是衡量其军事实力的重要标志。美国的海军力量在20世纪之前非常薄弱，远远落后于英、法、德等国。19世纪末20世纪初在海外扩张的浪潮中开始大力发展，但和那几

个老牌殖民主义大国相比仍处于落后地位。美国参战后海军力量迅速膨胀，成为仅次于英国的世界第二海军强国。这就为美国日后加紧海外扩张、争夺世界霸权奠定了海军实力基础。

再次，战争为美国在国际事务中发挥主导作用提供了契机。

在美国的文化传统中有种充满宗教色彩的、根深蒂固的“使命观”，从欧洲移居北美的第一批清教徒便带来了这种使命观。从美国立国到19世纪中后期，由于羽翼未丰，实力有限，美国自知尚不具备“领导世界”的条件，只能是致力于国内事务，同时默默吞食与消化身边的猎物。但到了第一次世界大战时，美国不仅经济上已成为一个拥有庞大生产能力、金元缠身的超级富翁，军事上也拥有了影响战争胜负的实力。与此相反，欧洲列强则陷入互相撕咬混战之中。在这种背景下美国的政治野心急剧膨胀，认为使美国成为世界领袖的时机到来了。决心在国际舞台上发挥领导作用，主导结束战争以及战后事务的安排。

十月革命后，苏维埃政府立即颁布《和平法令》，要求各交战国立即实现不割地、不赔款的和平，废除秘密外交，并宣布废除临时政府所批准和缔结的全部秘密条约。此举在国际上引起极大反响，英法等国的反战声浪日盛。为了回击苏俄的和平呼吁，宣示美国战争目标的正义性，煽动德奥同盟国内的反战情绪，修改协约国秘密条约中不利于美国的条款，也为了在战争的结束和战后世界的安排中发挥主导作用，按美国的意图结束战争和安排战后世界，经过精心准备，1918年1月8日，威尔逊总统在国会提出了十四点和平宣言。威尔逊的十四点和平计划表面上看起来冠冕堂皇，其实“是在漂亮词藻掩盖下的美国争夺世界霸权的宣言”。

威尔逊的十四点和平计划提出后，在国内外引起强烈反响。英法起初均表示反对，但美国以与德奥单独媾和相胁，英法不得不同意以此为停战基础。1918年11月11日，大势已去、败局已定的德国同协约国同盟签订了停战协定，第一次世界大战结束。

“一战”结束后，1919年1月18日至6月28日，战胜国召开了巴黎和会。此时美国总统威尔逊已成为国际政治舞台上一个重要角色，他的“十四点”在西方广为人知，抵达巴黎时受到热烈欢迎。在和会上他成为控制和会的“三巨头”之一，“十四点”成为和谈的基础，关于成立国际联盟的建议最终被会议通过，写入了《凡尔赛和约》之中。通过第一次世界大战，美国的获利不可谓不丰：不仅发了经济财，也发了军事财、政治财。美国已由一个大洋彼岸的“大王”一跃成为国际舞台上一支举足轻重的重要力量。

力挽狂澜：罗斯福新政 1929—1933年资本主义世界经济危机和胡佛反危机的失败，直接为罗斯福上台执政，实行新政，创造了一个历史性的机遇。

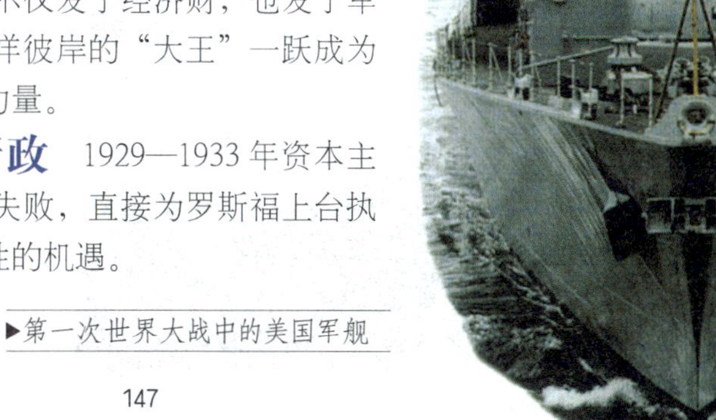

▶第一次世界大战中的美国军舰

在这场经济危机中，美国遭到的打击最为严重。面对这场不期而至的大危机，当时的美国企业界和政界大多数领袖没有清醒的认识，包括新上任不久的总统胡佛。1929 年初，胡佛在就职演说中宣称：“我对国家的未来毫不忧虑，她辉煌灿烂、充满希望。”正是在这样的思想指导下，当经济危机来临时，胡佛政府惊惶失措，一筹莫展。尽管胡佛总统也采取了一些反危机的措施，但这些措施始终没有能够使美国摆脱经济危机，并没有解决随之而来的社会经济问题。主要原因是胡佛总统仍然坚持“自由放任”的传统经济政策，等待经济形势的好转，结果致使经济危机更加严重，社会更加动荡不安。到 1933 年初，美国已有半数的银行倒闭，13 万家以上的企业破产，完全失业的人数达到了 1300 万。全国上下不满情绪和要求改革的呼声日益高涨，越来越多的人希望有一个强有力的政府，采取有效的政策，迅速改善经济状况，使美国摆脱经济危机。

▲罢工的工人队伍

▲罗斯福与家人在一起

正是在这样的历史背景下，罗斯福总统以反对自由放任，主张加强政府对经济干预的竞选宣言，在 1932 年的大选中，赢得绝大多数选民的支持，击败胡佛，于 1933 年 3 月就任美国总统。

他针对当时的实际情况，顺应广大人民群众的意志，大刀阔斧地实施了一系列旨在克服危机的政策措施，历史上被称为“新政”，新政的主要内容可以用“3 R”来概括，即救济 (Relief)、复兴 (Recover)、改革 (Reform)。救济，指救助急需帮助的大批失业者和贫民；复兴，是指为失业者提供工作机会，使陷入萧条的经济恢复运转；改革，是指采取长远措施改善全国总体经济状况。

▼经济危机中美国的一位失业者低价出售他的汽车

罗斯福新政的主要内容为四个方面：整顿银行与金融业、调整农业政策、复兴工业、社会救济与公共工程。

整顿银行与金融业。主要措施有下令银行暂时休业整顿，逐步恢复银行信用；放弃金本位制；实行美元贬值；投资银行与商业银行分业经营；建立联邦储蓄保险公司；

扩大联邦储备委员会（中央银行）的权力；管制证券业。国家公布了许多法令。罗斯福采取的这些非常措施，对收拾残局、稳定人心起了巨大的作用。公众舆论评价，这个行动犹如“黑沉沉的天空出现的一道闪电”。到 1933 年 4 月，存回银行的通货已达 10 亿美元，这说明罗斯福整顿银行与金融业的措施，很快起到了恢复银行信用的作用，促进了金融体系的正常运作，为工农业生产的恢复提供了前提保证。

▲1833 年美国的银行大战，当年的杰克逊总统焦头烂额

调整农业政策。主要措施有成立农业调查局；减耕；政府为农业提供补贴；调整农产品结构；提高并稳定农产品价格；保护土壤。调整农业政策的目的是摆脱农业危机，缓和农民的斗争。国家调整农业生产的中心措施是公布《农业调整法》，通过政府的奖励和津贴，以缩减耕地面积和农产品产量，从而提高农产品价格和农场主收入。

复兴工业。主要措施有制订了包括工资、工时、禁止童工及保障工会谈判集体合同权利条款的行业公平竞争法规，要求工业各行业遵守；管制公用事业控制股公司；加强对通讯和海、陆、空运输的管制。国家复兴工业的中心法令是《国家工业复兴法》，以蓝鹰为标志，其执行机构是新建的国家复兴署。接受这一法令的企业可以免除根据反托拉斯法而被起诉，其产品则贴上“蓝鹰”标志。公布此法令的目的就是试图依靠国家和垄断组织联合的力量，把资本主义生产的无序状态纳入有控制的轨道，加强国家对工业的计划与指导。

▼1929 年，华尔街经济大萧条

社会救济与公共工程。主要措施有建立联邦紧急救济署、工程进展署、公共工程局等机构；发放紧急救济金；推行“以工代赈”；兴办筑路、市政、水利、军用设施及田纳西河流域改造等公共工程；为老年人、残疾人、失业者和儿童提供社会保障。

新政大体分为两个阶段：1933—1935 年为第一阶段，此阶段着重调整与复兴经济，以历时 100 天的美国第 73 届国会特别会议为其先导，这届国会通过了一系列“反危机”法令，其中包括新政的两大支柱《国家工业复兴法》和《农业调整法》；1935—1939 年为第二阶段，此阶段着重改革，1935—1936 年，反对和支持新政的斗争激化，上述两个法令因被美国最高法院先后宣布为违反宪法而被废止，新政转入后期。罗斯福政府相应地通过了一些替代性的法令和其他新法令，继续推行新政，一直到第二次世界大战争前夕，实施救济则贯穿新政的全过程。

从 1939 年开始，新政渐告结束，主要原因是德、意、日法西斯势力的向外扩张与战争威胁，1939 年 9 月第二次世界大战爆发，罗斯福便集中全部精力应对战争和国际事务。可以这样说，是战争终止了新政的继续实施。

▲1941 年，日本偷袭珍珠港

新政使美国度过了经济大危机。新政在很大程度上缓和了美国的社会矛盾。由于经济逐渐复兴，人民生活好转，社会矛盾缓和，社会趋于稳定，美国国内一度出现的法西斯组织没有了市场，美国的自由民主制度不仅没有被破坏，且得到了巩固，所以新政遏制了美国法西斯势力，使美国避免像德、日、意等国那样在危机的影响下走上法西斯道路。正因为如此，有人说“新政挽救了美国的自由民主制度”不是没有道理的。新政留下了大量防止再次发生大萧条的措施和政策，为美国投入第二次大战及战后的快速崛起奠定了坚实的基础，罗斯福也因此成为自亚伯拉罕·林肯以来最受美国和世界公众欢迎的总统而永载史册。

登上霸主巅峰：美国“二战”获利 1939 年 9 月德国进攻波兰，第二次世界大战全面爆发。罗斯福于 1941 年 3 月签署《租借法》，向与德、意、日作战的国家提供物资，同时也向反法西斯国家提供军事援助。苏德战争爆发后，罗斯福立即宣布支持苏联，并在 1941 年 8 月和英国首相丘吉尔会谈，签订《大西洋宪章》，表示要共同进行反对法西斯德国的斗争。不久，美苏签订协议，规定美国向苏联提供物质援助。但直至此时，美国政府并未打算直接参战，而仅仅是对英、苏等国进行援助，充当“民主国家的大兵工厂”。

珍珠港事件惊破了美国孤立主义者的美梦，最终把美国完全拖入了战争。美国的参战，使世界上经济实力最强、技术最先进、拥有丰富人力物力资源的一个大国站在了反法西斯阵营一边，从根本上改变了战争双方的力量对比。从此，在前方，美国派出强大的海陆空三军在北非战场、欧洲战场、亚洲和太平洋战场与法西斯军队英勇作战，大大减轻了苏联、英国、中国等反法西斯国家的压力；在后方，美国作为民主国家的兵工厂，全民动员，开足马力，夜以继日进行生产，一批批军需物资、武器弹药源源不断地运往苏联、英国等地，其中包括飞机、坦克、火炮等，保障了这些国家反法西斯战争的需要。可以说，美国的参战加速了世界反法西斯战

▼1941 年，珍珠港烈火中的美国战舰

争的胜利。美国为世界反法西斯战争的胜利做出了巨大的贡献。

反法西斯的第二次世界大战，也使美国的经济军事实力进一步膨胀，使美国登上了资本主义世界霸主的巅峰。

美国虽然是“二战”的交战国，但战火并未烧及美国大陆本土，这就使美国不仅生产未遭破坏，反而作为反法西斯国家的大后方、兵工厂，开足马力进行生产，长期困扰美国的失业问题暂时得以解决，各国的黄金、外汇、海外资本源源不断地流进了美国的腰包。到战争结束时，美国的工业生产达资本主义世界工业总产量的2/3，黄金储备达3/4，对外贸易额为1/3，美国的经济实力登上世界巅峰。其他任何大国，无论战胜国还是战败国，均因遭受战火摧残，经济实力大减。

“二战”前美国虽然早已是世界头号经济大国，但军事实力尚不及其他几个大国，1939年时军队总数只有33万多人，其军事力量在世界上仅居第16位，排在南斯拉夫和波兰之后。“二战”中美国军事实力急剧膨胀，到战争结束时其军队总人数已达1200多万，拥有世界最强大的海军和空军，特别是美国独家掌握了原子武器制造技术，使美国登上了世界军事力量的巅峰。即使是英勇抗击了德国法西斯大军入侵，然后长驱直入、直捣法西斯老巢柏林并解放东欧大片土地的苏军也只能屈居第二。

“一战”后，美国总统威尔逊积极倡导成立国际联盟，企图通过国际联盟主宰世界事务。但由于参议院拒绝批准《凡尔赛和约》，使作为国际联盟倡导者的美国没能加入国际联盟。“二战”中美国总统罗斯福积极倡导成立联合国，企图通过联合国主宰世界事务。1945年6月26日，世界50个国家的代表在美国旧金山签订了《联合国宪章》，标志着联合国的成立，美国成为联合国的5个常任理事国之一。在5个常任理事国中，虽然苏联常常和美国意见不合，发生对抗，英、法、中(国民党政府)则紧紧追随美国，形成了美国率领英、法、中钳制苏联的态势。1944年在美国新罕布什尔州的布雷顿森林，美国主持召开了有44个国家参加的国际货币金融会议，决定美元与黄金挂钩，各国货币与美元挂钩，并建立国际货币基金组织，设立国际复兴开发银行，从而建立了以美元为中心的资本主义世界货币体系，确立了美国在国际金融领域里的霸主地位。

▲核试验的蘑菇云

总之，第二次世界大战为美国的发展提供了又一次极好的机遇。美国在“二战”中损失20多万人，但战后赢得了无与伦比的实力和国际地位。“一战”只是使美国发了横财，“二战”却使美国登上了资本主义世界霸主的顶峰。经济上无人超越，军事上无人匹敌，政治上举足轻重。可以说，没有“二战”，就没有今日的美国。

成为超级大国

进入"冷战"：两极格局的形成 美国在战后成为资本主义世界头号强国。表现在军事上，它拥有世界上最强大的常规军事力量，垄断了核武器，美国的军队人数最多达1200多万，拥有30艘航空母舰和1000多艘其他战舰，在世界各地建立近500个军事基地。经济上，美国拥有最雄厚的工业实力和最丰富的黄金储备，并建立了以美元为中心的资本主义世界货币体系，事实上确立了美国对资本主义世界经济和金融的领导地位。苏联在战后由于政治、军事实力大大增强，成为唯一能抗衡美国的国家。德、意、日法西斯集团被打垮，英法在战争中受到重创而衰落。这样除美苏两强之外，短时期内世界上还不可能出现第三支力量同美苏两国相抗衡。

▲平民出身的美国总统杜鲁门（1945—1952）

由于"二战"的结束，共同的敌人法西斯被消灭后，美苏双方意识形态和国家利益的矛盾冲突加剧，由战时同盟转为对抗。

1946年3月，丘吉尔在美国发表反共反苏演讲，主张遏制苏联。1947年，美国对苏联为首的社会主义国家发动"冷战"。所谓冷战，是美国对苏联等社会主义国家所采取的除战争以外的一切敌对活动和对抗形式。美国推行冷战的主要原因有：第一，"二战"后美国的经济军事实力膨胀，称霸全球的野心也随之膨胀，同时苏联的政治军事实力也大为增长，加上世界范围内的人民民主革命运动的兴起，使美国认为苏联为首的社会主义国家成为其称霸全球的最大障碍，必须予以压制。第二，由于苏联实力的增强，美国不敢贸然采取直接的武装对抗形式。第三，大战刚结束，世界人民珍惜来之不易的和平局面，美苏双方都不愿，也不敢使自己再次卷入一场新的全球战争。因此，美国对苏联采取了以"遏制"为中心的冷战政策。

美国推行冷战政策的标志是杜鲁门主义。1947年针对希腊共产党领导的人民武装斗争，以及土耳其和苏联的矛盾，美国总统杜鲁门向国会提出咨文，声称希腊、土耳其面临来自苏联的极权主义的威胁，而"美国的政策必须支持那些自由国家人民抵抗少数武装分子，或外来压力的征服企图"。这实际上是美国准备在全世界范围内扩张美国势力，争夺世界霸权的宣言书，它标志美国的对外政策已突破以本土

▼繁荣的美国城市一角

▲肯尼迪总统（1961—1963）

安全为主的孤立主义影响，由局部扩张发展为全球扩张。

1946年秋开始，西欧经济陷入严重困难境地，美国国务卿马歇尔在1947年6月提出“欧洲复兴计划”，宣称要“尽其所能改善局势和协助欧洲走上复兴之路”。马歇尔计划的实质是借助经济手段稳住西欧资本主义制度，控制西欧，达到共同遏制苏联的目的。

1949年，以美国为首的西方资本主义国家成立针对苏联的北大西洋公约组织。北约组织是为遏制苏联而服务的一个军事组织。

1949年，德国分裂。德国分裂是美国对苏联实行冷战的结果。其根源在于美苏的两极对抗。

1950年，美国发动侵朝战争，并派舰队驶入台湾海峡，干涉中国内政。这是美国在东亚地区遏制社会主义力量的重要行动（当时中国和朝鲜均是新生的社会主义国家）。采取的方式是“热战”。

1955年，苏联和东欧七国成立针对北约的华沙条约组织。这样战后以美苏为首的两大军事政治集团相对峙的局面形成，也标志着两极格局最终形成。

雅尔塔体系下的两极格局，对战后近50年国际关系的影响，既有积极的一面，也有消极的一面。积极作用：有利于缓解世界紧张局势，避免了新的世界大战的爆发。雅尔塔体系消除了德日两个法西斯战争策源地，有资格打世界大战的美苏两国又长期处于均势，使双方均不敢贸然行事。这种建立在大国均势基础之上的国际秩序，虽然不能消除冲突的根源，但却使大国行事遵守一定的界限，为世界经济的发展和科技革命的进行创造了相对稳定的国际环境。消极作用：打上了浓厚的大国强权政治色彩，无视弱小国家利益，导致战后超级大国的霸权主义。擅划国界，分裂国家的做法，埋下了不稳定的祸根，导致日后世界的纷争和不安宁。美苏两强为谋求霸权，展开长期的军备竞赛和地区争夺，导致世界局势长期紧张动荡。处于两极对峙的格局下，国际经济秩序长期得不到改善，给广大发展中国家的经济发展带来不利影响。

全球争夺：美苏争霸 第二次世界大战期间，美国、苏联、中国和英国等国为了反对共同的敌人，结成世界反法西斯联盟。“二战”结束不久，美国对苏联等社会主义国家推行冷战政策。赫鲁晓夫上台以后，提出同美国平起平坐、实现美苏合作、共同主宰世界的基本战略。随着苏联经济、军事实力进一步增强，从50年代后期起，美苏争

▶为解决古巴导弹危机来到美国的赫鲁晓夫

▲1974年，尼克松总统辞职（1969—1974）

霸的格局逐渐形成。美苏争霸分为三个阶段。

50年代中期至60年代初，是美苏争霸的第一阶段。这一时期的特点是既有缓和又有争夺。

在缓和方面：1955年，苏联主动与西方国家合作，签订了对奥和约，解决了“二战”的一大遗留问题。同年，苏联同联邦德国建立外交关系。1959年赫鲁晓夫访问美国，美苏首脑戴维营会议是苏联推行美苏合作外交战略的重大行动，美国实际上承认苏联是超级大国这一事实。

在紧张方面：1961年苏联修筑“柏林墙”，封锁了东西柏林边界，使美苏关系更加紧张。1962年古巴导弹危机，表明苏联开始走上同美国进行全球争夺的道路，同时也表明当时的战略优势仍然在美国方面。

这一时期，苏联还对中国推行霸权主义，企图控制中国，使得中苏关系恶化。

60年代中期至70年代末，是美苏争霸的第二阶段。其特点是苏联处于攻势，美国转攻为守。

1964年勃列日涅夫上台至70年代，苏联的经济实力同美国的差距大为缩短，1975年，苏联的工业总产值上升，相当于美国的80%。苏联在军备方面赶上了美国，苏联的战略导弹至1975年已达2402枚，超过美国40%，1979年苏联在战略核力量上的开支几乎为美国的3倍。苏联大力增强常规军事力量。1978年，美军210万人，苏军440万人，美军拥有坦克10500辆，苏军拥有坦克50000辆。这一时期苏联推行与美国争夺世界霸权的积极进攻战略。美苏争霸的重点在欧洲，美苏在欧洲都集结了重兵，处于两军对峙的僵持状态。苏联一方面对欧洲以“缓和”战略麻痹西方，另一方面加紧在欧洲以外的地区扩张。1979年入侵阿富汗，标志着苏联霸权主义政策发展到了顶点。

这一时期的美国，由于受经济危机的冲击，经济增长趋于缓慢，侵越战争受到严重挫折，军事力量被苏联赶上，美国在美苏争霸中从战略进攻转为战略防御。1969年后的尼克松主义，调整全球军事部署，收缩亚洲兵力，1973年从越南撤军，1979年同中国建交。

80年代末90年代初，是美苏争霸的第三阶段。1981年，里根出任美国总统以后，开始对苏联采取强硬态度，遏制苏联在全球的扩张势力。在核战略和核军备方面，美国提出了“星球大战”计划，通过以高技术为核心的新一轮军备竞赛，从而拖垮经济力量相

▼里根总统（1981—1989）

对落后的苏联。在争夺第三世界方面，美国立足于在军事上打小规模的局部战争，打击亲苏政权。

苏联由于国内经济发展缓慢，在与美国的争霸中背上了沉重的包袱。1985 年戈尔巴乔夫上台执政后，开始放弃争夺军事优势的作法，转为裁减军备，从对外扩张转向全面收缩。1991 年 12 月底，苏联解体，美苏冷战争霸的局面结束。

▲克林顿总统（1993—2001）

独步全球：超级大国 20 世纪 90 年代初以来，是确立冷战后全球战略的阶段。

1992 年克林顿竞选总统成功，但在一段较长时间内没有提出明确的对外战略。1993 年 1 月，克林顿才较清晰地描述了美国外交政策的三项指导原则，即维护经济安全、军事安全和推进民主。

1993 年 9 月，美国首次向全世界推出了“扩展战略”。由于受到批评，1994 年 7 月，美国政府正式提出“参与和扩展战略”，它的核心是确保 21 世纪仍然是美国世纪，建立美国主导的国际新秩序。具体措施包括：第一，在政治上，把扩大西方民主提高到战略地位上，以那些具有重大战略意义的国家为重点，促使其向西方民主制度转变；巩固原苏联、东欧和拉美各国新生的“民主政权”，突出美国外交中的“软因素”。同时，推行“一个超级大国主义”，把谋求美国对世界的“领导地位”和维持联盟关系结合起来，全球战略重点仍在欧洲，但防范的主要对象是地区性大国，防止任何地区性大国崛起成为新的超级大国，挑战美国的全球利益。在欧洲推动北约东扩，对俄罗斯既给一定援助又严加防范，防止其东山再起。在亚太，加强美日、美澳、美新、美韩的双边安全同盟，对华奉行接触政策，预防性地遏制中国。在拉美，利用矛盾，加强控制。在中东，继续支持以色列，推进和平进程，对伊拉克等国严加防范打击。第二，在经济上，加强七国集团尤其是美、日、欧之间政策协调；利用国际货币基金组织、世界贸易组织和世界银行等，推动全美洲经济自由化；重视占领新兴市场和确保能源安全并提到战略高度。第三，在军事上提出“塑造”、“反应”和“准备”三位一体的军事安全战略，即“帮助塑造有利于美国利益的国际安全环境、随时对危机作出反应和为应对未来挑战做好准备”。因此，要求在对

▼布什总统（2001—2008）

美国至关重要的地区，保持美国海外军事存在；加强与盟国的军事合作，努力削减和防止大规模杀伤性武器的扩散；通过展示武力、干预行动等手段来遏制侵略；保持强大军力，“同时打赢两场大规模地区性”战争。另外，还强调质量建军，通过配备现代化装备、改进作战手段来提高军队作战能力。

▲“9·11”事件中被炸毁的世贸大楼

2001 年乔治·沃克·布什新政府上台，组成了一个有军工集团背景、保守色彩浓厚的执政班子，美国的外交明显趋向强硬。在政治上，美国的“单边主义”恶性膨胀，在国际舞台上我行我素、为所欲为。先是拒绝签署得到绝大多数国家支持的保护大气环境的“京都议定书”，接着又不顾世界和俄罗斯的反对，单方面退出“反导条约”；军事上提倡和奉行“先发制人”的战略，打着保卫美国安全的旗号，对其他国家率先使用武力，给自己的军事侵略披上合理外衣，具有极强的进攻性和冒险性。在这一旗号下，美国对阿富汗、伊拉克接连用兵，尤其是不顾绝大多数国家的反对、在没有联合国授权的情况下对伊拉克的侵略，将自己的势力扩张到战略地位重要而美国以往的势力又没有染指的地区，显示美国称霸世界的企图及其行动的膨胀和加剧。

乔治·沃克·布什政府穷兵黩武的外交政策的形成，是有其原因的。第一，苏联解体、冷战结束，世界格局发生了天翻地覆的变化，美国成为世界上独一无二的超级大国，其他国家的实力与美国相比都存在明显的差距，无法对美国形成有效的制约，使美国能够为所欲为。第二，乔治·沃克·布什本人是石油家族的成员，其内阁的主要成员都有军工集团的背景，阶级的利益驱使其必须进行对外扩张；此外，经过连续 10 年的经济增长后，美国经济出现了一些问题，也需要用对外战争来加以启动和刺激。第三，“9·11”事件改变了美国民众的思想状态，使他们有了一种强烈的不安全感；在这种状态下，只要打着反对恐怖主义、保护美国安全的口号，不管干什么事情，都会得到老百姓的支持。美国的所作所为，是对世界和平、稳定的威胁和破坏，是对建立多极世界的巨大干扰和障碍。尽管美国的做法可以得逞于一时，但由于它违背历史潮流、悖逆人群意愿，所以最终注定要以失败而告终。

◀本·拉登成为世界恐怖势力的代表人物

美国爆发金融危机

2007年夏天，美国的经济状况发生了一些变化，2007年7月19日，道琼斯指数首次升到1400点以上，白宫便发布了一份吹嘘小布什的说明书：由于总统实施的促进增长的政策，美国经济势头强劲，充满了灵活性和活力。

但一些经济学家并不这么看，他们纷纷发出警告，认为经济增长在很大程度上是由房地产泡沫拉动的，该泡沫已有破裂的迹象。事实不幸被这些经济学家言中了。2007年8月9日，法国巴黎银行冻结了旗下的三只基金，一般认为，这一事件是金融危机总爆发的标志。而在此前一周，美国贝尔斯登旗下两只主要投资次贷证券的对冲基金申请破产。另一只对冲基金因为贷款业务的严重亏损，而被冻结了资产。贝尔斯登的对冲基金破产揭开了美国信贷危机的序幕。可当时的财经界认为次贷和信贷危机只是一件小事，顶多亏损千多亿美元，可是疏忽使危机变成灾难，次贷危机全面爆发，同时也暴露了美国经济的隐忧与金融体制的缺陷。

▼奥巴马总统（2009—2016）

所谓次贷和信贷危机，就是让美国原本买不起房子的人，通过一些不规范的手段，用按揭的方法买到房子，这样金融机构就制造了大量的次级贷款，由于华尔街的贪婪，这种次级贷款的雪球越滚越大，最后一发而不可收拾，最终造成次贷危机。因为次贷与信贷危机的影响，2008年9月15日，美国第四大投行雷曼兄弟申请破产保护，从而成为新一轮金融风暴的源头。被称为美国心脏的华尔街由此陷入一片翻天覆地的动荡之中，数日内，雷曼兄弟公司、美林、房利美、房地美、美国国际集团……昔日华尔街一个个叱咤风

云的角色相继沦陷，美国陷入了“百年一遇”的金融危机之中。

这场金融危机“冰冻三尺，非一日之寒”，可以说在美国解除《布雷顿森林协定》中规定的美元与黄金挂钩就开始了，在此之后华尔街的金融大鳄贪婪的大口伸向全世界，他们创造了五花八门的金融衍生品以便在金融领域里兴风作浪，最后终于自食其果，使美国金融体系几近崩盘。

在一系列眼花缭乱的政府救市计划中，美国新总统奥巴马上台了。奥巴马是美国政坛的一匹黑马，在民主党内的提名选举中，前总统克林顿夫人一度占上风，起初奥巴马并没有多大希望获得提名，可是在后来的激烈争夺中，奥巴马开始领先，最后是在没有多大差别的情况下勉强获得提名。在后来的与共和党竞选人争夺总统的战斗中，当选几乎没有什么悬念，因为共和党竞选人背着小布什伊拉克战争的包袱，已失去民心，这样奥巴马轻松当选了该届美国总统。民主党在失去政权 8 年后重新执政。奥巴马是美国第一位黑人总统，这位黑人总统的上台，具有划时代意义，美国黑人从此登上了美国政坛的最高舞台。接着奥巴马任命前总统克林顿夫人希拉里为国务卿，主持美国的外交工作，新国务卿上台后就到包括中国在内的亚洲国家访问，突显了对新兴的亚洲国家的重视。而新商务部长也由祖籍中国广东的华裔担任。

到 2008 年底小布什总统已分别支出了 6000 亿美元和 7000 亿美元的资金用于救市计划，主要用于收购金融机构的问题资产。奥巴马上台后，又公布了庞大的救市计划，雄心勃勃地要挽救进入衰退的美国经济，大有初生牛犊不怕虎之势。在新总统的领导下美国能否战胜这场严重的金融风暴，这些都需要时间来回答。

◀美国经济危机带来的影响

第八讲
几度兴衰的德国

歌德曾经说过：德意志人就个体而言十分理智，而整体却经常迷路。在德意志民族的性格之中，有一种大森林的气质：莽莽苍苍、深沉、厚重、静穆、藏锋内敛、荆棘蔓延而幽远，神性的安详与魔性的癫狂二者兼备。德意志文明老练而含蓄，其文化底蕴荡气回肠。德国似乎是一个充满了矛盾的国度。一方面，德国是康德、歌德、席勒、赫尔德林、普朗克等众多伟大的哲学家、文学家和科学家的故乡，这些伟人对人类文明做出了不可磨灭的贡献；另一方面，德国又将永远与希特勒、戈培尔、希姆莱和大屠杀联系在一起。对于史学家们来说，这个充满矛盾的综合体永远充满挑战。人类曾经历过两次世界大战，而这两次世界大战都是德国所策动、最后都是以其失败而告终的。德意志文明对人类的现状与前途的关联，都比其他的文明要深刻得多。

德国历史的发展，可谓几度兴衰。它走过的是一条分裂、统一、崛起—冒险、失败—再分裂、再统一、再崛起的曲折发展道路。它经历了中世纪的强盛、近代的骄傲、今日的重新崛起和辉煌，也遭受过分裂的羸弱、饱受战败后受欺凌的痛苦。经历过两次世界大战的劫难之后，法兰克福成为欧洲文明的支撑点与重心。德意志文明绚烂至极，复归于平淡。

◀德国“新时器时代农民”居住的茅屋

德意志的统一

德意志民族神圣罗马帝国的覆亡 德意志民族是古代日尔曼族中的一些部落经过长期融合形成的。从公元3世纪起，日尔曼部落大举南下。

公元5世纪末，在西罗马帝国的废墟上，日尔曼人建立了法兰克王国。公元919年，萨克森公爵亨利一世即位，正式创立德意志早期封建国家和德意志王权，这是严格意义上的德国历史的开始。

这时的王国大致包括今日的荷兰、德国、瑞士、奥地利。此后这个大帝国在13世纪后称为“神圣罗马帝国”，到15世纪以后正式定名为“德意志民族神圣罗马帝国”。

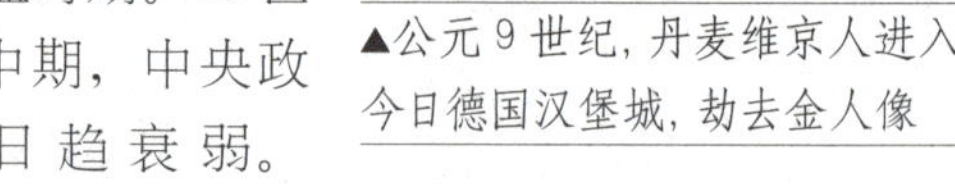

▲公元9世纪，丹麦维京人进入今日德国汉堡城，劫去金人像

在11世纪上半叶时，德意志王权处于极盛时期。13世纪中期，中央政权日趋衰弱。1356年，德皇查理四世发表《黄金诏书》，承认帝侯有选择皇帝的权利，使“神圣罗马帝国”中央皇权名存实亡，德国开始走向封建割据，在德意志这片土地上分割出几百个小国或政治集团。

▼公元5世纪，克洛维建立法兰克王国，图为克洛维像

15～16世纪，意大利掀起了文艺复兴运动，这一运动在德国的影响就是1517年由马丁·路德领导的宗教改革，这是一场带有改良主义色彩的宗教改革。马丁·路德反对天主教教会权威的斗争，唤起了社会改革的新思想，同时他翻译的德文《圣经》，为形成统一的书面德语作出了杰出的贡献。

马丁·路德领导的宗教改革使德国出现

了天主教和新教两个对立的教派，它们代表着封建诸侯的不同利益。新旧教派之间的矛盾冲突最终引发了1618—1648的30年战争。这场战争也是诸侯与皇帝之间、诸侯相互之间以及德国与法国之间矛盾的结果。德意志进一步处于四分五裂的状态。

▲腓特烈大帝，德意志12世纪初的统治者

18世纪，德意志境内的普鲁士和奥地利崛起为两个起决定作用的权力中心，它们之间的斗争基本上决定了18世纪的德意志历史。1789年，法国爆发资产阶级革命，从中世纪早期延续至此的封建体制被荡涤。德意志帝国受到来自西方的冲击，普鲁士和奥地利企图以武力对这个邻国进行军事干涉，但惨遭失败，在拿破仑军队的冲击下，德意志帝国土崩瓦解。1806年，“德意志民族神圣罗马帝国”灭亡。

德意志的觉醒 30年战争后，德意志开始出现一种“畸形”的专制制度。它不像欧洲其他国家那样是一种中央集权的专制制度，而是一种德意志各邦的邦专制制度。这种邦专制制度导致帝国灾难性的分裂，阻碍了德意志民族国家的发展进程。

在各邦国中，对德意志的历史发展具有重大影响的除了奥地利外，当数普鲁士王国。

普鲁士王国的核心地区是勃兰登堡，因而了解普鲁士的兴起首先就得了解勃兰登堡的发展过程。

约在公元前1世纪上半叶，日耳曼人征服了易北河东岸地区。公元5～6世纪，由于民族大迁徙，大部分日耳曼人离开此处。留下的日耳曼人逐渐与由东方迁来的斯拉夫人融合，形成斯拉夫人居住区。928年，萨克森王朝国王亨利一世占领了哈韦尔人的主要城堡勃兰登堡，后被夺回。亨利之子奥托一世继续东进，推行“重新征服旧日耳曼人居住区的政策”。勃兰登堡又为萨克森王朝所有。983年，文德尔人叛乱，使德意志在这里征服的领地全部丧失，德意志帝国的疆域仍以易北河为界。

12世纪上半叶，统治帝国的萨克森王朝再次征服勃兰登堡，并于1134年4月11日将此处作为军事采邑授予阿斯卡尼亚家族。从此，勃兰登堡就一直在德意志的版图之内。

◀德国科隆大教堂，拥有全欧洲最高的尖塔，从13世纪动工，到19世纪才建成，整个工程持续了600多年，是世界上最典型的“胡子工程”，但它以气势恢宏而著称于世

▲1356 年，查理四世颁布的《黄金诏书》，规定了七大选侯的权利，这为德意志的兴起奠定了基础

在阿斯卡尼亚家族统治下，勃兰登堡得到了发展和加强。1252 年，伯爵约翰一世取得选帝侯称号。到这个家族的最后一任伯爵瓦尔德马尔时，勃兰登堡的版图已达 4.5 万平方公里，还建立了柏林、科伦、法兰克福、古本等城市。1320 年后，由于阿斯卡尼亚家族后继无人，勃兰登堡处于近一个世纪的纷繁易主的混乱时期。

1415 年 4 月 30 日，开始了霍亨索伦家族在勃兰登堡的统治。此后，勃兰登堡领地面积迅速增长，几乎每一代统治者都征服或“购进”了新的领地。1594 年，霍亨索伦家族与臣属波兰王国的普鲁士公爵的女儿联姻。1618 年，普鲁士公爵去世，因无男嗣，普鲁士公国转让给霍亨索伦—勃兰登堡选侯。1655—1660 年波兰与瑞典战争，勃兰登堡选侯联波反瑞而获胜。根据《奥利瓦和约》，勃兰登堡获得对普鲁士公国的主权，勃兰登堡—普鲁士专制政权建立。

1700 年，勃兰登堡选侯利用奥地利参与西班牙王位继承战争之际，把勃兰登堡的军队出租给哈布斯堡皇帝去打仗，从哈布斯堡王朝的利奥波德一世那里获得“普鲁士国王”称号，把位于德意志神圣罗马帝国疆土以外的普鲁士公国升格为王国。1701 年 1 月 18 日，勃兰登堡选帝侯弗里德里希三世在哥尼斯堡的宫廷中举行加冕礼，成为普鲁士国王，称弗里德里希一世。然而，“国王”这一称号，还仅仅限于不属于德意志帝国的普鲁士。这位新国王在他的其他领地中还仍然保持选帝侯和伯爵的称号。到弗里德里希二世时，整个勃兰登堡—普鲁士才逐渐构成为一个普鲁士王国。

在普鲁士王国的发展过程中，容克始终是中坚力量，是这个国家的统治阶级。容克，是德语的音译。原指无骑士称号的贵族子弟，后来泛指普鲁士贵族和大地主。在德国历史上真正起过较大的作用是乡村容克，即普鲁士贵族庄园主，他们是征服易北河以东地区并在那里生活下来的德意志骑士领主的后裔。乡村容克具有粗犷、暴戾、眼光狭隘的特点，政治上属于极端保守派，主张

▼反映普鲁士国王威廉一世被拥立为德意志帝国皇帝的油画

◀1747 年，在奥地利女王玛丽亚·泰利莎统帅下的军队与普鲁士进行战争

君主专制，崇尚武力。容克操纵着普鲁士国家机器，垄断了行政和军队中的一切职位。普鲁士军队中的官职一律由容克贵族担任。由于普鲁士施行长子继承法，容克次子大都服役，从小进讲武堂受军事教育，毕业后充任军官。官兵关系完全是领主与农奴的关系。1653 年勃兰登堡选侯赐与容克以完全支配农民的权力和免税等种种特权，他们控制着农业经济和粮食贸易。

勃兰登堡最初是作为军事采邑分封给萨克森王朝贵族军官的，黩武精神一直成为这里领主的"传统"。正是依靠军事武力，使它得以不断扩展版图。普鲁士王国建立后，更加不断扩充军事力量，成为一个军事强国。当时，普鲁士人口在欧洲大陆居第十三位，领土居第十位，军队却居第四位。军队成为王国的中心，国中之国，工、商、农、文化等一切的发展都视其能否增强军事力量。军费开支占全部国家收入的 7/11。曾有人这样描述普鲁士的军国主义："对其他国家来说，是国家拥有一个军队；对普鲁士而言，则是军队拥有一个国家。"

普鲁士王国建立后，便竭力扩充军队，扩展领土。在三次西里西亚战争中，夺取了奥地利的富裕省份西里西亚，进入了欧洲大国的行列。1772 年，参与俄奥第一次瓜分波兰，取得西普鲁士等地。接着，在参与第二次、第三次瓜分波兰中，又先后取得但泽、托伦、南普鲁士、华沙以及东北普鲁士等地区。其后，虽在 19 世纪初由于拿破仑的进攻，普鲁士王国一度陷于崩溃的境地。但经过莱比锡、滑铁卢战役和维也纳会议，它的领土达 27.8 万平方公里，人口 1040 万人，成为欧洲军事强国。

"铁血政策"：德国的统一 19 世纪初由于拿破仑的进攻，普鲁士王国一度陷于崩溃的境地。普鲁士的惨败，迫使其统治阶级进行了一些资产阶级改革。1813 年 10 月，普鲁士、沙俄、奥地利和瑞士四国联军在莱比锡城郊大败法国，德意志各邦国摆脱了拿破仑一世的统治。1814 年 3 月 20 日，四国联军占领巴黎，拿破仑王朝覆灭。

▼1813 年的法奥战争

对拿破仑战争获胜后，1814—1815 年召开的维也纳会议建立起了欧洲新秩序，但德意志人想建立一个自由统一的民族国家的希望并未实现，取代老帝国的是由 34 个邦和 4 个自由城市组成的"德意志邦联"，这是一

个松散的联合体。

▲失利的奥军

此后，资本主义在德国得到发展，1834 年德国建立了关税同盟；1835 年修建了第一条铁路，开始了工业化进程；1848—1849 年德国爆发了资产阶级革命，各地民众斗争声势浩大。但由于资产阶级的软弱和妥协，各地起义先后被镇压，革命遂告失败。

19 世纪 50 ~ 60 年代，德意志资本主义经济已得到迅猛发展，德意志已从落后的农业国发展成为工业化国家。1870 年，其工业生产已超过法国，跃居世界第二位。国家的分裂状况已成为阻碍德意志资本主义进一步发展的严重障碍。在统一已成为历史发展的必然趋势时，1862 年，普鲁士国王威廉一世任命俾斯麦为宰相，开始了统一德意志的进程。

俾斯麦认为“德意志的统一不是空谈，而是要用铁与血”，即普鲁士必须以武力来统一德意志。为此，这位被称为“铁血宰相”的俾斯麦为统一德意志，对内进一步加强军事力量，以军事力量作后盾施展外交手段，通过三次王朝战争统一了德意志。

俾斯麦担任首相之职时，正是普鲁士军事力量处于上升时期，这正好为他实施“铁血政策”打下了坚实的基础。

俾斯麦深知，议会里的资产阶级议员只会吵吵嚷嚷，他们懦弱无能，根本没有实力对抗政府，所以，为了更有效地实行“铁血政策”，他干脆一脚踢开议会，在议会指控政府“违背宪法”的情况下，他不但不害怕，反而公开扬言：“冲突在所难免，在冲突中最有力量的方面，一定获胜！”一副挑战者的姿态。同时，他还知道，一旦自己的“铁血政策”得到最后胜利，取得了全德的统一，那么，这些叽叽喳喳的资产阶级议员就会立刻拜倒在他的面前。

▼战败者拿破仑

俾斯麦“铁血政策”的第一步，就是向丹麦进攻。1863 年末，丹麦合并了属德意志的石勒苏益格小公国。次年初，俾斯麦联合奥地利对丹麦作战。俾斯麦之所以要联奥抗丹，原因是既解除了后顾之忧，又能共同对外。奥地利马上同意了普鲁士的要求，普奥联合向丹麦发出最后通牒，随即开始战争。丹麦以 4 万士兵对 6 万敌人，结果战败。普鲁士得到了石勒苏益格。奥地利也得到了另一小公国荷尔斯泰因。

▲1848 年的德国国民会议

“铁血政策”的第二步，就是挑起对奥地利的战争。打败丹麦后，俾斯麦调转枪口，对准了奥地利。但打败奥地利并不像打败丹麦那样容易。于是俾斯麦先联合意大利，意大利因威尼斯地区一直受奥地利欺凌，所以马上答应了普鲁士的请求，双方结成反奥联盟。然后，俾斯麦三次亲往法国，假意许诺拿破仑三世，打败奥地利后，让法国得到一份领土报酬，这样就稳住了法国。

做好了这些后，俾斯麦对奥地利一再挑衅，要求奥地利将不久前从丹麦手中得到的小公国荷尔斯泰因让给普鲁士，同时提出改革德意志联邦法案，以期排除奥地利在整个德意志的影响。奥地利当然不答应，于是就联合不少德意志小国对普鲁士进行“制裁”。于是普奥战争爆发。

1866 年 6 月，奥军和普军双方集结于萨多瓦村附近展开决战，俾斯麦下决心一举击溃奥军，并自带毒药，准备一旦失败就服毒自杀。

结果，普军大获全胜。10 天后，俾斯麦逼近奥地利都城维也纳。在有人提议一举占领奥地利全境时，狡猾的俾斯麦没有听从，他估计到法国会出面干预，另外，他可能还会利用奥地利。

果然，拿破仑三世出面进行了调停，双方达成协议。奥地利宣布退出德意志，并将 4 个邦国和 1 个自由市让归普鲁士。

这样，普鲁士就统一了德国整个北部和中部地区，建立起了一个北德意志联邦。这时只有德意志南部紧邻法国的 4 个小邦国仍旧保持着独立。俾斯麦想兼并这 4 个小国，但他知道，法国也有同样想法，而法国是这样的强大，不打败它，德国的统一将不可能实现。同时，俾斯麦对法国境内富裕地区阿尔萨斯和洛林也很感兴趣，早已垂涎三尺。

所以，俾斯麦“铁血政策”的第三步，就是进行普法战争，打败法国。

于是，他经过充分准备，于 1870 年发动普法战争，次年大获全胜。普鲁士军队开进巴黎附近的凡尔赛，并在凡尔赛宫宣布以普鲁士为首的德意志帝国成立。普鲁士国王威廉一世为德意志帝国皇帝，俾斯麦为首相。德意志的统一完全实现。

德意志帝国的建立，结束了德意志长达 952 年的分裂状态，从此，德国作为一个统一的近代民族国家在欧洲崛起。

▲铁血宰相俾斯麦

德意志第二帝国的兴亡

跻身世界强国：工业革命 民族的统一和帝国的诞生，为资本主义的发展扫除了政治障碍。1871年德意志容克资产阶级联合专政最终形成，改变了德国长期分裂割据的局面，加强了德国在中欧的地位，创造了经济发展的安定环境。同时，中央集权制的建立，利用强有力的国家政权推行有效的对外政策，使资本主义经济的发展有了坚强的后盾。

▲19世纪中叶，实行统制经济模式的德国国王恺撒·威廉

扩充军事，大大刺激了与军火生产有关的重工业部门的发展。帝国军事专制制度造成了军费支出扩大，这直接导致了军火企业的扩展。同时，军事上的需要使铁路和海运也获得迅速发展。交通运输和军火工业的膨胀，又带动了钢铁、机器制造、冶炼等一系列重工业部门的发展。

正是出自军事上的需要，德国对经济的干预特别突出。表现在：制定一系列的经济政策，设立铁路基金，确立铁路方案（国家对铁路实行严密监督），推行保护关税政策，建立中央银行为首的银行体系。德国的统治者们，利用国家统一的有利条件，利用来自人民复兴国家的民族意识，因势利导，推行了一系列行之有效的政策措施，促进经济、教育和科技的发展。国家干预是德意志资本主义经济迅速发展的一个显著特点和重要原因。

注重教育和科技的发展，提高了人民的素质。政府加强对教育的控制，颁布了一系列帝国教育法令。这使德意志整个民族的文化素养大为改善。19世纪中期后，德国的教育令世界瞩目。“打起你的背包，到格廷根去”，是当时有志于教学研究者的一个时髦口号。

德意志统一后很重视利用最新科学成就。德国工业发展较晚，统一前，蒸汽机的使用还较落后，这使得它无需更新旧设备，而集中力量投资于最新的科学技术部门，在电气、化工、炼钢、光学等现代化的工业部门遥遥领先于其他国家。

普法战争的胜利，为德国工业的发展提供了新的矿产资源、资金来源和工业基地。根据《法兰克福和约》，德从法

◀德国发明家齐柏林从1891年开始飞艇的研究，1900年7月首航成功

掠得阿尔萨斯－洛林，该地拥有150万居民，丰富的钾盐矿藏，特别是洛林的铁矿与鲁尔的煤田联合起来，构成了德国工业发展的一个重要基地。1873年，法国以公债形式筹资，提前付清50亿法郎的战争赔款。德利用这笔巨款巩固了金本位制和偿还了国债。同时，数十亿法郎流入德国，使德国证券市场空前活跃，形成了一股创办企业的热潮。

此外，帝国政府奉行稳健的外交政策，也为经济的发展创造了良好的国际环境。

19世纪70年代末80年代初，德国完成了工业革命。它仅用了40年的时间就走完了英国走了80年的路程，并且迅速地、彻底地改变了德国的经济结构。

在被称作是第二次技术革命的19世纪后半叶的钢铁时代，德国脱颖而出，跃居欧陆之冠。凯恩斯在评述德国迅速发展钢铁生产的意义时指出："德意志帝国与其说是建立在血与铁之上，不如说是建立在煤与铁之上更真实些。"

工业革命的完成，旧工业部门的改造，新工业部门的成长，德意志帝国已在新技术基础上建立起完整的工业体系。到19世纪末20世纪初，德国便以其飞速发展的态势跻身于欧洲工业强国的行列。1850—1900年，国民生产净产值从105亿马克增至365亿马克。工业生产的绝对值增加了近6倍。德国已成为欧洲头号的工业强国。

从"大陆政策"到"世界政策" 19世纪70～80年代，德国的对外政策具有强烈的争霸欧洲和侵略扩张的性质。70年代，俾斯麦想彻底摧毁法国，称霸欧洲，推行所谓"大陆政策"。1875年，俾斯麦准备发动对法战争，但由于遭到俄国和英国的反对，暂时放弃进攻法国的企图。俾斯麦害怕法国与俄国联盟，使德国处于东西两线作战境地。他玩弄外交手腕，利用英国、法国、俄国和奥匈帝国之间的矛盾，竭力孤立法国，反对俄国，阻止法俄接近。1879年，德国和奥匈帝国结成反法、反俄的秘密同盟。1882年，意大利加入这个同盟，形成了"三国同盟"。这也就是第一次世界大战中"同盟国"的由来。

▲早期内燃机模型，1876年，德国工程师奥托首先取得了煤气内燃机的专利发明权

进入80年代，在资本主义列强抢占殖民地的高潮中，德国也开始向外扩张，抢占殖民地。1884年，德国在南非取得盛产金刚石的安格腊·贝昆纳，这是德国在南非抢占的第一块殖民地。接着，又先后占领了喀麦隆、多哥、坦噶尼喀、卢旺达和布隆迪。此外，德国于1885年在太平洋上又占领了伊里安岛的东北部和马绍尔群岛。同时期，德国开始侵入亚洲和拉丁美洲。

19世纪90年代，德国的经济和军事实力迅速增长，已占有的区区几块殖民地满足不了垄断资产阶级扩大市场和原料产地的强烈要求，他们要求按实力和资本重新瓜分世界。德皇威廉二世提出了"世界政策"，以代替俾斯麦的"大陆政策"。他公然宣告的

“世界政策”，就是向海外扩展殖民地，掌握制海权，争霸世界，建立“一个世界帝国”。但这时地球上的土地已被瓜分完毕。根据1899年的统计，德国的殖民地面积只有25900万公顷（100万平方英里），只等于英国殖民地的1/9，法国殖民地的1/3。这同德国日益膨胀的经济政治实力很不相称。德国统治集团叫嚷“缺乏空间”“领土太小”，为重新瓜分殖民地制造舆论。

威廉二世侵略扩张政策的积极执行者皮洛夫首相在议会中公开叫嚣：“让别的民族去分割大陆和海洋，而我们德国人只满足于蓝色天空的时代已经永远过去了。我们也要为自己要求日光下的地盘。”海军元帅梯尔比茨要求建立强大舰队，同英国一决雌雄，实现“世界政策”。形形色色的沙文主义组织狂热地宣传反动的人种优越论、德意志民族优越论。

▲德国皇帝威廉二世推行侵略扩张的对外政策，导致了第一次世界大战的爆发

19世纪末20世纪初，德帝国主义积极进行重新瓜分殖民地的活动，在亚非各地加紧侵略扩张。1897年德国强占中国胶州湾和青岛，作为它在远东的第一个海军基地。次年它又取得在山东建筑胶济铁路和开采矿山资源的特权，把山东作为它的势力范围。侵占中国胶州湾是后起的德帝国主义“争夺日光下地盘”作出的第一个实际步骤。1899年，德国占领了太平洋上许多岛屿。1900年，德帝国主义充当了镇压中国义和团运动的最凶恶的角色。此后，德国又积极参加侵略中国的八国联军，并迫使中国签订《辛丑条约》，攫取了中国大量的权益。1903年，德国与土耳其订立条约，取得建筑“三B”（柏林—拜占廷—巴格达，三城第一字母均为“B”）铁路的特权。这条铁路如建成会成为德帝国主义“向东推进”的工具，“成为架在英属印度上面的一把利剑”。为了同法国争夺北非的摩洛哥，德国于1905年和1911年两次制造摩洛哥危机，把欧洲推向战争的边缘。

德意志帝国的覆灭 从大陆的一隅扩向全球，建立幅员辽阔的殖民帝国，这早在19世纪末年起就已成为德国对外政策的重心。独霸欧洲是大德意志帝国梦想的重要组成部分。在柏林当局看来，德国主宰欧洲的日子已经到来，欧洲霸主非我莫属。因此他们设想斯堪的纳维亚半岛诸国、荷兰、丹麦，以及瑞士、比利时和法国东部都应并入大德意志帝国的版图，特别是加莱海峡沿岸地区更应囊括在内。

▼德国在有了雄厚的经济基础之后，悍然发动战争，图为第一次世界大战德军把大炮运往前线

为实现“大德意志帝国”的计划，早在1905年德国参谋本部就制订了一个完整的作战计划，因主持制订该计

▲1914 年 6 月 28 日，奥皇储斐迪南与妻子被刺，成为第一次世界大战的导火索

划的是当时的参谋总长施里芬伯爵，史称“施里芬计划”。它的战略设想是：一旦战争爆发，德国应集中优势兵力，用速战速决的方法，先在西线分左右两路围歼法军。由 79 个师组成的右翼，越过比利时和卢森堡，进入法国北部；由 8 个师组成的左翼留在法德边界的阿尔萨斯－洛林地区。这样，德军就以梅斯为枢轴，像一扇巨大的旋转门，将一直横扫到法国沿海地区，南北包围巴黎，“6 周内把法国解决掉”。然后移兵东线，击溃俄国，3 个月凯旋，以摆脱东西两线同时作战的局面。从 1908 年起，接替施里芬的小毛奇便按此方案着手部署兵力。只待战机一到，德军便可挥戈西进。

1914 年 6 月 28 日，奥国皇储斐迪南大公这位竭力想吞并塞尔维亚的军国主义分子，偕同妻子到波斯尼亚检阅军事演习，在萨拉热窝遭到塞尔维亚民族主义者的暗杀。这次事件成了战争的导火线。7 月 28 日，奥国对塞尔维亚宣战。把塞尔维亚视为争霸前哨的俄国于 7 月 30 日宣布总动员。8 月 1 日、3 日，德国分别向俄、法宣战，因为比利时拒绝接受德军通过本国领土的最后通牒，德国同时向比利时宣战。英国曾要求德国维护比利时的中立，遭拒绝后于 8 月 4 日对德宣战。第一次世界大战就这样打了起来。前后卷入战争的有六大洲的 33 个国家，15 亿人（占当时地球人口的 2/3 以上），大战期间大约有 7000 万人被动员参军。

大战开始后，欧洲大陆上出现了三条战线：西线，从北海延伸到瑞士边境，由英、法、比三国军队对德作战；东线，北起波罗的海，南至罗马尼亚，由俄军对德、奥作战；另外有巴尔干战线，由塞尔维亚军对奥军作战。战争在陆上、空中、海上和海下同时进行，战场遍及欧、亚、非洲和大西洋、地中海、太平洋等海域。欧洲特别是法国是决定全局的主战场，海上以北海为主战场。各主要交战国的战略方针的共同点是：片

▼第一次世界大战中，英国皇家海军向德国人开火

面强调战略进攻，轻视防御；企图依靠一两次总决战决定胜负；立足于依靠战前物资储备打短期战争。

战争第一年（1914 年），速决战计划即遭破产。在欧洲战场上，德军同英法联军进行了“1914 年边境之战”，法军南撤。德军推进到巴黎以东的马恩河地区，遭到法军大规模反击（史称“马恩河会战”），德军退至埃纳河一线。9、10 月间，为相互迂回对方的侧翼，进入法国北部地区的德军和英法联军实施连续机动，直到海岸方止（史称“奔向大海作战”）。至 11 月，整个西线从运动战转入了阵地战。这一年，由于土耳其的参战，又开辟了新战场；8 月 23 日，日本对德宣战，出兵占领中国山东，出现了远东战场。英德海军的主要战役是北海的两次赫尔戈兰海战和南大西洋的福克兰岛海战。

1915 年，各参战国由于后备兵员和后勤保障发生严重问题，被迫将国民经济纳入战时轨道。战争重心由西线转到东线。俄军同德军之间先后进行了东普鲁士冬季战役、喀尔巴阡冬季战役、果尔利策进攻战役，俄军损失惨重，德军乘胜深入俄境，但未能迫使俄军退出战争。9～10 月，整个东线也从运动战转入阵地战。5 月，意大利从同盟国转入到协约国，在奥匈东南开辟了新战区。10 月，保加利亚加入同盟国之后，德奥保联军以优势兵力占领了塞尔维亚。

1916 年，战争重新再次转入西线。德军对法军实施了“凡尔登战役”，英法联军则对德实施了“索姆河战役”。东线俄军的西南方面军对奥军也发动了大规模进攻，5 月 31 日至 6 月 1 日，英德海军主力在日德兰半岛以西进行了整个大战期间规模最大的一次海战。从这一年开始，同盟国开始丧失战略主动权。

1917 年，德国被迫在东西两线转入防御，同时在海上开展“无限制的潜艇战”，给英法海运造成极大困难。法军在埃纳河地区对德实施“尼维尔攻势”，法军损失惨重，英军单独对德连续发动进攻，稳住了法国。9 月，德国发动“里加战役”，这是东线最后一次大规模军事行动。11 月 7 日，俄国爆发十月革命，以列宁为首的苏维埃政府宣布退出战争。在意大利战线，德奥联军实施了“卡波雷托战役”，迫使意军全线后撤。同年 4 月，在交战双方都陷于困境的情况下，美国伺机加入协约国一方。8 月，中国北洋军阀政府也在协约国帝国主义推动下对德奥宣战。

1918 年，协约国发动总攻，同盟国土崩瓦解。至 11 月，同盟国中的土、保、奥先后投降。11 月 9 日，在德国工人和士兵革命威力的震慑下，威廉二世逃亡荷兰。统治德国近半个世纪的霍亨索伦王朝寿终正寝，德意志帝国随之灭亡。11 月 11 日，德国也被迫投降。历时 4 年多的第一次世界大战遂以协约国的胜利告终。

▼第一次世界大战中，德国首先使用坦克

希特勒和第三帝国

短暂的魏玛共和国 1918年11月，基尔港水兵举行武装起义，11月革命爆发，推翻了封建王朝，政权最终落入社会民主党人手中。1919年2月6日，在魏玛城举行了国民议会，会上选举艾伯特为共和国总统。2月16日，组成了以社会民主党人谢德曼为总理的内阁，国民议会投票通过了《魏玛宪法》，宪法于8月11日生效。因此第一个德意志共和国也称为魏玛共和国。

▼总理希特勒与总统兴登堡

1929年，随着世界性经济危机的发生，魏玛共和国每况愈下。左翼和右翼激进主义者都利用失业和普遍的贫困做文章，议会争吵不休，已无具有执政能力的多数党，各届内阁都仰仗总统的支持。

此时，无足轻重的阿道夫·希特勒的国家社会主义运动以貌似革命的宣传，将极端反民主的倾向和疯狂的排犹主义结合起来，从1930年起扶摇直上，并于1932年成为最强的政党。1933年1月30日，希特勒成为总理。希特勒上台的第一件事就是通过国会纵火案清除异己。随后他取缔了除纳粹党外的一切政党，掀起排挤迫害犹太人的运动，并利用党卫军和盖世太保在全国建立起恐怖的法西斯统治。成千上万的人不经法庭程序就被关进了匆忙建起的集中营。

1934年，魏玛共和国总统兴登堡去世，希特勒大权独揽。魏玛共和国短暂的14年寿命就此结束。

希特勒的上台 从1929年开始，德国陷入了严重的经济危机中，德国是第一次世界大战的战败国，经济上还依赖外国，经济危机就更加严重。1932年，经济危机达到高峰，生产情况倒退至19世纪末20世纪初的水平。危机期间，政府采取降低工资，削减救济金以及增加新税等措施对付劳动人民，与此同时却大力扶持遭到危机的垄断资本家和地主。

在德国政治和经济的全面危机下，德国垄断资产阶级为了摆脱危在旦夕的困境，企图建立一个专制独裁的政权，以便一方面镇压德国共产党和广大工人与农民的斗争，另一方面借国家的力量来向外侵略扩张，以挽救危机。德国垄断资产阶级积极扶植政治野心家希特勒及法西斯组织“民族社会主义德国工人党”执政。

▶希特勒图像

阿道夫·希特勒生于奥地利，第一次世界大战时参加德国军队，战后在慕尼黑的陆军特务组织中任职。他参加了“德国工人党”，成为该党首领，并把它改名为“民族社会主义德国工人党”，简称“纳粹党”。

纳粹党成为德国垄断资产阶级认为可以依靠其摆脱危机的最理想的组织。金融垄断资本集团、钢铁及煤矿大王等都大力支持希特勒和纳粹党。1930 年 9 月，德国国会进行选举，纳粹党成为议会中的第二大党。1931 年 10 月，德国垄断资产阶级代表与希特勒等人在哈尔兹堡召开会议，决定在德国建立法西斯专政。不久希特勒又发表演说，鼓吹寻求新的生存空间，建立第三帝国，征服世界。

德国共产党以台尔曼为首积极进行反法西斯的斗争。1930 年，共产党发表了《德国人民民族解放与社会解放纲领》，翌年又宣布了《土地纲领》。这两个文件揭露了法西斯主义的阴谋，指出希特勒企图煽动民族主义，发动侵略战争，建立法西斯独裁专政。同时指出，解决危机，改善现状，必须进行无产阶级革命，在工人阶级的领导下建立工农联盟。共产党的上述纲领团结了广大人民并推进了反法西斯的斗争。

1932 年 3 月总统选举中，共产党提出反法西斯统一战线的主张，并向德国社会民主党建议采取联合行动，共同提出候选人，但被拒绝。德国工人阶级未能组成统一战线，结果兴登堡被选为总统。至 1932 年 7 月，纳粹党势力因为没有遭到阻挡而更加膨胀，在国会选举中成为德国议会中第一大党。1933 年 1 月 30 日，在垄断资产阶级的支持下，总统兴登堡任命希特勒为总理。1934 年，兴登堡病死，希特勒称“国家元首”，集总统和总理的大权于一身。从此，在德国历史上开始了法西斯专政的“德意志第三帝国”的黑暗反动时期。

法西斯专制统治 希特勒取得政权后，首先向民主自由权利进攻，消灭一切反对派，宣布解散国会，重新选举，并且搜查德国共产党中央办公楼。1933 年 2 月 27 口，纳粹党头目戈林策划了国会纵火事件，诬陷为共产党所为，借此来镇压共产党，逮捕了台尔曼和正在德国侨居的保加利亚共产党领导人季米特洛夫等大批共产党人。不久，法西斯政府在莱比锡法庭对季米特洛夫等人进行所谓审判。季米特洛夫在法庭上以大无畏的精神揭露了“国会纵火案”的真相，同法西斯展开了英勇斗争。

▼希特勒高高在上，俯视狂热的纳粹军人

▲国会大厦被焚，希特勒一手炮制的“国会纵火案”

▲希特勒的纳粹党徒游行图像

在世界进步舆论的声援下，德国法西斯政府不得不宣告季米特洛夫无罪。德国反动当局还以纵火事件为理由，发布紧急命令，宣布停止言论、出版、通信、集会、结社等《魏玛宪法》中的自由权利。德国全国陷入白色恐怖之中。

1933 年 3 月 23 日，德国通过《消除人民和国家痛苦法》的授权法，把立法权、国家预算控制权、批准同国外缔约之权、修改宪法等权，从国会转给内阁，为期4年。这样，国会的最高权力实际上不复存在，议会民主制度已被埋葬，希特勒可以肆意颁布反动的法令，法西斯专政切实建立起来了。

1933 年 5 月，希特勒下令解散一切工会，没收工会财产，逮捕工运领导人，成立法西斯组织“德国劳工阵线”代替工会。5 月 10 日，又取缔社会民主党；7 月下令解散了除法西斯党以外的一切政党，规定纳粹党为德国的唯一政党。年底，宣布“党和国家合一”，纳粹党完全控制了德国。

1933 年 4 月开始，纳粹当局宣布排犹措施，禁止犹太人经商、担任律师、医生、教师等职业，不准在政府中任职。并且通过三项反犹法，禁止犹太人与德意志人通婚，禁止雇佣犹太妇女从事家务劳动，犹太人被剥夺一切公民权利，掀起了全德范围的“排犹”运动。到处殴打犹太人，最后对犹太人进行残酷的大屠杀，许多犹太人逃离德国，其中包括著名科学家爱因斯坦。

希特勒还命令宣传部长戈培尔从事毁灭人类进步文化的罪恶活动。1933 年 5 月 10 日晚，全国 30 多所大学在城市广场上焚烧马、恩、列、斯和共产党人以及进步作家的著作，并强迫文化、教育、宣传、出版、新闻等部门，以宣传法西斯主义为工作中心，毒害德国人民。

走向战争之路 希特勒政权在经济上积极进行国民经济军事化，以此为中心准备发动对外侵略战争以摆脱经济危机。德国政府对国民经济进行了全面干预，建立了“德国经济委员会”，主持制定经济政策和法令。通过这些法令强行将大批中小企业并入垄断组织，使各垄断组织控制的股份数占全国股份总额的85%。垄断组织必须把原料、资金、劳动力等优先供应军事生产的需要。1939 年，德国在军火的生产量上是美英两国的两倍多。

在农业上，1933 年颁布了《农地继承法》，规定拥有 75 公顷以上的土地所有者不得出卖或分散自己的地产，只能由长子或其他一个人继承。《农地继承法》保留强大的富农阶级以作为法西斯统治的支柱。

希特勒政府通过增加税收，扩大国债和通货膨胀，扩大军事定货等，给予垄断资本以巨额利润，使垄断资本家与纳粹政府密切结合起来，纳粹的头目也因此成为亿万富翁。为进一步军事化和向外侵略扩张提供了经济和阶级基础。

在国民经济军事化的同时，开始了战争准备活动。1933 年 10 月 14 日宣布退出日内瓦国际裁军会议，接着又退出国际联盟，不受国际条约的限制而放手进行扩军备战，提出了“要大炮不要黄油”的反动口号，积极建造巡洋舰、潜水艇以及军用飞机。1934 年正规军已超过 29 万人。1935 年 3 月，德国政府宣布不受《凡尔赛和约》禁止德国拥有空军的规定限制，全国施行普遍义务兵役制。到 1936 年，德国军队激增到 100 万人。

希特勒完成战争准备后，便开始向外侵略扩张。1936 年 3 月出兵莱茵区宣布废除《洛加诺公约》。1938 年吞并奥地利。1939 年侵略捷克斯洛伐克。希特勒还与意大利及日本法西斯相勾结，1936 年 11 月，同日本签订了《反共产国际协定》；一年后，意大利也参加进来。三个法西斯国家结成其自称的所谓“改造世界的轴心”，准备发动世界大战，德国成为欧洲的世界战争策源地。

▼吞并奥地利的德国军队的坦克

纳粹铁蹄下的“大德意志国”

1936 年 3 月，希特勒在进军莱茵非军事区后宣称“欧洲应该出现一种新秩序”。随着大战爆发，德国在战场上节节胜利，欧洲大部分地区沦落纳粹德国之手。为了控制占领区人民，掠夺占领区的财产，纳粹政权推行一系列措施，着手建立“欧洲新秩序”。

综观纳粹政权在占领区的行为，所谓“欧洲新秩序”可概括为：改变欧洲原有版图，合并所有德意志人居住区，建立“大德意志帝国”；以“大德意志帝国”为中心，建立一个统一的、由纳粹政权控制的欧洲；以德意志人为主宰，将各民族按人种划分等级；

▲犹太妇女和孩子被送往集中营

设立集中营，镇压共产党，消灭犹太人，在占领区实行恐怖统治；控制占领区经济，掠夺其财产；强制推广德语，摧残各国文化和民族语言；等等。

纳粹德国攻占大部分欧洲国家后，将其控制地区划分成合并区、民政长官管辖区、附属区、占领区、作战区五大类进行统治。其中合并区和民政长官管辖区属“大德意志帝国”的组成部分。

合并区，由德国直接统治，以德国新行政区，或德国的邦、行政区或省的增添部分的形式并入德国。在这些地区德意志人居多数。在合并区内，最高权力由接受内政部长全面监督的行政长官兼总督行使。民政长官管辖区，在海关、邮电和铁道管理方面，完全被当作德国的一个组成部分，但未完全并入德国。它还需要在地名、居民姓氏和语言方面进一步“德意志化”，这个过程约需10年。在民政长官管辖区，最高权力由民政长官行使，然而在很多地方，民政长官往往由上级行政区的长官兼任总督。民政长官只接受政府总理希特勒的指令，并对区内除邮电、铁道和海关以外的所有行政部门实行全权管理。

附属区既不是德国的一部分，也不是大德意志国的一部分，但经过改造，可以成为大德意志国的一部分。占领区，在军事和经济方面受德国控制，但不并入大德意志国。作战区，指意大利向盟国投降后被德国接管地区。作战区的首要任务是阻止盟军进入，填补政治真空。

“二战”全面爆发后，德国的经济也从备战经济进入战时经济阶段，整个国民经济都要受战争需要的支配。但在战争初期，也就是1941年底以前，纳粹德国并没有实行总动员。希特勒认为依靠闪击战能迅速取胜，战争不会延续很久。因而纳粹政权依靠掠夺占领区的粮食、石油、工业品、劳动力、武器装备等资源，来补充战争消耗，实行“以战养战”，其经济实力有了相当的提高。

▲漏网屠夫艾希曼，他是希特勒屠杀犹太人的帮凶，1960年被逮捕归案

纳粹德国占领了欧洲大部分国家，先后成立了许多机构来专门处理占领区的经济事务。德国对占领区经济管制的方式，根据各占领区在政治新秩序中的不同地位，划分为三种类型。第一种是已经或即将并入德国的地区，这类地区完全纳入德国本土经济的轨道。第二种是德国直接进行经济管制的地区，纳粹政权把这类地区视作经济掠夺对象，最大限度地利用其生产能力。第三种

是德国进行间接经济管制的占领区，这类地区的日常经济管理工作仍由当地经济管理部门负责，但纳粹政权在其之上设立相应的机构加以监督，左右其决策；同时还控制重要经济部门，接管为德国服务的企业和犹太人、敌侨的产业。

由于纳粹当局忙于战争，没有时间和精力去有效地组织占领区的经济，常常采取杀鸡取卵式的野蛮快捷的经济掠夺，以应付战争的急需。占领区的经济资源和战略物资是纳粹当局重要掠夺对象。德国占领当局还以维持占领军所需款项为由，向被占国家勒索占领费用。

▲曾经不可一世的希特勒在自己的末日将临之际选择了自杀，图为希特勒与他的情人爱娃

随着战争规模的扩大，德国大批强壮劳动力被征入伍，军需部门对劳力的需求也日益增多，为了摆脱困境，纳粹当局对占领区实行了大规模抢掠，搜捕居民到德国充当劳工。劳工从事的是繁重的奴隶式的劳动，生活条件却非常恶劣，得到的粮食往往少于最低限度的需要。据统计，战时德国强征占领区劳工总数在1000万左右。

纳粹“欧洲新秩序”的另一个重要内容是残害犹太人。希特勒上台后，疯狂迫害德国犹太人，公布剥夺犹太人公民资格的法令，把犹太人赶出欧洲。在建立“欧洲新秩序”时期，纳粹法西斯的反犹暴行进一步升级，把国内的反犹排犹政策推行到广大占领区。

1939 年 10 月底，纳粹政权在卢布林西南划出一块地方作为“犹太人保留区”，打算把全欧的犹太人都赶入这块居留地。后因纳粹政权内部争权夺利，居留地内流行病丛生，被迫放弃。以后改为在各占领区设立较小规模的保留区，其中一部分就设在中世纪犹太人隔离区的遗址上。保留区名义上由“长老委员会”或“犹太人委员会”管理，实行犹太人自治，实际上完全受党卫队控制。

德国侵占北欧和西欧诸国后，当地大批犹太人开始逃亡，但大多没能逃出纳粹的魔掌。成千上万的犹太人在遭到勒索和抢劫后，被押往东欧各地的集中营。

1940 年 6 月纳粹在波兰克拉科夫以西的偏僻小镇奥斯维辛建立了集中营，该营规模逐渐扩大，直至下辖主营、比克瑙、布纳三大区，共拥有 33 个小集中营。以后又在波兰占领区建立特雷布林卡、马依达内克、日尔根－贝尔森等集中营，在捷克占领区建立特莱西恩施塔特集中营。随着反犹政策的升级，1941 年夏天起，占领区内很多集中营被改造成“灭绝营”，设置了毒气室和焚尸炉。

在入侵苏联的过程中，纳粹当局使用了更野蛮的手段来对付苏联境内的犹太人。党卫队组建了 4 个“特别行动队”，分别跟随各集团军队进入苏联，大肆屠杀犹太人。

然而，这样局部范围的大肆杀戮还不能令纳粹当局满意。1941 年 7 月，希特勒通过戈林正式提出了“最后解决犹太人问题”的设想，制定了“最后解决犹太人问题”计划，规定由西向东彻底清理欧洲，将全部犹太人送往东方占领区，组成劳动大队从事繁重劳动，直到他们耗尽体力，够得上“最后解决”的条件为止。不适宜劳动的人和妇女儿童则直接被送进毒气室。此后，毒气室和焚尸炉得以推广。在具体实施“最后解决”计划的过程中，犹太人大部分在毒气室遇害。据统计，在实施“最后解决”计划中被害的犹太人达 600 多万。仅奥斯维辛一地就有 350 万人被杀。

德意志第三帝国的覆灭 希特勒在对内加强其政权、实行法西斯统治的同时，也为他狂妄的企图统治欧洲的侵略野心作了种种准备。1936 年，德军开进莱茵非军事区；1938 年，吞并了奥地利；1939 年 3 月 15 日，占领了捷克斯洛伐克；1939 年 9 月 1 日，进攻波兰。9 月 3 日，英法对德宣战，希特勒最终挑起了第二次世界大战。

战争初期，由于英法军队宣而不战，助长了希特勒的侵略野心。1940 年 4 月，德国占领了丹麦和挪威；5 月，占领了荷兰、比利时和卢森堡；6 月 14 日，法国战败投降；1941 年春，德国在巴尔干半岛又先后占领了匈牙利、罗马尼亚、保加利亚、南斯拉夫和希腊。

希特勒在占领了除英国外的大部分西欧国家后，又集中 300 万大军于 1941 年 6 月 22 日清晨向苏联发动了闪电战。包括苏联、美国、中国在内的世界 53 个国家对德宣战。1945 年 4 月，苏联和美、英、法联军从东、西两线进入柏林。4 月 30 日，希特勒为逃避审判在他的地下指挥部自杀身亡。5 月 8 日，德国在废墟、瓦砾和万人冢中宣布无条件投降。

德意志第三帝国仅存在 12 年，为时甚短，但曾喧嚣一时。1933 年 1 月希特勒出任总理，7 月他宣布“纳粹主义革命”已经完成，魏玛共和国结束，建立“第三帝国”。1939 年 7 月，希特勒以元首的身份宣布国名改称“大德意志帝国”。德意志帝国的势力范围包括德国本土，被它直接吞并的国家与地区，军事占领的国家与地区以及若干仆从国。它夺取了欧洲中心地区，它所控制和侵犯的地域在东方推进至高加索与接近莫斯科，南方越过地中海染指北非，西方到达大西洋和比利牛斯山，北方直至巴伦支海。它的战线东西长 2000 多公里，南北超过 3000 公里。

长期而广泛进行的战争使德国的国家实力不断大量消耗。1943 年 2 月斯大林格勒战役德军失败。5 月北非战役又失败。这

◀盟军总司令艾森豪威尔及其指挥的规模宏大的诺曼底登陆

▲盟军在诺曼底登陆

一切表明德国已经丧失了军事主动权，这是纳粹帝国衰竭的标志。一系列统计数字显示出德国遭到日益严重的损失，在1940年8～10月的英国空战中，德国轰炸机已所剩无几。从盟军在诺曼底登陆至1945年3月，西欧战场上被俘的德军多达95万余名。德国由于战败和遭到轰炸，物力人力的损失已到极限，国家濒临灭亡。

1943年初为了克服出现的危机，帝国政府实行“总体战争”，凡有作战能力的人员一律入伍，大量妇女在军事工业中劳动，明显削弱了生活用品的生产，减少了居民的食品定量。1944年组建“人民冲锋队”，它的任务为消灭“踏入德国土地的敌人”，但是其成员多是老者和少年。新闻封锁和秘密警察控制和逼迫民众服从，然而连年的战争尤其“总体战争”使得民众的苦难达到无以复加的地步。他们因此对纳粹党以及它所领导的战争改变了态度，民众目睹现实和亲身经历苦难而逐渐不满，德国共产党以及许多人士开始反抗斗争，纳粹政权日益丧失民心。希特勒的战争政策在德军中也引起了反抗。

被侵略国家的抵抗运动是希特勒的欧洲政策所引起的后果之一。奥地利人曾经赞同本国并入德国，但是数年的归并令他们大失所望，日益产生反感。其他有关欧洲国家的民众从未停止过斗争，抵抗运动自发地或有组织地展开，欧洲在反法西斯的运动中显示出一种共性。奥地利、波兰、南斯拉夫、捷克斯洛伐克进行了程度不同的军事活动，抗击德国统治者。法国、意大利、比利时、丹麦和苏联等国曾广泛开展地下活动，甚至游击战，苏联约120万人参加了游击队。各国抵抗斗争给了德国以沉重打击，此外还曾牵制德国和援助盟军的进击。

柏林陷落标志着德意志第三帝国垮台。第三帝国的存在导致了欧洲的深重苦难和严重分裂，加深了欧洲内部的裂痕，它与欧洲合作的政治设想风马牛不相及。

德意志第三帝国曾经横行于欧洲，但它毕竟只是一种历史现象，无法逃脱产生、强盛、衰败与消亡的规律。它的极端性和残暴性加速了自己的垮台，国家实力消耗殆尽，民众心态转为厌恶，军队内部出现反抗，被侵略各国进行抵抗斗争以及盟国军队不断壮大这些因素汇合起来，终于埋葬了第三帝国。

▼苏联红军将旗帜插在了柏林的废墟上

德意志再度崛起

夹缝中生存 战后，根据《雅尔塔协定》和《波茨坦协定》，德国分别由苏、美、英、法四国占领。苏联占领德国东部地区，英国占领了南部地区，美国占领了西北地区，法国占领了西部地区，首都柏林也由四国分区占领。盟国最高军事管制委员会是德国的最高权力机构，它所做的决议必须在四国军事长官一致同意下方能做出。

战后初期，“盟国对德管制委员会”采取了一些措施，解除了德国武装，取缔了纳粹党团组织，拆除德国工业设备作为战争赔款，分散了过于集中的垄断经济，逮捕和审判了一些纳粹战犯等等。但由于各国战略利益的不均衡，迟迟未能缔结对德和约。随着美国“遏制”苏联的“冷战”政策的实施，德国最终被四大国分裂成东西两个国家。

▲“二战”德国战败，德国纽伦堡审判战犯

1946—1947 年，德国西部各州举行了州议会选举。1947 年 1 月 1 日，美、英成立联合占领区。1948 年 6 月，法国加入，美、英、法三国占领区合并，开始实施分裂德国的政策。

为了抗议西方国家公开分裂德国和正式结成反苏联盟，苏联代表柯罗夫斯基元帅于 1948 年 3 月 20 日宣布退出“盟国对德管制委员会”。同时，针对美、英、法等国在西占领区的币制改革，苏联在东占领区也发行了新马克。从 1948 年 6 月 23 日起，在德国东西两部分、柏林东西两地分别使用苏联和美国发行的两种不同的新马克。

为了对付用货币进行投机倒把和破坏经济，同时也是为了乘机想把西方盟国从西柏林挤走，以保持东德的稳定，苏联占领军于 1948 年 6 月 24 日封锁了全部通往西柏林的陆路和水路通道，并停止了一切能源供应。西方国家也因之中断了向苏占区的煤炭和钢铁供应。

为了冲破封锁，保全西柏林这一插入苏占区心脏的孤岛，西方国家建立了“空中走廊”。直至 1949 年 5 月 12 日封锁结束，西柏林 200 万市民的日用品全靠西方国家每天的空运供给。

苏联本想以封锁压西方国家放弃遏制共产主义的政策，但事与愿违，以美国为首的西方国家以此在欧洲和德国大肆宣传苏联恐怖，并乘机加速了成立西德国家的进程。1949 年 5 月 12 日，苏联解除了对西方的封锁，柏林危机结束。

在西占区各州议会选举的基础上，1948 年 9 月，在波恩召开了由各州议会代表组成的制宪会议。1949 年 5 月 8 日，议会理事会通过了《基本法》，同年《基本法》生效。8 月 14 日，选举了第一届联邦议会，基督教民主联盟在大选中获胜，它与基督教社会联盟、

▲"二战"后的柏林

自由民主党和德意志党组成联合政府。9 月 20 日，德意志联邦共和国成立。

在德国东部，1948 年 3 月，在柏林召开了第二次人民代表大会，决定成立德国人民委员会。1949 年 10 月 7 日，德国人民委员会组成了临时政府，宣告德意志民主共和国成立。苏占领军最高领导人代表苏联政府向民德正式移交管理权力，苏军管当局更名为苏联监督委员会。

至此，在德国土地上出现了分别驻有占领军的、实行不同政治制度的东、西两个德国，两个德国均将自己视为唯一合法的德意志国家。从 1871 年俾斯麦统一德意志帝国至此共 78 年，德国再次走向分裂。

1953 年，西德举行大选，以阿登纳为首的基督教民主联盟再次当选，继续执政。1954 年，西德与美、英、法等西方国家签订了《巴黎协定》，该协定于 1955 年 5 月生效。至此西德结束了被占领状态，成为真正的主权国家，同时加入北大西洋公约组织，美、英、法在西德仍拥有驻军权。

1955 年，萨尔人民举行自决投票，67%的公民要求回归德国。西德与法国通过协商，签署了《萨尔协议》，萨尔区于 1957 年 1 月 1 日回归德国，成为西德的一个州。

在 1957 年的大选中，基民盟、基社盟组成的联盟党获得绝对多数并单独执政。由于 1961 年的选举失利和内政危机，执政了 14 年的阿登纳辞职，艾哈德继任西德总理，但艾哈德也并没有创造出经济奇迹。1966 年在经济衰退和政府内出现分歧后，艾哈德被迫辞职。基督教联盟与社会民主党组成"大联合政府"，基民盟主席基辛格任联邦总理。大联合失败后，勃兰特出任总理。他推行的"新东方政策"使西德与苏联和东欧国家，包括与东德的关系有所改善。1973 年 9 月 18 日，东、西德同时被接纳加入联合国。

在如何克服20世纪80年代初的经济危机以及在对外政策、安全政策上，执政联盟内及社民党内存在严重分歧，1982年10月，施密特总理由于联盟党与自民党议员的不信任提案而下台。科尔出任总理，并组成了联盟党与自民党的联合政府。1983年3月、1987年1月和1990年2月的选举，均确认了以科尔为总理的联合政府的执政地位。

▲“二战”之后的柏林墙

民德自1949年10月建国后，实行总统制，由威廉·皮克任共和国总统。1950年民德加入经济互助委员会，1965年加入华沙条约组织。皮克总统逝世后，由国务委员会取代了总统一职。1961年8月13日，修建柏林墙，致使冷战局势进一步加强。1989年下半年，民德形势剧变。昂纳克被解职，克伦茨当选为国务委员会主席。不久，民德政府集体辞职。11月9日，民德宣布开放柏林墙的东、西德边界。1990年3月18日，民德举行议会选举，组成了以德梅齐埃为总理的由基民盟、自由民主联盟和社民党组成的联合政府。联合政府上台后，实行市场经济，解散国营企业，开始民德经济的私有化。

德意志重新统一 1989年是世界风云巨变的一年，苏联在经济形势严峻的情况下，开始“政治改革”，东欧社会主义大家庭解体。1989年5月，匈牙利单方面开放匈奥边界，为民德人绕道匈、奥逃往西德打开了第一个缺口。大批民德人越过匈、奥边界冲进当时西德驻波兰和捷克使馆。

▼柏林墙的建立，使德国一分为二

为制止民德人西逃，昂纳克政府下令关闭了与捷克的边界，东德与其东欧“兄弟”国家的关系趋于紧张。于是爆发了大规模的要求“民主、自由和人权”的示威游行。民德国内形势极为严峻。昂纳克被迫辞职，克伦茨当选为第一书记。

▲东欧剧变，1989 年，柏林墙被拆除

但克伦茨也未能使反政府的示威行动得到平息。国内形势更加难以控制，各种反对派组织纷纷涌现，公开要求东德实行政治多元化、经济自由化，举行自由选举。面对动荡的局势，民德党和政府束手无策。鉴于东柏林人成千上万地涌向柏林墙，民德政府决定开放柏林墙，民德公民凭身份证即可去西柏林。

柏林墙的开放，实现了东德人 40 年来自由出入本国边境的愿望，它圆了东德人与西德人和西柏林人自由往来和团聚的梦想。到 1989 年底，东德向西德移民总数高达 34 万余人。

柏林墙开放后，东德形势更加动荡，每天都有数十万人涌向西德和西柏林。这一新的形势把统一问题提到了一个新的高度。1989 年 11 月 17 日，组成了以莫德罗为首的东德联合政府。莫德罗提出了改革东德的一系列建议，并提出要与西德建立“条约共同体”。西德总理科尔以其政治家的敏锐，感觉到夏秋以来东德发生的一连串震撼欧洲、令国际社会注目的事件，最终必将导致德国的统一。因此，科尔在吸收莫德罗的“条约共同体”中有关内容的基础上，提出了两德统一的“十点计划”，把两德统一提上了议事日程。

科尔总理提出的“十点计划”，在东、西德引起了强烈的反响。科尔访问民德，双方总理就建立条约共同体问题举行了会谈。

1990 年 1 月莫德罗匆忙访问了莫斯科，一向对德国统一持反对态度的戈尔巴乔夫出人意料地明确表示：德国人“有权统一”，“原则上没有人对此怀疑，时代本身正在加速这一进程”。戈尔巴乔夫的此番讲话无疑为德国统一开出了许可证。随即莫德罗提出了民德政府的统一方案，这个方案与科尔的“十点计划”差别不大，这不能不说是受苏联的影响。

在对待德国统一的问题上，不论是苏联还是英、法、美等西方大国，一开始都曾采取反对和消极抵制的态度。但随着民德局势的发展，民德本身对统一态度的变化，在统一已成为必然趋势的形势下，首先是苏联迅速改变了自己的立场。西方大国从共同加速推进东欧和平演变总目标出发，也迅速调整了各自的政策。

1990 年 2 月，在渥太华举行的北约组织和华沙条约组织 23 国外长会议上，西德外长根舍首次提出“2+4”方案，即由东、西德两外长和苏、美、英、法四国外长组成一个外长会议，专谈德国统一问题。这一提案很快得到积极反应。1990 年 9 月 12 日，六国外长在莫斯科举行最后一次“2+4”会谈，签署了《关于最终解决德国问题的条约》。

条约规定：四大国停止对德国的权利和责任，统一后的德国享有完全的主权。这一条约的签订标志着德国在国际法上实现了统一。1990 年 9 月 23 日，东、西德政府签署的统一条约生效。至此，两个德国已从国内法律上实现了统一。

在国家统一条约和《关于最终解决德国问题的条约》签署后，德国的统一在国家法和国际法上的条件业已具备，有关方面开始积极为两个德国宣告正式统一做最后的准备。

到 10 月 2 日，民德政府各部已被联邦德国有关部接管，停止行使原有的职能。民德人民议院在按比例分配各议会党团加入联邦议院人数后，举行了最后一次会议。民德军队已按联邦国防军的要求接受整编，并同华沙条约组织达成协议，从德国统一之日起，不再享受华约成员国的权利和履行对华约的义务。联邦德国在统一条约被议会批准后，即派出大批官员进驻民德政府机构，从事交接工作。驻柏林的美、英、法三国盟军司令部举行最后一次会议，三国司令签署了一项文件，宣布随即结束对柏林的占领使命，东西柏林政府宣布柏林市正式统一。

10 月 2 日下午 6 时，柏林国会大厦广场一个印有和平鸽和“祝好运，柏林！祝好运，德国！”字样的巨大热气球升空。同时，以锤子、麦穗和圆规代表工、农、知识分子的黑、红、金（黄）三色民德国旗从勃兰登堡门和民德所有国家机构、政府机构的建筑物上降下，联邦德国的黑、红、金（黄）三色国旗随即升起。同时降下民德在联合国的国旗，最后，关闭所有民德驻外机构。民德这个存在了近 41 年的国家便和平地从欧洲和世界舞台上消失了。

10 月 3 日，两个德国宣告正式统一。两德统一使战后德国的历史翻开了新的一页。

▼1989 年，柏林墙景图

第九讲
菊花与刀的日本

“菊”本是日本皇室家徽，“刀”是武家文化的象征。美国人类学家鲁思·本尼迪克特在1946年出版了她的名著《菊与刀》，这是一本研究日本民族“国民性”的权威著作。鲁思·本尼迪克特在这本书中说“这个民族普遍爱美，而又崇尚刀剑和武士的无上荣誉。这种矛盾成为有关日本论著中纵横交错的经纬。刀与菊，两者都是一幅绘画的组成部分。日本人生性极其好斗而又非常温和，黩武而又爱美，倨傲自尊而又彬彬有礼，顽梗不化而又柔弱善良，驯服而又不愿受人摆布，忠贞而又易于叛变，勇敢而又懦弱，保守而又十分欢迎新的生活方式。他们十分介意别人对自己的行为观感，但当别人对其劣迹毫无所知时，又会被罪恶所征服。他们的军队受到彻底的训练，却又具有反抗性。”大和民族的确是一个独特的民族，它的历史同样非常独特。

直到19世纪中叶，日本仍然停留在传统的封建社会阶段，比欧美国家落后了一两个世纪。可是，在19世纪中叶的明治维新之后，日本的面貌和地位迅速改变了。日本只用了三四十年的时间，就走完了欧美国家一两个世纪的行程，并跻身世界列强的行列。日本帝国曾一再在侵略战争中得手，随之强大起来。帝国的好战势力被胜利冲昏了头脑，20世纪30年代又想在更大的范围内重演历史，但却事与愿违，反而在这场不义的战争中快速走向败亡。曾经不可一世的帝国轰然崩溃，整个国家民穷财尽，一落千丈。日本帝国从1869年建立到1945年败亡，只有短短78年。速兴骤亡，转换如此之快，在世界上并不多见。日本帝国的波澜迭起、毁誉兼具的兴亡进程非常值得我们深思。

历史的转折：倒幕

▲美丽的富士山远景

军事贵族的专政 在藤原氏专政时期，藤原氏一族的庄园遍布全国各地，天皇大权旁落，地主贵族之间争权夺利的斗争日益激化。庄园主为了统治庄民，保卫自己的权益并侵吞他人的土地，纷纷组织自己的武装力量。许多中小贵族的子孙充当了武士，他们以“忠、义、勇”作为信条，互相勾结，逐渐结成了许多封建地主的“武家”集团。武家同下级武士之间形成封建的主从关系。日本的武士和“武士道”，就是这样开始了。

到公元 12 世纪时，在日本逐渐形成了两大豪族武士集团，一个是以源氏为首的关东集团，另一个是以平氏为首的关西集团，各有许多庄园和武士。两大武士集团之间经常发生战争。后来，关东集团击败了关西集团，在自己的城堡镰仓建立起武士的政权——幕府，从此开始了镰仓幕府的统治时代。

镰仓幕府统治前期，幕府势力强盛，能够控制全国的局势。幕府派直属武士（御家人）担任地方各国的守护，成为地方上实际的军政长官，又派武士为地头监管庄园，并负责为幕府征收粮米等。幕府及各地守护、地头的体制，使武士控制了全国上下的军政大权，打击了旧的贵族集团。所以，幕府政治的实质是军事贵族的封建专政。

▶身背图书的女书贩

室町幕府统治时期（1336—1573），各地方的首脑为守护大名（大名，幕府政治时期各地方大诸侯的统称），实际是地方的诸侯。室町幕府渐渐无力控制地方，各诸侯相互混战，政治分裂。

从 16 世纪开始，日本的工商业和城市日益繁荣起来，日本商人不仅与中国和朝鲜有着密切的交往，并且远到南洋群岛各地经商贸易。商品货币经济的发展必然造成国内统一的形成，这样，就为政治上的统一打下了经济基础。

16 世纪中叶，大名织田信长使用从葡萄牙输入的洋枪、火炮，于 1573 年结束了室町幕府的统治，在全日本 60 多国中统一了 30 多个国家。但他不久因部下反叛而死，他的义子、部将丰臣秀吉继承并完成了他的统一事业。为了对外侵略扩张并把国内斗争的矛头转向对外，丰臣秀吉在 1592 年发动了大规模的侵朝战争，为中、朝联军所败，他忧愤而死。他的同伴，织田的另一名部将德川家康取代了他的位置，1603 年在江户（今东京）建立幕府，这就是德川幕府（1603—1867）。

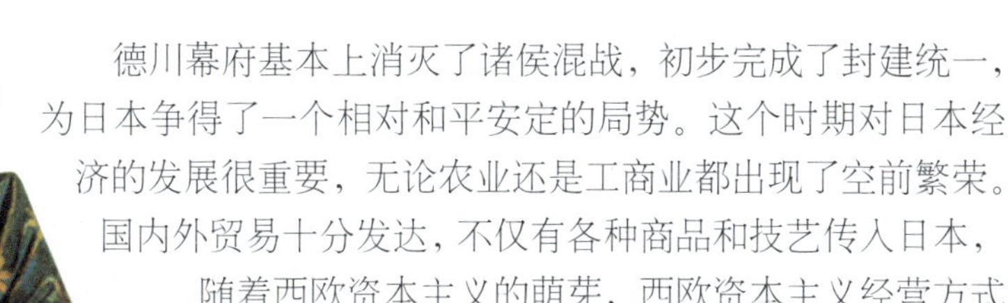

▲丰臣秀吉，本能寺之变的胜利者

德川幕府基本上消灭了诸侯混战，初步完成了封建统一，为日本争得了一个相对和平安定的局势。这个时期对日本经济的发展很重要，无论农业还是工商业都出现了空前繁荣。国内外贸易十分发达，不仅有各种商品和技艺传入日本，随着西欧资本主义的萌芽，西欧资本主义经营方式与思想文化也传入了日本。天主教作为殖民贸易的先驱也得到日本广大工商业者和农民的信仰，并成为日本反封建统治的一种精神力量，甚至成为一种组织形式。德川幕府在遭到了外来资本主义力量冲击的形势下，从17世纪开始，颁布了一个比一个更为严格的“锁国令”，企图限制日本与外国的思想和物质文明方面的交流，从而也就阻碍了日本资本主义萌芽的发展。这种违反社会发展的倒行逆施，不仅遭到了国内外各阶层特别是新兴资产阶级的反抗，并且使日本新兴资产阶级和天皇结成同盟，共同反抗幕府的政治。

大和民族的精神：武士道 武士道是日本民族在长期历史发展中形成的一种特有精神。大化革新以后实行的征兵制随着中央集权制的衰落也日趋松弛。9世纪初改行“健儿制”，而导致服兵役成为贵族的专利，以至军队素质一落千丈。此时日本各地庄园兴起，庄园主为了领土和安全，而慢慢分离一些农民去训练，后来干脆成立了专门负责保卫工作的武士团。一些寺庙、神社也组织了“僧兵”。但庄园武装的建立，对地方构成威胁，于是地方势力也组织了武装力量，一般由当地的富豪组成，称为“郎党、郎众”。

武士势力的出现和加强，从11世纪初期开始逐渐形成了超越庄园范围的地区性武装集团。无数分散的武士聚集在一地，统一指挥，组成了武士团。武士团的首领称“物领”，下属称“庶子”。

▲德川幕府统治下的江户娱乐区

武士团有着极强的宗族观念，坚决执行首领的命令，实行主从关系。武士在战场上勇猛和对主人的献身精神，是武士个人和武士团的基本要求，“武家习气”，“弓矢之道”等新观念，成为维持武士团组织的重要思想支柱。武士通过主仆关系维持地位，武士对上司尽力效忠，主人则赐于下属恩惠。但武士最关心的是保家，所以，对主人的效忠也只不过是一种手段。他们这样的目的只有一个，那就是发展壮大本家族。由于这种心态的存在，形成了日本人特别善于竞争的特点。

武士的俸禄是有限的，遇到荒年或农民起义期间，武士的生活可以说是极为清苦的，因此武士以节俭为美德。武士们依附于藩王与大名，他们不从事生产，有大量的闲暇时间习文习艺，管理藩主财产，能剧、能乐、茶道、书法都成了武士们的拿手好戏。这个寄生的阶级形成了自己特殊的教养，喜怒不形于色，他们还学会了击剑、箭术、柔术、柔道、马术、矛术、兵法、伦理、文学、历史等。武士们信奉神道，同时在传统道德的熏陶之下，对义、勇、仁、礼、诚、名誉、忠义、克己、复仇等都有着特殊的理解。在需要抵罪、悔过、免耻、赎友或为证实自己忠实时，他们采取剖腹自杀的方法。武士道也影响到他们的妻子和女儿，要她们在必要的时候用同样行为来维护自己的身体的圣洁。武士道对社会其他阶层也有渗透和影响。所谓的“大和魂”，强调的是生命如樱花那样美丽而短暂，为了道德的完善，武士便以迷惑世人的姿态，做出血淋淋的牺牲。

武士道的目的与西方中世纪的骑士规章很相近：为战士设定生存的理念，将他们由受雇的杀手的地位加以升华。只要武士忠于天职，就能得到荣誉。这种不计代价维护个人荣誉的信念，使得武士不会避开堪称无谓的自我牺牲。被敌人团团围住，仍然英勇厮杀的武士，以武士道的标准看，并非牺牲自己的生命。这样的行为乃是武士由衷忠诚的具体表现。深受武士道影响的武士，在考虑自己下一步的行动时，常把个人生死置之度外。

▲参加明治维新的日本武士

总之，武士道是从镰仓时代逐渐兴盛和发展起来的，在德川时代，武士道吸收儒家理论道德思想而理论化。其影响深入日本社会各阶层，与神道一样，形成日本国民的一种深层文化心理。

叩开国门：“黑船”的闯入 1603年德川幕府的建立，结束了日本战国纷争的局面。从此，幕府就成为全国最高政权机关，幕府将军成为日本最大的封建主。他把自己领地以外的土地分封给260多个大名(诸侯)。大名的领地称为藩。将军与大名又把封地封给自己的家臣，家臣再把自己的所得分给自己的“家来”。将军和大名以下的家臣叫做武士。农民是日本封建统治者的主要剥削对象。他们被束缚于土地之上，没有任何自由，受着沉重的剥削。每年除交纳40%～80%的收成作为年贡外，还交纳各种杂税，负担各种劳役。

▼日本武士服装

到18世纪后半期，资本主义生产方式有了发展。丝织、棉织、油、酒、纸、蜡烛等分散的手工工场和集中的手工工场都陆续出现。随着商品货币经济的发展，商人和高利贷者积累的财富愈来愈多。但他们仍然处于无权地位，受着封建贵族的压榨，所以要求改革，扫除经济发展的一切障碍。

将军、大名由于财政困难，往往克扣武士俸禄，不少武士由于生活困难，改业为教师、医生、商人或手工业者。因此，武士主张奖励工商业，减少捐税，从而与商人合流成为反幕府的力量。

幕府为弥补财政的不足，又不断加重对农民和城市平民的剥削。年贡、杂税和劳役的增加以及生活的每况愈下，使他们展开激烈的斗争。此时的幕府统治出现了前所未有的危机。

▲日本武士的装备

自19世纪初，美、英、俄等国便谋求打开日本的大门，和日本建立通商关系，都遭到幕府的拒绝。这种拘泥于“祖法”不可变的僵死局面，终于被闯入的美国“黑船”打破了。

1853年7月8日下午5时许，两艘蒸汽军舰在前，它们放下风帆，冒着滚滚黑烟，以蒸汽机带动两侧的外轮逆风行驶，后面跟着两艘风帆军舰，闯进了浦贺海面。浦贺位于江户湾的入口处，是守卫江户的门户。闯入的是美国东印度舰队司令佩里率领的舰队，美国军舰很大，如旗舰“萨斯奎汉那”号2450吨，4艘军舰都涂成黑色，共有大炮63门。因为幕府禁造大船，日本最大的船只仅约百吨。在日本人的眼中，“黑船”真是“像山一样”的庞然怪物，舰体乌黑更让人感到阴森可怖。把守浦贺、江户湾的官员和士卒惊慌了，沿岸彻夜燃着火把，一批武装帆船进行警戒。

幕府官员与美舰军官进行了接触，美方以强硬的态度一定要幕府接受美国总统的国书，要日本打开国门。幕府的官员急忙商讨对策，谈了一整天也拿不出主意来。接受国书有违“祖法”，拒绝则恐怕要开战端，已有鸦片战争的殷鉴在前，不能冒此风险，因此左右为难。日本武备松弛已久，十分陈旧落后。锁国以来，根本不造战舰，所谓海防只是在沿岸构筑炮台，而江户湾沿岸炮台的全部火力还不抵美舰的1/2。武士们穿着旧式甲胄，扛着生锈的铁铳，用牛车拉着炮筒前往防备。

▼美国的蒸汽船让日本人大开眼界

几天后，佩里尚未见答复，便于11日傍晚派舰只驶入江户湾，名为测量，实际上是武力示威。幕府以为美军可能登陆江户进行威逼，经彻夜商议，决定暂且收下国书。

1854年3月中旬，佩里的舰队再次来到江户湾，这次共有7艘船舰。江户和各地又紧张起来。佩里以兵戎相见作威胁，迫使幕府接受美国的要求。3月31日在横滨刚搭建的接待场所，签订了《日美亲善条约》。对美开放下田和函馆两个港口，美国可以在日本派驻领事，并获得最惠国待遇。不久，英、俄、荷等国援美国先例，和日本也签订了类似的条约。

1858年6月，美国再次强迫日本签订《日美友好通商条约》，日本被迫开横滨、长崎、岳库、新潟、函馆

▲1853年7月8日，美国海军准将佩里率领一支黑色舰队驶入日本江户港赖着不走，日本被迫同意了美国的无理要求，图为佩里与天皇代表会谈一幕

五港通商，承认了领事裁判权，降低了关税。7月至9月，俄、荷、英、法等国先后又与日本缔结基本上与日美条约内容相同的条约。

日本开港以后，便成为资本主义国家的销售市场和原料供给地。由于外国工业品充斥市场，手工工场和手工业者受到严重排挤，破产和失业者比比皆是。农民和城市贫民由于生活困难，起义骚动更加频繁。在1859—1867年间，共发生了96次农民起义，全国各地爆发了空前未有的市民暴动。

欧美资本主义国家趁日本政局的动荡，愈发加强对日本进行侵略。1862年，英、法两国以保护侨民为借口，驻兵横滨。1864年，英、法、美、荷四国组成联合舰队占领下关炮台，向幕府勒索300万美元的赔偿。1866年，这四国又强迫幕府修改税率。西方国家的侵略加剧，使日本民族陷于空前危机，于是引起倒幕斗争。

维新前奏：倒幕运动 幕末时期，在城市，居于士农工商等级秩序末位的商人，腰缠万贯，令人瞩目。在农村，豪农豪商也是乡里显赫人物。但是，城乡豪农豪商尚未形成独立的政治力量，还未能领导反幕倒幕斗争。

一批改革派武士挺身而出，奔走呼号，领导了这一斗争。一批武士从封建统治阶级中分化出来，转变为资本主义改革派。他们不是少数几个人，而是足以构成重要政治力量的一批人。

商品经济的日益活跃，促使武士与豪农豪商接近、融合起来。商人的实际地位高了，武士乐意接受商人的儿子为养子。早在18世纪上半期，幕府就斥责继嗣“惟论财货”，可见那时这类过继已为数不少，幕末就更不用说了。有些武士干脆去经商，而有些商人则买了“士”的身份，也佩上了腰刀。在藩政改革中，发展商品经济是头等大事，武士与豪农豪商广泛而密切地接近起来。通过这些途径的接近、融合，使部分武士与豪农豪商有着共同的追求、愿望，有可能转化

▼日本幕府将军在山边建造的楼阁

为改革派武士。

更为重要的，应归因于体制特点。在德川时期，武士内部也分成等级，讲究门阀。武士通常分为上、中、下三等。由于兵农分离，一般武士并不直接掌握基本生产资料土地，而靠领取禄米为生。一些能干的下级武士，可以参与藩政，但掌大权的是上级武士。因此，一般武士与主君之间、与幕藩体制之间的共同利害关系不太牢固。当他们可以从主君那里获得足够的效忠回报时，自然对主君忠心耿耿。可是，幕末年代这种情景已不多见。

各藩因财政危机而一再克扣禄米。下级武士的禄米原本就不多，几经克扣所剩无几，而城市浮华生活又要增加开支。不少人债台高筑，两袖空空。有些武士竟把礼服和祖传的刀剑都典当出卖了，一旦主君派遣当差，只好去当铺借出，办完差再送回当铺。当时人指出，“忠心耿耿为主效力的家臣几稀矣！”一些下级武士到了“恨主如恨敌”的地步，可以说他们与主君、幕藩体制之间已经不存在无法割舍的共同利害。有的武士目睹如此情景，他本人虽未陷于穷困，也不免寒心，对旧体制不满。因此，一部分武士，既面临外压的危机，又看到一种新体制可以给国家、民族和自己带来美好的前景，就可能从旧体制中分化出来。

▲明治维新以前，日本的农村处于未开化的落后状态

由于外国侵略的加剧，长州、萨摩、土佐等藩的武士，利用农民和市民对幕府的冲击，和不满幕府的公卿、商人联合起来，以“尊王攘夷”为口号，展开倒幕斗争。

1864 年 8 月，幕府联合萨摩藩的保守派，压服了长州的倒幕运动。1865 年，长州倒幕派不甘心失败，组织力量，积极筹划推翻幕府，不久，又与控制萨摩藩政的西乡隆盛、大久保利通结成联盟，倒幕派的力量更加强大起来。

1866 年 6 月，幕府再次发动对长州战争，但不少大名鉴于幕府大势已去，按兵不动。而且幕府辖地和兵库、大阪等重要城市的农民和市民，又举行起义。幕府处于内外交困的处境，只得退兵。

1867 年 10 月反幕军展开攻势，迫使将军德川庆喜辞职，还政天皇。西乡隆盛、大久保利通和木户孝允等掌握了政权。三井、小野等商家在财政上予以支持。新政府决定彻底剥夺将军的权力，勒令他交还土地。这个决定引起将军的反抗。1868 年 1 月，德川幕府军和以萨摩、长州两藩为主力的政府军在京都附近发生激战。幕府军大败。4 月，政府军进占江户，后改名东京。1869 年 3 月迁都东京。幕府的残余势力和某些大名继续反抗，都被镇压下去。

明治维新与殖产兴业

明治维新 明治政府建立以后，实行了一系列有利于资本主义发展的政策和措施，为发展资本主义开辟了道路。

改革派武士、公卿成为明治新政府的官员，掌握着军政大权。按照立国目标和基本方针，贯彻“富国强兵”“殖产兴业”“文明开化”三大政策，进行了破旧立新的变革。

到1877年，体制方面的破旧宣告结束，同时在各方面进行了立新。全部维新变革，以1889年颁布宪法为标志，基本完成。推翻幕府花了10年左右时间，而维新变革历时20多年，显得更为艰巨困难。

1868年4月6日，天皇率公卿、诸侯、群臣百官在京都紫宸殿祭祀天地神祇，天皇“拜神”后，向神奉读誓文，然后各公卿、诸侯依次拜神、拜天皇，并在誓文上署名，完全按神道的方式进行。誓文主要内容五条：一、广兴会议，万机决于公论；二、上下一心，大展经纶；三、公卿与武家同心，以至于庶民，须使各遂其志，人心不倦；四、破历来之陋习，立基于天地之公道；五、求知识于世界，大振皇基。

《五条誓文》在东方历史上也是很值得称道的。

日本政府以明治天皇的名义宣布《五条誓文》后，规定建立以天皇为中心的统一的中央集权国家。1869年6月，诸藩把领土交与天皇。1871年废除藩国制度，代之以中央直辖的府和县。旧藩主移住东京，领受俸禄。大名公卿改称华族，一般武士称为士族，农工商和贱民皆称平民。1876年规定以公债代替俸禄。此后，华族用公债或购买土地，或投资于工商业。士族成为小商人、自由职业者、城市平民。

▼明治维新时，日本开放门户

在体制破立的同时，掀起了学习欧美、开展文明开化、传布启蒙思想、兴办近代教育的热潮。

为了使自上而下的改革图强得以贯彻，获得支持，明治政府很重视开发民智。学习欧美，文明开化，启蒙教育，兴办学校，都与开发民智密切相关。特别是兴办近代教育，是开发民智的主要途径。

在经济方面，富国强兵，与万国对峙，其基础是殖产兴业。发展文化教育，实现社会文明，也必须依靠殖产兴业。明治政府的殖产兴业，在于奖励工业，增殖物产，实现资本主义工业化。

政府破旧立新的改革，如废除关卡和行会垄断，废藩置县，统一币制，设立银行，整顿交通，开办电信，接管幕府和藩的工厂、矿山，都为殖产兴业创造了条件。殖产兴业真正被提上日程，是在岩仓使节团考察欧美之后。同时又采取了配套措施，如地税和家禄改革，发展近代教育等。到 19 世纪 90 年代基本实现轻工业的工业化，20 世纪初重工业得到重大发展，成为资本主义工业国。日本用三四十年时间走完了欧美国家一两个世纪的发展路程。

▲明治维新之后，东京街道上的有轨电车（1905 年）

殖产兴业成功的关键是明治政府大力扶植私人资本，重视发挥私人资本的积极性。企业界也把“富国强兵”作为自己的职责，在学习西方、引进技术的同时，奉行以“论语加算盘”为象征的国家主义经济观，同样贯彻了“东洋道德，西洋艺术”的方针。

日本的殖产兴业、实现工业化与对外扩张密不可分。19 世纪 70 年代末 80 年代初，从“富国强兵”转向了“强兵富国”，开始走上穷兵黩武的道路。这是“与万国对峙”的必然逻辑，也与军国主义传统相关联。

明治政府经过改革部分封建的上层建筑和经济基础，为发展资本主义开辟了道路，明治维新是一场不彻底的资产阶级革命。这次革命的主力军是农民和城市平民。由于当时日本资产阶级的软弱，下级武士、贵族和商业资产阶级掌握了领导权，所以没有将革命进行到底。革命后，日本未曾建立资产阶级共和国，没有实行资产阶级民主制度。封建剥削方式仍然存在。但明治政府所推行的改革有利于资本主义的发展，终于使日本走上了资本主义道路。不过，资产阶级革命的不彻底性使它日后成为军事封建的帝国主义。

缺陷的体制：日本天皇 要了解此后日本的走向，了解近代天皇制是不可忽略的一个关键。

近代天皇制的确立和发展大致可以分为以下几个时期：

第一个时期，从明治新政权成立到 19 世纪 70 年代中期，是近代天皇制的雏形期。这一时期，明治政权成立伊始，就发布了《五条誓文》和《政体书》，确定了近代日本的发展目标和方针、政策。接着进行了废藩置县、奉还版籍、秩禄处分、地税改革等一系列资产阶级改革，并平定了封建士族的暴乱，从而确立了近代天皇制的经济政治基础。

第二个时期，从 19 世纪 70 年代中期到 1890 年明治宪法的颁布，明治政府提出“富国强兵”、“殖产兴业”和“文明开化”三大国策，大力推进近代天皇制的建设。在政治上，由于 1874 年自由民权运动的兴起，推动了宪法的制定和议会的召开。自由民权运动开创了日本人民争取自由民主的传统，但却以民权屈服于国权而遭到挫折，以接受钦定宪法而宣告结束。面对自由民权运动，为了显示天皇权威，从 1877 年起，太政官移至宫中，规定政府机要事务由御前会议来决定，还决定每日一名大臣进宫值勤，听取天皇的谕示。

▲日本在明治维新之后，经济开始起飞，“工业革命”的狂潮席卷整个日本

至1889年以钦定方式颁布了《大日本帝国宪法》（俗称《明治宪法》），于次年实施，并开设了议会，至此，标榜资产阶级民主的三权分立的政治制度大体完成。在经济上，以国家资本为主导大力推进资本原始积累过程，出现了早期产业革命热潮，农村的寄生地主制也基本形成。在思想文化上，1882年颁布了《军人敕谕》，1890年颁布了《教育敕语》，确立了天皇主义的思想统治体系。以上标志着近代天皇制的正式确立。

明治宪法的颁布，也标志着明治维新的终结。明治政权从此由一个革新的政权转变为保守的政权，它虽然在一段时间内继续推动国家向上发展，但其反动性、侵略性日趋明显。

第三个时期，从19世纪90年代初至20世纪初10年。这一时期，日本对外发动了中日甲午战争和日俄战争，修订了不平等条约；对内完成了产业革命。这表明日本资本主义已经完全形成并过渡到了垄断资本主义阶段，近代天皇制作为资产阶级现代民族国家的政治体制最终完成。

第四个时期，从20世纪初至30年代初，这一时期，伴随着世界垄断资本主义的形成，日本也进入了垄断资本主义阶段。同时由于垄断资本主义的自身矛盾，也伴随着垄断资本主义的危机。特别是第一次世界大战前后，民族解放、民主革命和共产主义运动蓬勃发展，对近代天皇制产生了巨大冲击。但另一方面，随着世界法西斯主义的兴起，具有浓厚封建性的天皇制军国主义，向着法西斯化的方向发展。可以说，这一时期是近代天皇制政权从帝国主义资产阶级权力向帝国主义法西斯专政转变的过渡时期。

第五个时期，从20世纪30年代初至1945年。这一时期，日本法西斯发动“九一八”事变，首先在东方揭开了第二次世界大战的序幕，开始了法西斯主义的侵略战争，并在战争中把日本推向国家法西斯化。1936年“二二六”事变后军部法西斯独裁政权的确立和1937年日本发动“七七”事变，开始全面侵华，是日本法西斯化的重要标志。至1941年东条英机内阁的全面法西斯独裁体制的确立和太平洋战争的爆发，标志着日本法西斯化达到高潮。可以说，这一时期是近代天皇制最反动的时期——法西斯帝国主义时期。或者说，因为日本法西斯的基础是近代天皇制，其突出表现形式是以军部势力为主导，所以又称日本法西斯是天皇制法西斯主义或军部法西斯主义。

明治维新是由以下级武士为主导所进行的一次具有资产阶级革命意义，并带有近代民族民主运动鲜明特点的资产阶级改革运动。它的任务是实现近代民族独立和建设资产阶级民主国家。在这个意义上明治维新是一次历史的进步，被称为日本历史上的第二次飞跃（第一次是大化革新）。由此日本走上了发展资本主义近代化的道路，成为亚洲独一无二的资本主义国家。同时，明治维新又是一次不彻底的资产阶级革命，仍然保留了大量的封建残余，如天皇君主制、寄生地主制以及财阀等的存在，都是明治维新不彻底的表现。因此，可以说近代日本是在进步与反动的并存、斗争中发展的，走的是一条畸形资本主义的发展道路，即在发展近代资本主义的同时，也走上了一条军国主义的发展道路。由明治维新所形成的近代日本的存在方式是，以地主阶级和资产阶级联合专政为国体，以君主立宪形式的近代君主独裁为政体的近代天皇制。

▲17世纪，日本天皇建造的行宫桂离宫，该建筑古朴典雅，着意不加修饰

狂热分子：伊藤博文其人 伊藤博文（1840—1909），长洲藩人，生于日本天保11年，幼名利助，后改俊辅，又改博文，号春亩。生父为一农民，名林十藏。后过继于下级武士伊藤家为继子。幼年就学于松下村塾，崇信“尊王攘夷”思想。

1882年3月，掌握政务大权的伊藤博文率领宪法考察团前往欧洲，以德奥两国为主要考察对象，并认真请教了德、奥的法学教授，“充分确立了巩固皇室基础，使大权不致旁落的大道理”（伊藤博文语），历时一年多回国。在伊藤的主持下，以井上毅和政府顾问、德国法学家罗埃斯特的草案为基础，伊藤、井上等4人秘密起草宪法，几经修改基本定稿。民权派曾提出约20份宪法草案，含有合理意见，但伊藤等人不予采纳。

▼日本天皇像

经过头尾三年的闭门起草，1888年设立枢密院，在天皇亲临之下，对宪法草案进行逐条审议，参加审议的还有皇族、内阁大臣等。1889年2月11日纪元节这一天，天皇登上宫中三殿举行亲祭，在宣读颁布宪法的敕语后，天皇把宪法授予内阁总理。这一天，东京和各地的国民包括民权派，欢天喜地，举行庆贺。有趣的是，他们谁都不知道宪法究竟有哪些内容。

宪法制定完成后，伊藤博文十分得意，写了一首诗抒发情怀，其中写道：“放眼泰西明得失，驰心上世极精研”，表明了宪法是古今折中、和洋嫁接的产物。伊藤博文在宪法的颁布中起了不可忽视的作用。

1888年，实行枢密院官制，伊藤博文任该院议长。

1890年，日本召开行宪后的第一届国会，伊藤博文任贵族院议长。1892年，第二次组阁，对内压制自由民权主义的政党活动；对外扩军备战，积极准

▲中日甲午战争后，中日代表谈判，签订《马关条约》的情景

备发动侵略朝鲜、中国的战争和修订同西方的不平等条约。1894 年，在伊藤内阁主持下，日本终于发动了侵略朝鲜、中国的甲午战争。

战争爆发后，伊藤博文受到列席大本营会议的恩宠。

在整个中日甲午战争的过程中，所有日本明治政府和大本营作出的重大决策，他无一不参与，并且出谋划策，亲自作出重大决议，对于整个战争起了决定性作用。

伊藤博文不仅是一个狂热的侵略分子，而且同时也是一个谎言家。在中日开战、旅顺屠杀等问题上竭尽颠倒黑白、贼喊捉贼之能事，利用各种无耻手段欺骗世界舆论，粉饰日本的侵略战争。

伊藤博文不仅是在幕后制订重大战略方针的决策者，而且曾两次充任日本政府的和谈代表，通过谈判取得战场上得不到的侵略权益。1895 年 4 月 17 日，伊藤博文、陆奥宗光和中国和谈代表李鸿章签订了《马关条约》，在谈及台湾问题时，伊藤博文要求一个月交割，李鸿章认为“一月之限过促”，要求展限两月，并云“贵国何必急急？台湾已是口中之物”，伊藤博文回答“尚未下咽，饥甚”，一句话，充分暴露了日本帝国主义凶残贪婪的本性。

战后，因为在甲午战争中侵华有功，伊藤博文晋升侯爵。1898 年组成第三次伊藤内阁。1903 年，再度出任枢密院议长。日俄战争后，日本彻底霸占了朝鲜，伊藤博文被任命为第一任统监，于 1907 年迫使朝鲜政府签订《第三次日韩协约》，朝鲜完全沦为了日本的殖民地。

1909 年，伊藤博文第三次出任枢密院议长。为解决日俄争端，到中国东北与俄国财政大臣谈判，10 月 26 日在哈尔滨火车站被朝鲜爱国志士安重根击毙。

▼甲午战争后，李鸿章与日本人谈判的情景

▲甲午战争中的英雄丁汝昌是北洋舰队提督，1895 年 1 月，他率领北洋舰队在威海卫与日舰作战，以身殉国

跻身世界列强

“大陆政策”的形成 日本的大陆政策始于明治初年，所谓的“大陆政策”就是日本妄图吞并朝鲜、经营满洲、征服中国、称霸亚洲和全世界的政策。

日本向大陆扩张的构想在近代以前的日本就存在了。1592 年、1597 年丰臣秀吉就先后入侵朝鲜，结果失败。进入 18、19 世纪以后，日本所谓的“经世学派”诞生，他们鼓吹“雄飞海外”理论。1823 年，佐滕信渊在他的论著《宇内混同秘策》中扬言：要“征服满洲”并“将中国纳入日本的版图”。他还提出了日本向北扩张的具体计划，是日本“大陆政策”的鼻祖。他认为要使“全世界都成为皇国的郡县”，首先征服“当今万国之中土地最为辽阔、物产最为丰富、兵威最为强盛”的中国。具体步骤是：日本先夺取黑龙江再取吉林城，征服“满洲”后直取中国。这种当时看起来是痴人说梦的想法在 100 多年后居然变成了现实。他富有侵略性的“大陆政策”构想被近代日本的“国家主义者”和“军国主义分子”所继承并付诸实践。在西方列强的冲击面前，明治维新后的日本政府继承了日本近代的对外观，即：企图继续构筑“日本式华夷”秩序，坚持对外扩张政策。于是，他们以朝鲜问题为突破口，开始了众所周知以“征韩论”为序幕的“大陆政策”。出于自身利益的追求和对西方弱肉强食功利主义价值观的认同，日本开始确定了与欧洲列强为伍，共同吞食在亚洲的利益。而且，当时日本资本主义的发展急需海外市场，亚洲被日本认为是理所当然的势力范围。

▼1875 年 9 月，日本军舰闯入朝鲜西海岸的江华湾，并与朝鲜守军发生冲突，该图为双方激战，互有伤亡

日本的“大陆政策”一般认为是 1876 年迫使朝鲜签订《江华条约》作为起点。明治新政府成立后，日本不断向朝鲜提出正式建交的要求，但均遭到朝鲜的拒绝，日本决定以武力相威胁。1875 年 9 月，日本军舰闯入朝鲜西海岸的江华湾，并与朝鲜守军发生冲突，双方互有伤亡。1876 年 1 月，日本政府派陆军中将黑田清隆为全权代表前往朝鲜，并在山口县下关港集结军队伺机而动，迫使朝鲜与之签订《日朝修好条规》，即《江华条约》。该条约规定朝鲜向日本开放港口，日本商人可自由在朝鲜从事贸易活动，日本在朝鲜境内具有领事裁判权，并可以任意测量朝鲜海岸等。这个不平等条约不仅使

朝鲜开始陷入殖民地危机，也是日本走向军国主义道路的最初体现。

“大陆政策”的矛头指向中国。迫使朝鲜签订《江华条约》的两年后，日本参谋本部派 12 名军官前往中国各地，调查兵备、地志。负责这项工作的桂太郎局长，亲自到中国视察，他回国后提出《与清朝斗争方策》的调查报告，设想派兵“一举攻下北京，迫订城下之盟”。1880 年 11 月，山县有朋在《进邻邦军备略表》的上奏文中，大讲“论兵之多寡，急于论国之贫富”，实际上是把中国作为主要的假想敌，指出中国正在改革兵制，“邻国军备愈强，我国军备也不可忽视”，加强“沿海防御”，扩充军备乃当前“燃眉之急”。

▲1875 年，日本内阁商讨准备入侵朝鲜图

1882 年 7 月，朝鲜发生动乱，具有反日情绪的士兵与市民袭击了亲日官员，杀死日本军事教官，并焚烧了日本使馆。山县有朋下令召集军队，并进行全国规模的战争动员，迫使朝鲜赔偿有关损失，承认日本在其京城拥有驻兵权。1884 年 12 月，朝鲜再次发生政变，亲日势力建立新政权，清政府出兵将其驱逐。尽管日本控制朝鲜的企图没有得逞，但在 1885 年 4 月，日本诱迫中国与之签订了《天津条约》，由此获得朝鲜发生重大事件时可派兵干预的权利，从而为日本向朝鲜半岛侵略扩张创造了条件。

在这一时期，日本的社会思潮也开始转向对外扩张，其中最具煽动性的人物是福泽谕吉。这位著名的思想启蒙家在 1875 年撰写的《文明论概略》中认为，欧美各国已经进入文明阶段，中国和日本仍处在半开化阶段，而朝鲜是野蛮国家。另一方面，“国家的独立也就是文明，没有文明就不能保持国家的独立”，因此，必须通过学习西方达到实现日本独立的目的。但在此后，福泽逐渐接受斯宾塞尔的社会达尔文主义，认为文明国家应向野蛮国家推广文明，而且其手段是强大的军事力量。

1888 年 1 月，山县有朋提出《军事意见书》，强调日本必须在俄国西伯利亚铁路修成之前完成侵略朝鲜的准备；他还反复鼓吹所谓“主权线”和“利益线”的侵略扩张理论。在他看来，“主权线”是指日本本土，“利益线”是指其近邻地区，“要维持一国之独立，仅仅守卫主权线是决然不够的，必须进而保卫利益线”，而“保卫利益线”就必须侵犯邻国主权。另外，山县有朋明确提出，当时“利益线的焦点”就是朝鲜半岛。至此，日本对外侵略扩张的“大陆政策”初具雏形。

近代日本在推行“大陆政策”中采取的方法是首先以军事扩张开路，然后具体实施其经济扩张即殖民地经营的政策。其实质是想用武力征服中国的东北和内地省份，攫取在中国的经济和政治利益，进而攫取全世界的经济和政治利益。

误入歧途：军国主义的兴起 日本军国主义就是近代天皇制加侵略战争，军事至上、谋求霸权是近代日本军国主义的突出特征。

日本军国主义以所谓富国强兵、发展军事为立国之本，以保留浓厚封建因素的近代天皇制为政治依托，以所谓大和民族优越论和近代合理主义为理论指导，以效忠天皇、崇尚杀伐的封建武士道为精神支柱，以对内镇压和对外扩张为基本国策，对日本人民的生存权利、民主权利进行了彻底剥夺，对其他民族推行了野蛮的帝国主义政策。因此，它比一般帝国主义更疯狂野蛮，危害更大。

日本在明治维新后决心以德国为样板建设日本。1889 年近代天皇制确立，天皇成为“神圣不可侵犯”的、掌握全部国家大权的最高统治者。1890 年开设国会，首相山县有朋在国会开幕式上提出，日本不仅要保卫“主权线”，而且必须防卫“利益线”。这是日本侵略扩张理论“大陆政策”形成的标志，也是日本近代军国主义形成的标志。从此，日本在军国主义的迷途上越走越远。

日本军国主义的发展，完全是靠进行不间断的疯狂的侵略战争来推动的。1894 年挑起中日甲午战争，1900 年作为八国联军的主力侵犯中国，1904 年发动日俄战争，1914 年参加第一次世界大战，后又出兵西伯利亚，1931 年悍然发动了侵华战争，1941 年挑起太平洋战争。日本通过这些侵略战争，获得了巨额赔款，掠夺了被占领国家的大量财富，攫取了大片土地，其“大东亚共荣圈”的梦想似乎即将实现。1931 年，日本加强了国内统治，进入法西斯主义阶段。在这个阶段，日本军国主义的体制最完整，表现最狂妄，日本军国主义发展到顶峰。

▲ 1904 年，日俄战争场面

从历史文化渊源上来看，日本所谓的“天皇万世一系”的“国体”思想，封建武士道精神，及封建幕藩体制，是促使日本军国主义发展的历史因素；日本的“神国”论、武道论、扩张论是诱发日本军国主义的历史文化渊源。

日本军国主义通过一系列手段向日本民众灌输军国主义思想，从而把日本民众引向疯狂的战争深渊。在日本军国主义形成、发展到发动对外侵略战争直至崩溃的整个过程中，日本的国民意识深受军国主义影响，并成为日本军国主义对外侵略扩张政策的社会思想、意识基础。

明治维新后，日本走上了近代军国主义的道路。日本民众由此被推进了疯狂的侵略战争的深渊。日本法西斯统治者通过一系列手段强化法西斯统治，向民众灌输军国主义思想。政治上，帝国议会已名存实亡，已不能对维护政治民主、制止法西斯倾向发挥任何作用，反而成为军部推行法西斯极权统治的应声虫；经济方面，为发展军事，在所有经济领域建立战时统治体制，民生企业迅速萎缩，军事工业恶性膨胀，经济发展竭泽而渔、严重失调，最终面临彻底崩溃的噩运；在社会思想方面，实施了严格的管制和约束，镇压一切反对势力和反战思想，强制进行思想改造，大搞法西斯白色恐怖，并用“为天皇尽忠”“大东亚圣战”等反动理论禁锢人们的思想，将日本的穷苦百姓绑在日本军国主义的战车上奴役驱使。在文化教育方面，利用各种手段向日本民众灌输军国主义思想，通过学校教育、家庭教育、军队教育和社会教育奴化、禁锢民众的思想，每一次胜仗甚至败仗都成为煽动军国主义狂热的“最好教材”。这样，在日本法西斯主义的奴役下，日本民众在侵略战争中备受日本军国主义的禁锢，从而成为日本统治者发动侵略战争的工具和炮灰。

总之，在日本军国主义时代，日本民族精神被转化为军国主义。日本民族具有凝聚力和向心力的团队精神，被军国主义扭曲为绝对服从天皇制及军队的集团意识。日本民众崇敬神灵的传统意识，被军国主义利用为对天皇的绝对崇拜。日本民众勤劳、勇敢的民族特性和尚武精神被军国主义者转变为“效忠天皇”“为国捐躯”“英勇善战”的主导性意识。传统的武士道精神被转变为军国主义的主体精神。基于日本这种国民意识的日本军国主义在“二战”中犯下了滔天罪行，表现得更加惨无人道。

初露锋芒：争夺世界霸权 明治维新后，日本统治集团自身还未摆脱对欧美国家的屈从地位，就制定了一个用武力向外扩张的“大陆政策”。日本侵略的对象，首先是朝鲜和中国，而后是亚洲的其他地区。

在“大陆政策”的指引下，1874 年开始向外侵略扩张。这年，日本政府借口琉球渔民在台湾被杀，发动了侵略中国领土台湾的战争，结果从清政府手中索去 50 万两白银的赔款。1875 年，日本舰队侵入朝鲜江华岛，强迫朝鲜签订《江华条约》，从朝鲜取得了开放港口、免税贸易、治外法权和领事裁判权等特权。从此日本侵略势力伸入朝鲜。

▼1900 年，日本参与八国联军共同攻占北京

1880 年，日本在朝鲜首都汉城设立的公使馆，成为侵略朝鲜和中国的阴谋中心，公然干涉朝鲜内政。1882 年，汉城爆发朝鲜人民反对日本侵略者及其走狗的起义，火烧日本公使馆，杀死日本侵略者和民愤极大的反动大臣。日本借机出兵朝鲜，强迫朝鲜签订了《济物浦条约》，日本除获得赔

款外，还攫取了在汉城驻兵的特权。

19 世纪 80 ~ 90 年代，日本决定发动对中国大规模的侵略战争，但深感自己力量不足，便求援于英、美两国，美、英企图利用日本排挤和对抗俄国在中国的势力因而相互勾结起来。1894 年 7 月，日本与英国签订条约，废除了英国在日本的领事裁判权，同年 11 月，又与美国签订了类似条约。日本一方面摆脱了不平等条约的束缚，另一方面在关税问题上作了妥协，以换取英、美国家对它侵略亚洲国家的支持。英国在签字后就宣称：如果日本和中国发生冲突而不损害英国在中国的利益，英国将采取“中立”的立场。这是明目张胆地支持、鼓励日本侵略中国。

▲中日甲午海战场面

在日英条约签订后的第九天，即 1894 年 7 月 25 日，日本就发动了中日甲午战争。由于中国清政府腐败无能，中国战败。1895 年，日本强迫中国清政府签订丧权辱国的《马关条约》，占据了清政府割让的台湾和澎湖列岛，勒索了巨额赔款，取得了多种特权，并使朝鲜沦为它的半殖民地。《马关条约》表明了日本称霸东亚的野心，但与沙俄的侵略扩张发生冲突，沙俄遂勾结德、法共同干涉还辽，结果是中国又以 3000 万两白银向日本“赎回”了辽东半岛。

甲午战争后，日本同其他帝国主义国家掀起了“瓜分中国”的狂潮。把中国福建划为日本的势力范围。1900 年，日本积极参加八国联军绞杀中国义和团运动。

《辛丑条约》后，沙俄想独占中国东北，拒绝撤兵。1902 年，日英签订同盟条约，英国鼓励和支持日本与沙俄为争夺中国东北而角逐。在英、美、德等国的煽动下，1904 年 2 月 8 日，日本对俄国不宣而战，爆发了日俄战争。

战争开始后，俄国的陆海军一败再败。5 月初，俄军在鸭绿江战败。5 月末，日军占领大连。1905 年 1 月，日军攻陷旅顺口，歼灭了俄国太平洋舰队。3 月初，日军在沈阳又打败了俄军。5 月末，俄国从欧洲调来的波罗的海舰队，又被日本海军歼灭。至此战争基本结束。

美国出面调停，1905 年 9 月 5 日，日俄在美国朴茨茅斯签订和约。日本取得中国辽东半岛和俄国的库页岛南部以及朝鲜的独占权。1910 年，日本正式吞并朝鲜。

至此，日本经中日、日俄战争，连同已占领的中国台湾省，取得了相当于其本土面积 76%的殖民地，初步形成了一个殖民帝国，走上了与欧美帝国主义列强争夺世界霸权的道路。

日本帝国的衰败

田中奏折的出笼 第一次世界大战不仅给日本提供了对外扩张的机会，而且为它在经济上开辟了空前繁荣的道路。大战期间日本工业总产值从17亿日元增至67亿日元，增加了近4倍，所有的工业部门都得到相当大的发展。其中制造工业部门的发展比采掘工业部门迅速，重工业的发展比轻工业迅速。

战争使日本资产阶级地主发财致富，却给人民群众带来了贫困与灾难。

1918年夏天，一场饥民自发的抢米运动在日本爆发了。但由于缺乏组织领导，暴动被政府残酷镇压下去。抢米骚动被镇压后，日本工农运动仍继续发展，工人罢工斗争日益带有群众性。同时，贫苦农民反对封建地主斗争也迅速增长起来。1920年日本发生了3000多次租佃争议。

1923年日本发生关东大地震，造成巨大经济损失。当时日本垄断集团之间有一定的矛盾，表现在政治上出现了不同的政见。在1924年的议会选举中，推行露骨的反动政策的清满奎吾内阁下台，宪政会总裁加藤高明组织了新政府。宪政会内阁采取了两手策略，在对人民斗争继续实行高压政策的同时，采取了某些企图缓和阶级矛盾的政策。

日本垄断资本企图从对外侵略中寻求出路，因此军阀势力备受重用。1927年春，日本爆发了严重的金融危机，宪政会内阁倒台。4月，代表垄断资产阶级和地主阶级利益的政友会上台，政友会首领、陆军大将田中义一任首相兼外相，新政府公开实行对内镇压本国劳动人民的反抗，对外武装侵略中国称霸亚洲的反动政策。

1927年6月27至7月7日，日本统治集团召开了“东方会议”，专门讨论了所谓“对华积极政策”。会后，田中义一以《帝国对满蒙之积极根本政策》为名，给日本天皇秘密奏折中，提出灭亡中国、吞并亚洲大陆、进而征服全世界的侵略计划，这就是《田中奏折》。此后，日本帝国主义加紧对中国的侵略。

▼崇尚武士道精神的日本士兵

发动全面侵华战争 1930年11月，老财阀代表滨口雄辛首相遭到法西斯组织爱国社的袭击，受了重伤不久死去。这次事件是军部对政党内阁总反攻的第一步，是法西斯恐怖时代的序幕。接着，日本反动政府加强了对中国东北的侵略。1931年6月，拟定了《满蒙问题解决大纲》，并指定陆军参谋部和关东军共同制定作战计划。同年7月，发布“军制改革案”，增兵朝鲜，加强关东军装备，更换关东军司令官，使其进

▲侵华战争中，新到达上海日军部队服役的大阪男学生

入“临战体制”。经过周密的准备和部署，日本军队于1931年9月18日夜间，自行炸毁沈阳北部柳条沟的铁路，制造所谓“南满事件”，发动了侵略中国东北的“九一八事变”。日本帝国主义不宣而战地开始了对中国的侵略战争。

“九一八”事件后，法西斯势力更加为所欲为，法西斯军人之间的对立也在发展。1936年2月26日，以荒木贞夫为代表的少壮派军人，在新财阀的支持下，率领陆军1500人举行政变，袭击冈田启介首相官邸，并刺杀了几名大臣，但由于未得到其他部队的支持，叛乱失败。此后，以东条英机为首的“统制派”在军队中占据领导地位。1933年3月，在“统制派”的支持下，组成了广田弘毅内阁，建立了军事法西斯专政。

广田内阁实行比历届内阁更为反动的政策。在国内公开实行法西斯化，积极扩军备战。1936年8月，广田内阁召开五相（首相、陆相、海相、外相、藏相）会议，通过了《基本国策纲要》，提出“确保帝国在东亚大陆上的地位”“向南海发展”等。规定“扩充国防军备”的基本方针，陆军以能对抗苏军为目标，海军以能对抗美国、确保太平洋的制海权为目标。国家越来越军国主义化。

1936年“二二六”事件以后，日本国内反法西斯情绪在发展。1937年5月，近卫文麿组阁，他以更为狡猾的方法推行军事法西斯政策，并力图调整统治阶级内部的分歧，建立“新国民体制”，实现其吞并中国独霸东亚的野心。1937年7月7日，日本帝国主义发动了蓄谋已久的全面侵华战争。

中国人民的奋力抗战，使日军伤亡惨重，不得不转入战略相持阶段，彻底挫败了法西斯国家“速战速决”的战略，使日本法西斯陷入了持久战的泥潭，彻底打破了德日法西斯的全球战略计划。

▼1938年，中国的抗日战士在冲锋杀敌

日本侵略者贪得无厌，漠视中华民族的觉醒，很快深陷侵略战争泥潭。后来，日本趁希特勒在欧洲的胜利，挑起了太平洋战争，妄图以扩大战争来摆脱侵华战争的困境，表现了日本法西斯的疯狂性和冒险性。结果却进一步走向败亡的深渊。

为了扩大战争的需要，近卫内阁、特别是东条内阁确立了法西斯极权体制，日本成为天皇制法西斯国家。在这个过程中，近代天皇制和日本社会、文化传统中的消极面，恶性发展到了极端，这是日本帝国败亡的深层根源。

突袭珍珠港 在法西斯德国侵占西欧，特别是灭亡法国之后，日本帝国主义独霸亚洲的野心急剧地膨胀起来。1940 年 8 月，近卫内阁正式抛出《大东亚共荣圈计划》，妄图在“共荣共存”的幌子下建立一个以日本为主宰，包括中国、朝鲜、印度支那、缅甸、泰国、马来亚、菲律宾、印度尼西亚等亚洲国家和地区的殖民大帝国。

苏德战争爆发后，日本帝国主义更加紧了侵略的步伐。1941 年 7 月 23 日，日本政府与法属印度支那签订了“日本法属印度支那共同防卫协定”。日本在法国维希政府的同意下，接管了整个法属印度支那，把越南、老挝、柬埔寨变成了它在东南亚扩大侵略的军事基地和战略物资供应地。日本的侵略行动，激起了越南、老挝、柬埔寨三国人民的反抗斗争，加剧了日本与英美之间的矛盾。

▲1942 年，美日爆发中途岛大海战，图为日本轰炸美国“约克城”号航母

日本海军联合舰队司令官山本五十六海军上将认为，日本要占领东南亚，最大的威胁是美国。一旦日美开战，美国太平洋舰队主力必然会从珍珠港出击，从侧翼对日军的东南亚进攻进行牵制。因此首先必须去掉后顾之忧，先摧毁美国太平洋舰队在珍珠港的主力，迫使美国订立城下之盟。1941 年 10 月，日本近卫内阁下台，天皇任命主张立即对美英开战的陆相东条英机为首相，加紧完成战争准备。

珍珠港位于太平洋夏威夷群岛所属瓦胡岛南岸，是美国太平洋舰队主要基地，是日本向东南亚侵略的障碍。于是，日本以“和谈”为幌子，加紧准备发动太平洋战争。为了迷惑美国，1941 年 11 月 5 日，日本派特使到华盛顿同美国谈判。美国对日本的军事活动虽有所察觉，但毫无戒备。1941 年夏威夷时间 12 月 7 日（星期日）清晨，日本海军对珍珠港发起了突然袭击。前后仅两个小时，停泊在珍珠港的太平洋舰队受到重创，有 8 艘军舰被击沉，12 艘军舰被击伤，有 177 架飞机被击毁，死 2343 人，伤 1272 人。造成了震惊世界的珍珠港事件。

日本偷袭珍珠港，宣告了太平洋战争的爆发。第二天，美国国会通过决议对日宣战。英国也对日宣战。接着德、意对美宣战。对此，美国国会又通过了决议对德、意宣战。许多拉丁美洲国家也对轴心国宣战。战争范围扩大了。

帝国的覆亡 日本最终决定无条件投降，经历了一个让日本极端军国主义者们痛苦而又无奈的曲折过程。中国人民长期坚决的抗战，使日本在中国找不到出路，日本预定的大陆政策的关键因素“征服中国”不仅没有实现，反而深陷中国全民抗战的漩涡，因而注定了称霸世界的“大陆政策”的破产。越是到战争后期，日本越是存在日趋严重的军事、经济、政治危机。加上世界反对日本法西斯战争的胜利发展，日本已经走投无路，注定了必将失败的命运。在顽抗到底还是缴械投降的问题上，日本统治集团内部的政府、军部、重臣之间矛盾日益尖锐，难以调和。

▲日本战争罪犯东条英机像

1945 年 4 月 7 日铃木贯太郎组阁，曾经企图谋求有条件停战，但日本法西斯的这种幻想无异于痴人说梦。如日本一度试图与中国谋求“和平谈判”，但中方明确表示：在《开罗宣言》后便不存在日华的单独和平，必须达到世界和平也就是与全体盟国的共同和平，使日本的中日单独议和的幻想完全破灭。在苏联对日作战前，日本又寄希望苏联以“中立国”的身份在日本和西方盟国之间进行调停，但苏联对之反应冷淡。这说明，日本的野蛮侵略行径已为全世界人民所不齿，惟有接受无条件投降。与此同时，日本狂热的军国主义者们不甘失败，不自量力叫嚣本土决战，创造了“自杀性”袭击方式的灭绝人性的“神风特攻队”。甚至不惜将全体日本人民拉着为之殉葬，但只是徒劳无功。

1945 年 7 月 26 日，中、美、英三国共同发表敦促日本无条件投降的《波茨坦公告》。日本先还负隅顽抗，表示对《波茨坦公告》“不予理睬”，但原子弹对广岛和长崎的轰炸以及苏军 8 月 8 日对中国东北的出兵终于迫使日本投降。日本同意波茨坦会议的修正条件。同盟军将占领日本，解除日本的军国主义制度。10 日，日本发出乞降照会，当晚，消息即传遍全世界。15 日，日本天皇裕仁通过“玉音”广播向全日本和世界宣读《终战诏书》，正式接受《波茨坦公告》，宣布无条件投降。17 日，发出饬谕，令世界各地所有日军缴械投降。9 月 2 日，反法西斯同盟国与日本举行签降仪式，9 月 9 日，中国战区在南京举行受降典礼。

明治改革的不彻底、不平衡，明治体制的封建性、军事性，一些决策的两重性、局限性，特别是寄生地主制，“强兵富国”的选择，天皇制的专制性和军部独大，就蕴含着日本帝国覆灭的根源。明治改革和决策的缺陷，由于受历史条件的限制，是不可避免的。明治宪法尤其是“国体论”把体制固定化、绝对化了，并在思想文化和社会生活领域大刮复旧风，如教育敕语、维护父权家长制，这些不能不妨碍以后进一步的改革。“九一八”事变后就把全部希望寄托于对外侵略扩张和国家法西斯化，明治体制和历史文化传统的消极面恶性发展到极点，军国主义、法西斯主义的狂妄冒险暴露无遗，使整个国家在毁灭的道路上越走越远。继“九一八”事变后的全面侵华战争使日本陷入深渊，挑起太平洋战争使日本走向毁灭，后者是前者的继续和扩大。正是穷兵黩武，贪得无厌，疯狂冒险，与亚洲人民和世界各国为敌，终于使日本帝国自取覆灭。

◀在接受日本投降书时签字的麦克阿瑟将军

日本在战后崛起

▲图为田中角荣像

战后的崛起 战争结束后的日本经济处于极度混乱和疲乏状态，工矿业生产水平只相当于1941年时的1/7，国家经济陷于破产。据1949年日本官方统计，日本在战争中物质财富损失率达36%，全国有119座城市被美国飞机炸为废墟，236万户住房被烧毁。生产极度萎缩，物价暴涨，大批人员失业，粮食严重短缺。

美国占领军在日本实行了一系列民主化改革：（1）解除日本军队的武装，实行非军事化。（2）实行以所谓的“五大改革”为内容的政治改革，即赋予妇女参与政权，保障工人组织工会权，教育制度自由化，废除专制政治，促进经济民主化。（3）制定新宪法。规定“天皇是日本国的象征”，国会是国家的最高权力机关，是国家唯一的立法机关且由国民选举产生，内阁对国会负责，日本从此成为资产阶级议会制国家。（4）进行经济民主化改革。解散封建色彩极其浓厚的财阀，禁止垄断；实行农村土地改革，地主只能保有有限的土地，其余土地被征购卖给无地和少地农民，进一步扫除了日本封建土地所有制，有利于农村资本主义的发展。

随着中华人民共和国的成立，日本作为美国在远东的反共堡垒的作用加强，美国开始积极扶植日本。1951年朝鲜战争爆发，为日本最终摆脱经济困难，走上经济振兴道路提供了大好时机。美国向日本订购了数10亿美元的为侵朝美军服务的“特需订货”，使日本经济迅速活跃起来，有力地推动了日本生产的发展。日本企业界通过为美国侵朝战争提供服务获得的巨额利润，不仅摆脱了经济困境，而且促进了资本的积累和扩大再生产。

日本政府利用有利的形势，不失时机地制定了外向型的经济发展战略，引进最先进的科学技术成果，调整国内产业结构，促进出口。特别重视教育和科技的发展，1950年，日本的九年义务教育普及率就已经达到99%；1970年，高中学生考进大学的已经有

◀1971年，日本裕仁天皇（后排右一）访问欧洲，图为他驱车前往伦敦动物园

23.6%。教育的发展，为经济现代化提供了高素质的劳动力。如此种种因素，推动了日本经济的迅速发展。同时，日本政府通过“危机意识”的灌输，使国民自觉地努力工作。长期以来，日本人工作强度之大和每周工作时间之长，是欧美发达国家无法比拟的。

从1955年开始，日本经济由战后复兴期进入高速成长期。日本在20世纪50年代至60年代末约20年的高速成长期中，保持了年均10%以上的经济发展速度。在此期间，日本的重工业和化学工业得到飞速发展，以重化学工业的发展为基础，整个日本产业的生产力、生产效益和劳动条件得到提高，国民的生活水平也得到明显改善。

1960—1970年间，日本的工业生产水平年平均增长率高达16%，国民生产总值年平均增长11.3%。1968年，日本的国民生产总值超过联邦德国，成为仅次于美国的资本主义世界第二个经济大国。1986年，日本黄金储备达到421亿美元，位居世界第二；1987年，日本的外汇储备超过联邦德国居世界首位；1988年，日本的人均收入高达1.9万美元，超过同期美国的1.8万美元。1988年，根据权威的美国《商业周刊》统计，世界排名前30位的大公司中，日本占了22家。

总之，日本在战后很短的时间内又重新崛起，客观地说，尽管日本的重新强大有着许多客观的原因，但我们万万不可忽视日本这个国家本身具有的改革意识和不断进取的民族精神。

日本经济进入萧条期 日本经济于1990年代初开始跌入萧条的深渊，并在其中挣扎了十多年之久，其间还遭遇过三次周期性衰退和两次年度负增长，2001年度负增长达 -1.2%，创战后最差纪录。

日本经济2002年初步入了战后第14个周期的回升过程，只是增长势头极其微弱，甚至未能摆脱负增长。2003年起，日本经济增长的势头终于变得强劲起来，其实际GDP增长率（年率）在2003年全年增长了2.7%。

2004年的日本经济依旧处于2002年开始的新一轮周期回升进程之中。这一回升进程既是各种积极因素共同推动的结果，也面临着各种风险的严重威胁。由此决定2004年的日本经济实现了较为强劲的增长，同时又显现先强后弱的态势，且这一态势还持续到2005年。

历时五年又五个月的小泉政权在经济领域做出了显著的业绩。首先是使长期萧条的经济有所起色。2001年小泉

▶亚洲经济巨头日本的自动化水平遥遥领先，图为自动化机器人在制造汽车

▲图为小泉像

▼金融风暴时的日本股票市场

政府上台时日本经济正深陷在长期萧条和周期衰退的双重困境中，长期萧条已持续了十年之久，在小泉政府的领导下，日本经济在2006年GDP已发展到3.8%。其二是结构改革凸显成效，小泉喊出的口号是："改革无禁区，以改革促景气"，并大刀阔斧地推行了一系列改革举措，并义无反顾地全力推进。其三是对外合作加速推进，在区域领域经济合作层面上，提出了建立"东亚共同体"，积极与中国、韩国等国家加强经济往来，2004年到2005年进出口分别增长了47.7%和47.6%，2001年到2005年日本引进外资增长了19.9%。

在福田首相与麻生太郎首相相继上台的时期，全球经济因美国次贷危机进入大萧条，日本经济更是雪上加霜。以出口占主导的日本国内众多企业纷纷倒闭，失业人口大幅上升，自杀人数陡增。刚刚有些起色的日本经济顿时止步不前，在人们普遍不满的情况下，新首相的地位摇摇欲坠，政坛空前混乱。朝野上下又即将重新洗牌。日本的前景到底何时能好？恐怕连日本人民自己也无法预料。这个从战争失败一路成长起来的世界第二大强国今后将如何发展，只有未来能证明。